U0680151

The Blue Book on the Development of
Informatization in China (2016-2017)

2016-2017年
中国信息化发展
蓝皮书

中国电子信息产业发展研究院　编著

主　编／卢　山

副主编／杨春立

人 民 出 版 社

责任编辑：邵永忠　刘志江

封面设计：黄桂月

责任校对：吕　飞

图书在版编目（CIP）数据

2016－2017 年中国信息化发展蓝皮书／卢山 主编；

中国电子信息产业发展研究院 编著 . —北京：人民出版社，2017. 8

ISBN 978－7－01－018031－1

Ⅰ. ①2… Ⅱ. ①卢… ②中… Ⅲ. ①信息化进程—研究报告—中国—2016－2017　Ⅳ. ①G203

中国版本图书馆 CIP 数据核字（2017）第 192889 号

2016－2017 年中国信息化发展蓝皮书

2016－2017 NIAN ZHONGGUO XINXIHUA FAZHAN LANPISHU

中国电子信息产业发展研究院 编著

卢　山 主编

人　民　出　版　社 出版发行

（100706　北京市东城区隆福寺街 99 号）

三河市钰丰印装有限公司印刷　新华书店经销

2017 年 8 月第 1 版　2017 年 8 月北京第 1 次印刷

开本：710 毫米×1000 毫米 1/16　印张：15.5

字数：250 千字

ISBN 978－7－01－018031－1　定价：75.00 元

邮购地址　100706　北京市东城区隆福寺街 99 号

人民东方图书销售中心　电话（010）65250042　65289539

前　言

2016 年，党中央、国务院高度重视信息化工作，信息化战略、规划等政策相继发布，国家信息化顶层设计框架业已形成。全国信息化高速发展，区块链、机器学习、虚拟现实/增强现实、人工智能技术应用不断取得新突破，信息化应用基础设施提升加速，两化深度融合走向变革创新、引领转型新阶段，电子商务、云计算、大数据、物联网、搜索引擎等平台类信息消费爆发式增长，分享经济蓬勃发展，大数据在新型智慧城市建设中的作用引人关注，"互联网＋政务服务"成为各地政府工作重点，社会治理方式不断创新，信息化对经济社会发展的作用开始由支撑发展迈向驱动引领新阶段。信息化代表了新的生产力、新的发展方向，正在以覆盖面广、渗透性强、带动作用明显的优势重塑经济社会结构、组织形式、生产生活方式，引领我国迈入转型发展新时代。

本书主要跟踪梳理我国信息化发展最新趋势，内容涵盖信息网络建设、新一代信息技术产业、两化融合、电子政务、社会信息化、农业农村信息化、智慧城市、信息消费、网络安全等领域。在此基础上，总结归纳 2016—2017 年我国信息化主要进展，并对未来我国信息化面临的形势和发展趋势进行研判。

由于时间和水平有限，错误和疏漏之处在所难免，恳请读者批评指正。

目　　录

发 展 篇

热 点 篇

展 望 篇

综合篇

第一章　2016 年中国信息化发展现状

2016 年，信息化持续快速发展，在我国经济社会转型升级中的驱动作用凸显。信息化战略、规划等政策相继发布，信息化顶层设计框架基本形成，各地纷纷出台推进信息化发展的相关文件，开启了信息化发展新征程。人工智能、虚拟现实、智能感知等一批智能技术不断取得新突破。云计算中心、大数据平台、内容分发网络、物联感知等应用基础设施加快部署，成为生产和生活智能化转型的关键基础设施；制造业与互联网融合步伐不断加快，大企业"双创"热潮涌动，网络化制造、个性化定制、按需制造等新型制造方式不断涌现，极大地激发制造企业创新活力、发展潜力和转型动力。"互联网＋政务服务"进入提速发展阶段，有力支撑现代化国家治理体系建设。智慧城市建设在发展理念、建设路径、模式创新、立法标准等方面取得创新性发展，步入以为民服务全程全时、城市治理高效有序、数据开放共融共享、经济发展绿色开源、网络空间安全清朗为特征的新型智慧城市阶段。基于互联网和信息技术应用的数字经济高速发展，成为培育经济新动能、构筑竞争新优势的先导力量。

（一）信息化战略规划持续向纵深推进

党中央、国务院高度重视信息化工作，明确"十三五"时期信息化发展定位和重要方向。《中华人民共和国国民经济和社会发展第十三个五年规划纲要》提出要牢牢把握信息技术变革趋势，实施网络强国战略，加快建设数字中国，推动信息技术与经济社会发展深度融合，加快推动信息经济发展壮大。习近平总书记多次强调"网络安全和信息化工作是'十三五'时期的重头戏"，"在信息化发展上要大有作为，要做好两方面的工作，一个是信息化本身发展，一个是发挥信息化对我国经济社会发展的驱动引领作用"，并在 2016 年 4 月 19 日的网络安全和信息化工作座谈会上提出："网信事业代表着新的生产力、新的发展方向，应该能够在践行新发展理念上先行一步，要以信息流带动技术流、资金流、人才流、物资流，促进资源配置优化，促进全要素生产率提升，为推动创新发展、转变经济发展方式、调整经济结构发挥积极作用"。李克强总理也多次在国务院常务会上强调，要推动信息化与实体经济深度融合发展。

中央和地方政府部门加紧制定国民经济和社会发展各领域的"十三五"规划，各行各业信息化建设进入了新的发展阶段。能源部、工信部、国家发展改革委、国家林业局、水利部、交通运输部、教育部等中央政府部门陆续出台了一系列信息化及相关领域规划，如《关于推进"互联网＋"智慧能源发展的指导意见》《"互联网＋"林业行动计划——全国林业信息化"十三五"发展规划》《全国水利信息化"十三五"规划》等。此外，已有吉林、福建、江苏、海南、四川、内蒙古、山东、江西、广东、湖南、河南等31个省份先后出台了推进"互联网＋"发展的相关政策。

（二）制造业与互联网加速融合发展

在政策引导和市场牵引的双重作用下，制造业与互联网融合步伐不断加快。2016年5月，国务院出台《关于深化制造业与互联网融合发展的指导意见》，以激发制造企业创新活力、发展潜力和转型动力为主线，深入推进制造业与互联网融合发展，协同推进"中国制造2025"和"互联网＋"行动计划，加快制造强国建设。为推动《指导意见》实施落地，工信部制定了《指导意见》部门分工方案，明确了各部委的责任和分工。目前，已有16个省份正着手制定出台方案细则或实施具体措施，河北、广东、江西等十多个省份出台了制造业与互联网融合实施方案，新疆、甘肃、吉林等地将深化制造业与互联网融合明确为地方"十三五"规划的重点任务，初步形成了部际联动、部省协同推进"制造业＋互联网"发展的政策体系。在全国掀起制造业与互联网融合发展的热潮。

互联网应用呈现从消费领域向制造业领域扩散的态势，新制造方式、新产业形态和新商业模式不断涌现。电子、航空、机械等行业骨干企业建立全球协同研发体系，家电、服装等行业企业打造客户深度参与设计、研发、配送全过程的研发体系。服装、家具等行业普遍兴起以大规模个性化定制为主导的新型生产方式。工程机械、电力设备、风机制造等行业服务型制造快速发展，在线诊断、远程运维等产品全生命周期管理服务开始普及。大型制造企业纷纷探索制造业与互联网融合新路径新模式，陕鼓、红领、徐工等企业纷纷积极探索网络化协同制造、个性化定制、服务型制造等制造新模式。

"双创"平台正在成为深化制造业与互联网融合的重要抓手。当前，我国制造业依靠大规模投资、低成本要素投入和出口拉动的传统模式已难以为继，必须加快新旧动能转换，努力向中高端水平迈进。"双创"平台建设牵引和引领着企业转型，推动企业发展理念、战略、组织、流程、管理和商业模式的创新，是制造业应对全球新一轮科技革命和产业变革的重要突破口和切入点。推进大型制造企业、基础电信企业、互联网企业搭建基于互联网的"双创"平台，是推动制造业提质增效升级的重要措施，正在成为深化制造业与互联网融合发展的重要抓手。海尔、中信重工等一批大企业加快建设基于互联网的"双创"平台，聚集、开放、共享各类创业创新资源，探索构建资源富集、创新活跃、高效协同的"双创"新生态。一些服务全行业的第三方资源平台，有效促进了大中小企业间的资源协同与供需对接，推动形成一批竞争优势明显的虚拟制造产业集群。总体来看，大企业"双创"步入全面实施、快速迭代、自我完善的阶段，呈现出三种具有典型推广意义的发展模式。一是管理变革型。荣事达、韩都衣舍等制造企业面向动态多样的消费需求，搭建开放式创新平台，重构传统的"科层制"封闭管理模式，推动其向网络化、扁平化、平台化的"雇佣制"管理模式转型。二是协同创新型。中国商飞、航天科工等制造企业聚焦产业链协同，搭建网络化协同创新平台，通过制造资源、生产能力的集成整合、在线分享和优化配置，打造目标一致、信息共享、资源与业务高效协同的社会化制造体系。三是产业链整合型。大唐电信、三一重工等制造企业利用自身业务优势，以"线下实体空间＋线上孵化平台＋'双创'服务"为发展主线，推动产学研"双创"资源的深度整合和开放共享，促进形成资源富集、创新活跃、高效协同的产业创新生态。

（三）电子政务发展水平逐步提高

从近十年来联合国发布的全球电子政务排名上看，我国电子政务国际排名稳步上升。联合国经济和社会事务部发布的《2016联合国电子政务调查报告（中文版）》显示，2016年我国的电子政务发展指数（EGDI）为0.6071，位列全球第63位，与2014年调查结果相比上升了7位，是近五年来排名最靠前的一次，目前我国电子政务水平已处于全球中等偏上水平。

从区域发展来看，我国城市电子政务发展水平也有所提高。《2016中国城市电子政务发展水平调查报告》显示，2016年中国338个城市电子政务发展指数的平均值为46.59，其中有170个城市在平均水平之上。排名前十的城市依次为：广州、北京、深圳、厦门、上海、杭州、青岛、温州、绍兴、成都，除温州和绍兴外，其余全部为副省级或以上城市。广州以94.884的EGDI位列第一名。

全国"互联网＋政务服务"进入提速发展阶段。2016年，国务院和各级地方政府推进"互联网＋政务服务"的力度持续加大，《推进"互联网＋政务服务"开展信息惠民试点实施方案》（国办发〔2016〕23号）、《国务院关于加快推进"互联网＋政务服务"工作的指导意见》（国发〔2016〕55号）两份文件提出了推进"互联网＋政务服务"的实施路径和保障机制。9月19日，国务院印发《政务信息资源共享管理暂行办法》（以下简称《办法》），这是我国第一份关于政务信息资源共享的规范性文件，《办法》在政务信息资源目录、共享信息的提供和使用、信息共享工作的监督和保障等方面进行了明确界定，极大推动了政务信息共享工作制度化、规范化和程序化进程，有利于解决政务信息资源共享工作中不会共享、不敢共享、不愿共享的难题，标志着我国"互联网＋政务服务"实施走出坚实一步。同时，各地积极探索"互联网＋政务服务"新模式，不断提高政府公共服务的便捷性、精准性。北京、上海、福建等省市开始建设统一的电子证照库，江苏、浙江、福建等省份率先实现"一号一窗一网"政务服务，多个省份开始受理外地户籍人口身份证补换业务。

（四）一批融合性新兴技术应用不断深化

在政策支持和资本的推动下，人工智能、虚拟现实、智能感知等一批融合性新兴技术加速发展，一批新的产业增长点迅速涌现。人工智能技术、应用、产业进入爆发式增长期。在媒体宣传领域，新华社、央视等媒体已在全国人大四次会议上率先通过VR进行全景报道的尝试。在电子商务领域，阿里巴巴成立了虚拟现实研发实验室 GnomeMagic Lab，尝试将虚拟现实集成至电商购物平台。在汽车制造领域，百度将无人自动驾驶汽车项目作为未来的发展重点，其研发的自动驾驶汽车已经在不同的道路情况下完成了首次行驶测试；奥迪结合 3D 投射和手势控制，使流水线工人在三维虚拟空间内完成对实际产品装配工作的预估和校准；吉利帝豪 GS 也借助虚拟现实技术上市，用户戴上特制眼镜就可在家中触摸产品，变换车身颜色、旋转汽车方向，甚至可进行虚拟试驾体验。此外，科大讯飞的智能语音输入、搜狗的语音交互引擎技术、Face + + 的人脸识别、语音管家出门问问等新技术新应用也不断涌现。

虚拟现实逐步向大众消费市场渗透，带动相关技术、产品和服务加速迭代，产业发展将进入爆发期。应用方面，虚拟现实有望在游戏领域最先爆发，并带动视频娱乐应用市场的快速发展。智能制造也将成为虚拟现实的重要应用领域，颠覆计算机辅助设计和辅助制造等重要环节。在零售、房地产、教育、医疗、旅游、城市及园区规划、文物重建等领域，虚拟现实也有巨大的市场空间。

区块链应用发展迅速，创业公司投资机构纷纷跟进。微软、IBM、英特尔等全球主要科技企业公司和金融机构相继推出基于区块链技术的创新产品，小蚁公司、井通科技等国内企业也在金融领域开展区块链技术的应用拓展[1]。目前，我国央行也已牵头成立区块链研究小组，中国互联网金融协会专门成立了区块链研究工作组，此外，招商银行也加入 R3 区块链联盟，成为继平安保险之后加入的第二家中国金融公司。

（五）智慧城市建设取得创新突破

新型智慧城市成为智慧城市发展的新阶段。2016 年以来，党中央、国务院立足我国城市发展实际，将以为民服务全程全时、城市治理高效有序、数据开放共融共享、经济发展绿色开源、网络空间安全清朗为特征的新型智慧城市作为城市转型发展的重要方向。中央网信办牵头组织国家发改委等 26 个部委在前期智慧城市建设基础上推动新型智慧城市建设。国家发展改革委在2016 年推进新型城镇化的重点任务和《国家新型城镇化报告》中提出 2016 年

---

[1] 赛迪研究院软件和信息技术服务业走势判断课题组：《软件和信息技术服务业 2016 年下半年走势分析与判断》，《中国信息化周报》2016 年 8 月 17 日。

要建设100个新型智慧城市标杆市。新型智慧城市建设强调以人民为中心，习近平总书记在"4·19"讲话中明确提出了网信事业要以人民为中心，并对新型智慧城市的内涵作了详细描述，即："网信事业要发展，必须贯彻以人民为中心的发展思想。要适应人民期待和需求，加快信息化服务普及，降低应用成本，为老百姓提供用得上、用得起、用得好的信息服务，让亿万人民在共享互联网发展成果上有更多获得感。"中央网信办、国家发改委领导在谈到新型智慧城市建设重点问题上，反复强调要聚焦民生服务和社会治理两大目标。在新型智慧城市建设中，无论选择切入点和着力点在哪，"互联网＋政务服务"、社会治理能力现代化、智慧产业发展等等，都是把以人民为中心作为基本的出发点和落脚点，都要最终体现在民生上，让老百姓有获得感。11月22日，国家发展改革委、中央网信办、国家标准委联合发布《关于组织开展新型智慧城市评价工作务实推动新型智慧城市健康快速发展的通知》，同时下发《新型智慧城市评价指标（2016年）》等相关附件，这为新型智慧城市建设与健康发展带来了前所未有的机遇。目前深圳市、福州市和嘉兴市三市已正式申报创建标杆市。

各地在推进智慧城市建设过程中不断丰富智慧城市内涵。截至2016年6月，全国95%的副省级以上城市、超过76%的地级城市，总计超过500座城市（占世界智慧城市创建总数的一半以上），在政府年度工作报告中明确提出或正在建设智慧城市。银川智慧城市管理指挥中心暨"12345一号通"便民服务中心上线运行，承担全市的应急指挥、社会治理、便民服务职能。这些智慧应用和智慧战略正在快速改变市民的生活与工作，为城市巨系统的结构完善和功能升级提供基础。

智慧城市立法加速。2016年9月，全国首部关于智慧城市建设方面的地方性法规《银川市智慧城市建设促进条例》（以下简称《条例》）出台，于2016年10月1日起正式实施，银川成为第一个以立法推动智慧城市建设标准体系的城市。《条例》从智慧城市建设发展规划、信息基础设施共享、信息采集共享、应用推广措施、法律责任等方面都作出了明确的规定。2016年11月，济宁发布《济宁市智慧城市促进条例（草案）（征求意见稿）》，成为继杭州（2015年6月《杭州市信息经济智慧应用促进条例（草案）》）和银川（2016年9月《银川市智慧城市建设促进条例》）之后，我国第三个开始探索智慧城市法制化建设的城市。

巨大的智慧城市市场空间吸引了众多企业的参与。中国航天、中国电科、中国电子、中兴通讯、华为、软通动力、神州数码、浪潮、易华录等一些国有企业、上市企业纷纷跑马圈地，还有一些非信息技术类公司也开始介入，例如基础设施建设企业（中建集团、中冶京城等）、文化集团（安徽出版集团等）、地产类公司（浙江绿城、碧桂园等）、投资集团（软银中国、赛伯乐、华融等）等。据中国城市科学研究会智慧城市联合实验室统计，当前已有5000多家企业单位参与智慧城市建设。

智慧城市的商业运营模式创新取得突破。2016 年，各地结合自身实际将PPP 模式应用于智慧城市建设，探索出不同的模式。涌现出银川模式、崇州模式、合肥高新区模式、吕梁模式等各具特色的政府与社会资本合作模式。2016 年 3 月，"合肥高新区智慧城市管理运营项目"获得国家开发银行 2016年度第一批项目资本金低成本贷款。4 月，"合肥高新区基于'互联网＋'的创业创新服务云计算平台建设与应用项目"入选国家发改委 2016 年度第二批项目资本金贷款专项目录。此外，譬如"智慧阳信"PPP 建设项目（规模9.44 亿元）、"智慧蓬莱"建设项目（规模 12.4 亿元）、宁乡县智慧城市（规模 4.61 亿元）、桃源县智慧城市（一期）建设（规模 5.82 亿元）等一批项目均探索应用了 PPP 模式，助力有效地解决智慧城市建设和运营维护中的一系列资金、运维难题。

（六）数字经济呈高速发展态势

近年来，我国先后制定出台了鼓励发展大数据、电子商务、"互联网＋"等重要政策举措，为数字经济发展营造了良好的政策环境，有力助推了数字经济的高速增长。首先，数字经济推动消费需求加速释放。随着网络环境改善和互联网、移动互联网普及，数字经济越发广泛地融入居民生活。2015 年，中国网上零售额达到 3.88 万亿元人民币，占全社会消费品零售总额的比重达到 12.9%。2016 年"双十一"，仅阿里巴巴一家的总交易额就超过 1200 亿元。其次，数字经济将引领传统产业转型升级。云计算、物联网、大数据、机器人等新技术新装备快速发展应用，数字技术开始融入到传统产业之中，引领推动了传统产业转型升级。数字经济将成为驱动领传统产业创新发展的新引擎。最后，数字经济将促进新兴业态培育壮大[①]。

数字经济领域不断孕育出新模式新业态，倒逼了传统行业领域的变革，打破了既有的产业发展格局，催生出越来越多的经济增长点，人工智能、分享经济、工业互联网、智慧物流等新业态新模式为数字经济发展注入了新的动能。以分享经济为例，《中国分享经济发展报告 2016》显示，2015 年，我国分享经济市场规模已达 19560 亿元（其中交易额 18100 亿元，融资额 1460 亿元），从消费到生产，分享经济已经渗透到几乎所有的领域，并迅速形成一批初具规模、各具特色、有一定竞争力的代表性企业。交通、住宿、餐饮、教育、卫生等领域的分享经济取得了快速增长，自行车、汽车、房屋、医疗、教育等资源通过互联网广泛分享。共享单车 ofo、摩拜单车在京沪两地大量投放。首汽新能源汽车分时租赁 Gofun 出行正式上线，奔驰旗下分享汽车 car2go 正式进军中国，在重庆投放数百辆 smart 汽车。途家、小猪短租、蚂蚁搬家等分享平台挖掘房屋闲置资源，开拓短租市场。截至目前，我国已出现 16 家估值超过 10 亿美元的分享经济独角兽企业和 30 多家准独角兽企业。

（七）应用基础设施布局和建设步伐加快

2016 年，基础电信运营商、互联网企业纷纷加快部署云计算中心、大数据平台、内容分发网络、物联感知等应用基础设施。目前，三大运营商在我国 295 个地级以上城市数据中心建设覆盖率达到了 90% 以上，其中中国移动在各地的数据中心密集开工，到 2016 年底数据中心全网机柜突破 10 万架，中国联通将在全国规划建设十大云数据中心，总机架数将超过 25 万。骨干互联网企业致力于建设超大规模大数据平台，用友等一批服务提供商加快向数据驱动型企业转型。阿里巴巴、腾讯等大型互联网企业逐步开放自建内容分发网络，成为新型内容分发网络服务商。三大基础电信运营商也加快内容分发网络建设，一方面支撑自身增值业务，另一方面为中小网站、政府和公共服务网站提供服务。物联网感知设施在智慧城市、智能交通、智慧家庭、工业网络等领域应用越来越普及，已成为生产和生活智能化转型的关键基础设施[②]。

---

① 安晖：《2017 数字经济发展七大趋势》，http：//www.ccidgroup.com/zjgd/8783.htm。

② 李晓利：《政策将密集出台 互联网＋制造成热潮》，《中国信息化周报》2016 年 8 月 22 日。

第二章 2016 年中国信息化发展特点

2016 年，我国信息化发展呈现出一些新特点新趋势：分享经济模式加速向生产制造领域渗透，推动闲置生产能力的在线交易、协同，共享和分享成为制造业变革的核心走向。信息消费蓬勃发展，移动化、智能化、平台化信息消费新生态加速形成。大数据在经济社会发展中的基础性、战略性、引领性地位日益突出，大数据应用成为新常态下经济提质增效、公共服务优化、创能能力提升的新引擎。网络安全法制建设取得重大突破，作为我国网络领域的基础性法律，《中华人民共和国网络安全法》的出台使网络安全法律法规建设有了统领性的法律，并极大促进关键信息基础设施保护、网络安全审查、数据跨境流动等诸多制度的进一步落实，极大地促进法律体系的形成与完备。

（一）分享经济模式加速向生产制造领域渗透

2016 年，随着互联网尤其是移动互联网的发展，特别是近年来"互联网＋行动计划"和"大众创业、万众创新"的推进，共享模式成为众多创业者的重要选择，从在线创意设计、营销策划到餐饮住宿、物流快递、资金借贷、交通出行、生活服务、医疗保健、知识技能、科研实验，共享经济已经渗透到几乎所有的领域。在制造业领域，越来越多的制造业企业通过构建大规模一体化生产能力分享平台，建立完善共享协同的生产组织体系，推动闲置生产能力的在线交易、协同，共享和分享将成为制造业变革的核心走向。例如，针对大型企业数控机床、机器人、柔性生产装备等设备闲置、中小企业有需求但无力购买等现状，沈阳机床研制出了融合工业化、信息化、网络化、智能化、集成化的 i5 智能机床，成功开发出具有网络智能功能的"i5 智能化数控系统"。通过智能机床将其运作状态整合，实现机床闲置时间的共享，满足不同客户的生产需求。围绕制造资源分散、供需不能有效对接带来的产业链运转效率不高、产能过剩等问题，阿里巴巴、航天二院等，通过构建网络化的生产能力配置平台，实现产能资源的监测评估、需求匹配。海尔集团提出了"人人创客"的转型战略，努力推动海尔从制造产品向制造创客转型，为小微企业提供低成本、便利化综合服务的完全开放的众创空间。

（二）移动化、智能化、平台化信息消费新生态加速形成

2016年，移动智能终端应用向经济社会各领域快速渗透扩张，多领域企业创新信息消费服务模式，开展了各类嫁接优势服务资源、实现端到端服务的有益探索。吉利汽车集团与爱立信合作，由爱立信提供车联网云平台的所有核心功能，一同打造车联网平台，并开发基于车联网的信息服务产品，让汽车成为一个移动智能终端，为车主提供便捷的服务支持。在智能家居领域，乐视、微鲸、小米等将数字电视作为服务终端，在后端建立平台运营音乐、影视、游戏等多种内容，构建数字内容服务生态。明康中锦将家用便携式无创呼吸机打造成智能化鼾症监测、治疗终端，在后端建立呼吸系统疾病诊疗服务平台，通过 Wi－Fi 或 3G 网络与服务平台连接，平台集成了多家医院的优质医疗资源，形成监测、治疗、咨询、康复的全周期服务生态。

（三）大数据应用加速向全领域渗透

大数据在经济社会发展中的基础性、战略性、引领性地位日益突出。大数据应用将成为新常态下经济提质增效、公共服务优化、创新能力提升的新引擎，为国民经济和社会发展提供更有力的支撑。在工业领域，通过全链条、全生产线、全周期的数据化创造更智能、更高效的产品和服务能力，推动传统制造模式向数据驱动的智能制造模式转变。在服务业领域，越来越多的企业跳出原有的产业价值链，通过数据收集、整理、分类和应用，精准掌握消费者使用爱好，创新出极具生命力的服务模式和商业模式。传统商贸服务业基于大数据分析开展精准营销。信息技术服务商利用大数据开展个性化、定制化服务。此外，大数据与金融业、文化创意、医药等产业深度融合，进而衍生出互联网金融、数据服务、数据化学、数据材料、数据制药、数据探矿等一系列新兴产业。

同时，各级政府部门越来越重视数据的内在价值和挖掘潜力，开始探索利用大数据创新公共服务模式，医疗、交通、就业、人口、环保等民生领域涌现出一批应用典型。2016年10月，深圳市出台《深圳市促进大数据发展行

动计划（2016—2018 年）》，提出要充分利用大数据提升政府社会治理和公共服务能力，推动创新创业和产业融合，培育新型经济业态。贵州省卫生计生委推出基于大数据分析的"互联网＋慢病管理"服务平台，为超过 1 万名慢性病患者提供实时病情监测服务，开创了一种全新的重大疾病尤其是慢性病管理模式。贵阳市交通大数据孵化器作为国内首个由政府部门创立、以免费提供计算与数据资源的方式开放交通大数据的平台，吸引了大量海内外科研院校、企业的关注，目前，该平台已有 1100 人注册，认证团队企业达 70 个。广州市公安局联合高德地图搭建"交警平台"，利用大数据进行交通引导，将全市范围内的交通管制、卡口流量等信息与出租车、行车记录仪等信息整合，形成更加准确的实时路况信息，为市民避开拥堵提供便利。

（四）网络安全法律体系日渐完善

2016 年，我国网络安全法制建设取得重大突破。3 月 17 日，"十三五"规划发布，网络安全和信息化工作在"十三五"规划中得到全面加强。7 月 27 日，中共中央办公厅、国务院办公厅印发《国家信息化发展战略纲要》。11 月 7 日，十二届全国人大常委会第二十四次会议经表决，通过了《中华人民共和国网络安全法》，于 2017 年 6 月 1 日起正式施行。11 月，《中华人民共和国网络安全法》出台，这是我国网络领域的基础性法律，明确加强对个人信息保护，打击网络诈骗。《网络安全法》突出六部分内容。一是明确了网络空间主权的原则；二是明确了网络产品和服务提供者的安全义务；三是明确了网络运营者的安全义务；四是进一步完善了个人信息保护规则；五是建立了关键信息基础设施安全保护制度；六是确立了关键信息基础设施重要数据跨境传输的规则[①]。《网络安全法》的出台一方面使网络安全法律法规建设有了统领性的法律，另一方面，该法规定的诸多制度，如关键信息基础设施保护、网络安全审查、个人数据保护、数据跨境流动等，都需要进一步落实，制定实施条例和细则，这将极大地促进法律体系的形成。

---

① 杨合庆：《网络安全法明确了网络空间主权的原则》，中国证券网，2016 年 11 月。

第三章　2016 年中国信息化发展存在的主要问题

2016 年，我国信息化发展还存在一些突出问题，主要有：核心关键技术薄弱、应用水平不高，信息化自身发展能力亟待提升；电子政务统筹协调体制机制仍有待理顺，政府治理过程中数据碎片、数据割据和数据孤岛现象十分突出，信息资源共享开放进展缓慢；制造业大企业"双创"平台建设存在重概念轻内涵、重平台建设轻应用推广、重低水平扩张轻创新式发展等发展误区，制约了平台的应用推广和效能发挥；新模式、新业态层出不穷，对现行政策的执行和未来政策的制定提出了新的挑战，完善和构建与信息时代要求相适应的体制机制势在必行；智慧城市建设存在同质化现象，很多城市的智慧城市建设都追求面面俱到，没有结合地方优势和和产用特色，重点不突出；信息快速传播背景下，传统的舆论监管体系、信息发布反馈机制等管理体制、管理手段和理念已经滞后于时代的需要，已经难以实现科学有效的管理，政府应急处理能力建设面临严峻挑战。

（一）信息化自身发展能力亟待提升

当前经济社会转型发展对信息化的需求日益紧迫，但是核心关键技术薄弱、应用水平不高等自身能力问题愈发突出，不仅制约了信息化对经济社会发展的作用，而且成为信息化健康快速发展的瓶颈。2016 年 3 月，美国宣布制裁中兴的事件再次警示了我国在信息化关键领域核心技术亟须补课，即使强大如中兴这样为全球几十亿用户提供服务、在一定程度上主导全球通信标准的制定、在全球通信领域进入第一梯队的企业，在智能手机上依然高度依赖高通芯片及 Android 操作系统，在关键技术领域还有很大的提升空间。此外，我国部分领域尤其是制造业领域的信息化应用水平亟待加快提升，深化制造业与互联网融合发展仍面临智能装备集成薄弱、流程管理缺失、组织机构僵化、数据开发应用能力不足等挑战。

（二）电子政务统筹协调体制机制仍有待理顺

目前，我国中央和地方电子政务统筹协调机制还存在不一致的情况。在中央层面，《关于建立国家电子政务工作统筹协调机制的意见》明确了中央网络安全和信息化领导小组对全国电子政务的集中统一领导和中央网信办负责协调的具体职责，但各地方电子政务统筹协调职能承担机构差异较大，存在多个部门负责、多个立项出口、多个资金来源的情况。体制机制不顺既对地方电子政务发展带来干扰，也对全国层面的统筹协调带来一定阻碍，中央网信办向下发文一般针对地方网信办，对非网信办负责的地方政策传达、工作协调需要经过多个部门转达，影响电子政务推进的效率和效果。此外，由于我国统筹管理机制缺失，政府治理过程中数据碎片、数据割据和数据孤岛现象十分突出，部门分割和利益冲突制约了数据的自由流动和交互共享，各级政府跨部门、跨地区、跨层级的信息资源共享开放进展缓慢，不利于形成协同联动、科学规范、运行有效的治理体系。据调查统计，区域部门间超过80%的省级、65%的地市、70%的区县尚未实现政务信息资源共享，严重影响到多部门协同解决为民服务和社会管理应用的深化。

（三）制造业大企业"双创"平台建设存在误区

当前，全国各地"双创"平台建设热度高企，一批全球性、跨行业的开放式"双创"平台蓬勃兴起，极大地释放了企业内部创新活力，个性化定制、网络化协同生产、服务型制造等新模式加快普及应用，但部分地方和企业在推动"双创"平台建设过程中也暴露出一些问题，存在一些误区，制约了平台的应用推广和效能发挥。一是重概念轻内涵。有的地方政府尚不清晰"双创"平台的内涵和作用，仅将制造业"双创"平台建设集中在支持企业技术、产品、商业模式等创新上，未能从挖掘本地企业创业创新潜力角度出发完善政策、优化环境。不少企业认为"双创"是科技研发和技术创新，是信息化改造，发展"双创"就是搭建互联网平台，导致建设的"双创"平台停留在技术支撑层面，未能将"双创"提升到推动生产组织管理模式创新、打造新型生产方式和重塑产业形态的高度上来。二是重平台建设轻应用推广。当前，很多制造业"双创"平台已经搭建起来，但平台的市场化、专业化、开放化程度不高，服务资源空闲、服务方式单一、服务效率不高，导致用户参与性不高，创客主体来源不足，平台的带动作用很难发挥出来。同时，很多"双创"平台没有形成研发、应用、推广等环节之间的联动机制，致使创新仅停留在研发环节，研发到产业化之间的"死亡之谷"仍然成为无法逾越的障碍。三是重低水平扩张轻创新式发展。多数"双创"平台定位不明确，服务功能缺乏针对性和专业性，可用的创新资源少，运营模式不清晰，在一定程度上造成"双创"平台低水平同质化现象突出，不仅难以满足企业自身全面创新的需要，也难以满足多行业、各层次产业链创新的需求。同时，一些地方存在一哄而上、揠苗助长等不良倾向，缺乏对本地资源禀赋、优势产业和市场需求的精准判断，盲目引进大型制造业、扩建孵化器，导致创新主体和创新载体较为单一，再加上创新投资与创业孵化时间较长，容易造成孵化器空心化。

（四）制度藩篱掣肘新业态新模式发展

信息化创新应用过程中涌现了许多新模式新业态，其健康发展需要更加完善的制度环境，需要在科技创新、财税金融、国企改革等方面取得突破。工商登记、行业监管、资质牌照、税务管理、公共服务、政策法规等方面亟须破解传统的管理方式与新业态新模式之间的冲突和矛盾，如体现在产业加速跨界融合与条块分割的行业管理体制的矛盾，不断增长的基础信息资源共享与业务协同需求同监管方式的矛盾等。例如，目前，行业主管部门在监管过程中，政策决策在规范促进分享经济创新发展与加强行业治理之间的协调性和平衡性还有待进一步提高。2016年下半年，多地出台了网约车管理政策，部分城市的政策引起了社会广泛关注和争议。从交通治理的角度来看，提高网约车行业从业门槛确实起到了控制网约车总量，缓解城市交通压力的作用。但是从分享经济发展的角度来看，驾驶员户籍、汽车排量和轴距、汽车运营年限等限制条件导致大量网约车不得不退出市场，确实对网约车产业的发展造成了较大的阻碍，交通治理需求与分享经济发展需求之间的政策协调性还有待提高。随着新模式、新业态的层出不穷，新情况、新问题还会不断出现，对现行政策的执行和未来政策的制定提出了新的挑战，完善和构建与信息时代要求相适应的体制机制势在必行。

（五）智慧城市建设存在同质化现象

当前，我国智慧城市建设广泛开展，取得了较大进展。截至2016年6

月，全国 95% 的副省级以上城市、超过 76% 的地级城市，总计超过 500 座城市（占世界智慧城市创建总数 50% 以上），在政府年度工作报告中明确提出或正在建设智慧城市。但各地智慧城市建设的方案存在较大的相似性，很多城市的智慧城市建设都追求面面俱到，没有结合地方特色，重点不突出。例如，上海的智慧城市建设目标包括：智慧生活、智慧经济、智慧城管、智慧政务、智慧区域示范、信息基础设施、信息技术产业创新发展能力、网络安全综合保障能力等方面。南京的智慧城市建设提出加快提升基础设施智能化水平、构建精细化城市管理体系、完善便捷化公共服务体系、建设现代化产业发展体系、实现网络安全长效化管理等工作。很多城市推进智慧城市建设的设计规划和建设实施都涵盖了信息基础设施、信息共享、城市管理、公共服务、信息经济等各个方面，同质化现象较为明显。

（六）信息快速传播背景下政府信息处理能力亟待增强

随着新媒体和移动互联网技术的使用与发展，网络信息的平级传播过程日趋明显，技术赋权表现出更明显的社会效果，话语权不断下移，普通网民通过网络能够实现话语权，从而在社会舆论中扮演越来越重要的参与者角色，"蝴蝶效应""沉默的螺旋"现象、"群体极化"效应在网络传播中极易形成，极大地增强了网络舆情形成的突发性和不可预测性等特征，对国家治理的舆论控制、组织管理架构、受众影响等方面都产生了很大影响，对社会稳定发展的潜在威胁与日俱增。在这种形势下，传统的舆论监管体系、信息发布反馈机制等管理体制、管理手段和理念已经滞后于时代的需要，已经难以实现科学有效的管理，政府应急处理能力建设面临严峻挑战。例如，2016 年引起广泛关注的"雷洋案"，事件的舆论风向经历了多次反转，对公安部门的形象乃至整个政府的形象都造成了不利影响。在事件处理过程中，官方信息的发布总是比舆论发展晚一到两天时间。其原因就是在现行机制下，官方获取信息滞后，发布信息流程冗长，针对突发事件的应急处理能力弱，导致舆论不断发酵。

领 域 篇

第四章　2016 年中国云计算应用发展情况

2016 年，国家和地方政府先后出台多项政策文件强力支持云计算发展，云计算技术突破、产业发展、生态构建、应用创新不断取得新进展。在技术创新方面，我国在云平台系统研发、云网融合、云平台运营维护等核心技术研发方面不断取得突破，取得了分布式云存储系统 SurFS、云计算系统 SD－30、磁盘服务锁技术等重大成果。在产业发展方面，我国云计算市场总体保持快速发展态势，2016 年企业云服务市场规模超过 500 亿元，整体增速32.1%。在生态构建方面，国内云计算企业纷纷开放平台或者寻求战略合作，积极拓展军海外市场布局，着力构建跨领域的产业生态体系。在应用创新方面，云计算在重点行业、政务服务、社会民生等领域的应用愈加深化，有效帮助传统企业提升产品附加值、提高生产效率、创新商业模式，显著提高了政府治理和为民服务水平。同时，我们应该看到，云计算的发展还存在一些挑战，诸如数据中心"重建设、轻应用"、云计算服务商业模式尚不清晰、云安全防护能力亟待提升等，需要在今后的发展中引起重视并加以解决。

第一节　云计算市场持续扩大

2016 年，中国云计算市场爆发式增长，成为互联网新风口，也逐渐成为新一代商业基础设施。云计算与信息产业内其他领域呈现出相互融合的趋势以及国内企业向海外拓展市场成为 2016 年我国云计算市场的两大显著特征。我国云计算市场总体保持快速发展态势。据统计，2016 年中国企业云服务市场规模超过 500 亿元，整体增速 32.1%，预计未来几年仍保持约 30% 的年复合增长率。

图 4 - 1 2016 年中国企业云服务整体市场规模

资料来源：艾瑞咨询，2016 年 11 月。

2016 年我国公有云市场规模 241.5 亿元人民币，占云计算市场总额的 46.4%①。通过公有云服务的三种类别可以看出，占市场规模最大的依然是软件即服务（SaaS）规模，全年约 127.5 亿元，占据 53% 市场份额。基础设施即服务（IaaS）市场规模紧随其后，约占 42%，而平台即服务（PaaS）规模比较小，仅占有 5%。与 2015 年相比，基础设施即服务（IaaS）发展很快，但呈现"二八趋势"，阿里云一家独大，加上其他几家主流云服务商，占据市场 80% 以上份额；软件即服务（SaaS）市场中仍活跃着许多中小云服务商。

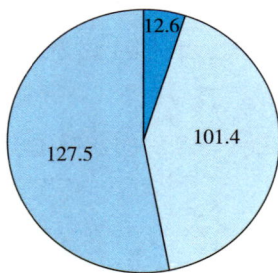

图 4 - 2 2016 年中国公有云市场占比

资料来源：艾瑞咨询，2016 年 11 月。

随着云计算的技术逐渐成熟，云计算与大数据、移动互联网、软件与信息服务业等信息产业呈现出相互融合的趋势，信息产业各细分领域间协同增长效应明显，预计 2016 年我国云计算产业整体市场规模达到 3167.5 亿元，同

———————

① 艾瑞咨询：《2016 年中国企业云服务行业研究报告》，2016 年 11 月 30 日，见 http://mt.sohu.com/20161207/n475150780.shtml。

比增长 56.0%。

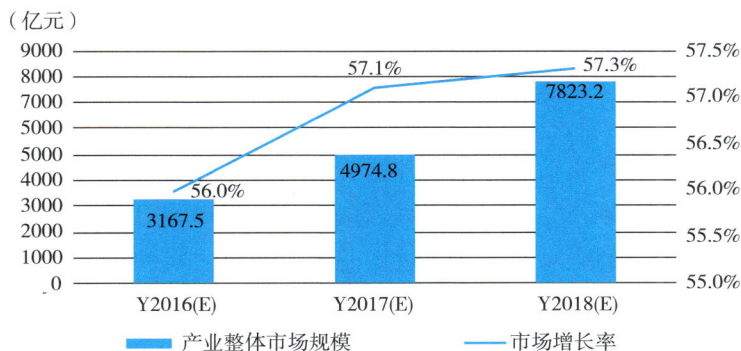

图 4－3　2016—2018 年我国云计算产业整体市场规模预测

资料来源：IDC，2016 年 2 月。

　　虽然云计算已经开始在政务、教育、医疗、金融、工业等领域崭露头角，但其主要市场应用仍在 O2O、电商、游戏、社交、视频这些领域。2016 年，市场对云计算服务的强大需求，尤其是即时通信与直播的火爆，加速了云计算技术的发展与成熟。总体来讲，市场对于云计算服务的整体接受程度已经大为改善。

　　与此同时，来自投资界的支持与云计算产业内部的合作共赢也必不可少。2016 年，规模化的投资共计 452 次，虽然较 2015 年度有所下降，但仍远高于 2014 年度，处于投资高位。可信云大会、云计算开源产业联盟等一大批产业组织相继成立，在工业和信息化部的引导下制定技术标准、加强企业合作、推动技术产业化、呼吁云安全，极大地改善了产业生态，一定程度上规范了云计算市场。

　　在国内市场竞争日趋激烈的同时，我国大型云服务企业积极拓展海外市场布局，这是我国云计算市场发展的另一个显著特征。以我国大型云服务企业为例，2016 年 12 月，该企业全面开放 11 个海外服务节点，至此在全球范围内共拥有 19 个节点，服务范围覆盖除南极以外的所有大洲。这意味着我国云计算技术发展迅速并已初步成熟，在某些领域内能够与国际巨头在全球市场上一争高下。

第二节　国家密集出台支持云计算产业发展的政策

我国的云计算产业的飞速发展与各级政府的支持密不可分，他们在云计算产业链的构建和运作上扮演了引导者的角色。根据政府的引导，参与企业认识到产业链价值的全局性，并通过产业链各环节之间的价值交换与信息反馈，促进产业链间价值流和信息流的流通，使整个产业发展进一步走向成熟和规范。

2016年，国家先后出台多项政策文件，大力支持云计算产业的发展。我国于2016年3月发布的《国民经济和社会发展第十三个五年规划纲要》中明确指出，要重点突破云计算和大数据关键技术，积极推动物联网与云计算的发展。《规划纲要》中提到，要倡导互联网骨干企业开放平台资源，进一步强化行业云服务平台建设，鼓励行业信息系统迁移至云平台。"十三五"期间，信息化应用的主流模式将转变为云计算，一些政府的电子政务中心将向电子政务云迁移，越来越多的大企业将按照云的方式完成构建，更多中小企业将习惯采用PaaS、IaaS及SaaS，很多企业的IT部门将逐渐被云计算公司所代替。2016年7月，中共中央办公厅、国务院办公厅印发了《国家信息化发展战略纲要》，提出着力构筑移动互联网、云计算、大数据等领域比较优势。2016年7月，银监会发布《中国银行业信息科技"十三五"发展规划监管指导意见（征求意见稿）》，指出要"探索建立银行业金融公共服务云，构建私有云与行业云相结合的混合云应用"。同年10月，工业和信息化部下发《关于发布2016年工业转型升级（中国制造2025）重点项目指南的通知》，明确了"中国制造2025"重点项目共18个重点领域，其中重点扶持工业云和大数据公共服务平台建设及应用推广。

为全面贯彻落实国家云计算发展战略，各地方政府也纷纷出台政策，鼓励促进云计算产业的发展。北京市颁布了《北京市大数据和云计算发展行动计划（2016—2020年）》，计划指出，到2020年，大数据与云计算的创新发展体系基本建设完成，成为全国大数据与云计算应用中心、创新中心以及产业高地。具体目标则包括打造具有全国示范水平的基础公共云平台，公共数据开放率超出 60%，开放单位超出 90%；在经济社会发展中大数据与云计算达到良好的应用效果，打造千亿元级的产业集群，大数据与云计算企业超过 500 家，培育面向全球的平台型龙头企业 20 家以上，打造 10 个以上大数据和云计算创新应用示范工程等。上海市制定发布《上海市关于促进云计算创新发展培育信息产业新业态的实施意见》，主要任务是增强云计算服务能力，自主研发云计算产品，支撑互联网创新发展，推动数据资源开发利用等。《意见》指出到 2018 年，云计算成为信息产业核心组成部分，云计算应用水平大幅提升，形成以云平台为基础，以云应用为导向，以云服务为模式的云计算产业，带动信息产业新业态快速发展，云计算技术和服务收入达到 1000 亿元。湖北省印发《关于加快促进云计算创新发展培育信息产业新业态的实施意见》，提出紧抓国家促进云计算和大数据创新发展的战略机遇，到 2020 年，基本建成创新活跃、服务全面、应用深入、安全保障有力、基础设施完善的云计算大数据产业发展格局，对各相关产业转型升级的带动作用明显，为全省经济社会发展提供科技支撑和创新驱动。深圳市印发《深圳市推进云计算发展行动计划（2016—2017 年)》，指出发展的总体目标是到 2017 年，云计算基础设施进一步完善，大数据产业具有一定规模，云计算在政务、教育、医疗、交通、金融、公共安全等领域得到广泛应用，全市云计算应用水平跃上一个新台阶。积极完善宽带深圳网络建设、优化布局云计算数据中心、加强云计算资源利用。同时，引导企业提升云计算产业软件和信息技术服务业系统集成能力，健全云计算产业链，加强政务信息资源开发利用，推动政务大数据共享与开放，为政府、企业和市民提供数据使用、数据分析和信息咨询等增值服务。

第三节　核心技术研发不断取得突破

随着我国云计算技术不断提高、产业蓬勃发展，我国在云计算领域的自主创新能力不断加强，取得了越来越多的核心技术突破。我国云计算核心技术自主研发占比较大，截至 2015 年 7 月，在 37 个通过可信云认证的云主机服务中，运用开源及自研的虚拟化方案所占比例达到 80.7%，运用开源及自研的虚拟化管理软件所占比例达到 61%①。2016 年 11 月，第三届世界互联网大会上，以飞天云平台为基础的大规模分布式高可用电子商务处理平台入选"世界互联网领先科技成果"，这表明我国企业在云计算领域的部分核心技术已处于世界领先水平。

在云平台系统研发、云网融合等基础性技术研发方面，我国企业取得了重大成果。2016 年 3 月，书生云发布其自主研发的分布式云存储系统 SurFS。存储系统是云平台的核心部件，也是云平台的整体性能和成本的决定性因素，SurFS 从这一核心领域着手，进行了颠覆式技术创新，重新定义了分布式存储系统的架构，与 Ceph、GlusterFS 等国外同类产品相比，在性能、成本、可靠性、可用度和可扩展性五个重要指标上优势突显，此外，该系统还采用开源换营销的方式，供全球用户免费使用、共同完善。2016 年 6 月，首个基于自主 CPU 龙芯 3B1500 处理器研发的国产云计算系统 SD – 30 问世，该系统运用 OpenStack 开源云计算软件以及 KVM 虚拟化技术，首次在 40 台以上的国产龙芯集群服务器上建立了大规模的虚拟化节点，并且能够有效管理和调度 300 个以上的云计算虚拟节点，具有高能效、高密度、高扩展性的特征，在软硬件结合的虚拟机设计以及性能优化等方面居国内领先水平。近年来网络直播的爆发式增长给原有的内容分发网络（CDN）带来了很大挑战。针对这一需求，云帆加速把 CDN 高可用性的服务，可管理、可运维的服务和 P2P 的服务，系统的可靠性以及突发处理能力做一个结合，把 CDN 和 P2P 有机地结合在一起，并在网络层面提高了系统的可扩展性，降低了成本，减少了跨域、跨流量的问题，控制层面和内容层面也做了相应提升，网络直播延时可以控制在 1 秒以内。

在云平台运营维护方面，我国企业也取得了技术突破。随着以 Docker 为代表的容器技术的出现，自动化运维越来越受到重视。继阿里云与腾讯云之后，京东 2014 年开始容器尝试，并在 2015 年的"6·18"大促中，启用基于 Docker 的容器技术来承载大促的关键业务，并且经受住了大流量的考验，而 2016 年"6·18"大促更是启动了近 15 万个容器，全部应用系统和大部分的

① 中国信息通信研究院：《2016 年云计算白皮书》，2016 年 9 月，见 http：//www.caict.ac.cn/kxyj/qwfb/bps/201608/t20160831_ 2177147. htm。

DB 服务都跑在 Docker 上。随着系统虚拟化的极速增长，系统不断臃肿膨胀，故障发生率大幅上升，中兴自主研发新支点高可用集群软件，开发全新磁盘服务锁专利技术，将虚拟机的应用服务进行锁定，当服务异常时，自动解锁，把用户业务切换到备用虚拟机，满足虚拟应用场景，保证整个虚拟环境的应用服务安全可靠，使得客户业务连续性、安全性得到有力保障。云平台系统漏洞修补可能导致服务器大面积重启，影响可用性甚至危及数据安全，UCloud 自主研发的热补丁技术，能够在免重启的状态下完成所有内核代码的修复，同时可以把热修复过程业务中断时间稳定在 10ms 以内，这项技术已经在 UCloud 云平台运行了一年以上，完成约 20 个内核故障的热补丁修复，累计实现热补丁修复的次数达到 5 万台，从理论上避免了服务器的重启工作。

第四节　云计算市场竞争激烈

　　云计算巨大的商业前景，尤其是中国强大的云计算市场正吸引着越来越多的国外云计算企业入华。2016 年 8 月，亚马逊与光环新网正式签署《运营协议》，光环新网获亚马逊授权运营 AWS 云服务，协议标志着亚马逊 AWS 全面进入中国市场；微软与贵阳合作建设大数据平台孵化基地，微软 Azure 在中国企业客户超过 70000 家，并在近一年实现了三位数的年度增长；IBM 与世纪互联合作将自己广受赞誉的 Bluemix PaaS 平台落地中国；9 月，甲骨文（Oracle）也与腾讯宣布合作，正式落地中国市场。值得注意的是，在国外云计算企业纷纷进军中国进行战略布局的同时，我国大型云服务企业也纷纷提供海外服务，积极拓展海外市场布局。云计算新创公司 Ucloud 从 2015 年开始，为其部署在全球范围内的 37 个数据节点提供加速方案，逐步拓展海外市场。而互联网巨头阿里巴巴与腾讯则在年内分别完成了海外市场基础设施建设。2016 年 11 月，阿里云欧洲、中东、日本和澳大利亚数据中心相继开服，如果包括此前已经启用的四个海外数据中心，阿里云海外数据中心已增至 8 个，海外业务量随之大幅增长。2016 年 12 月，腾讯云全面开放 11 个海外服务节点，至此腾讯云已拥有 14 个海外服务节点，成为全球云计算基础设施最完善的中国互联网云服务商。

2016年，我国云计算服务商结合自身企业的优势分析，将侧重点进行细化，主要呈现出三类不同的细分市场。第一类主要为提供 IaaS 服务的厂商，以阿里云作为代表。受阿里巴巴平台式思维的影响，2016年，阿里巴巴选择平台化作为云计算领域的商业模式。阿里云侧重提供计算、存储、网络等方面的服务，并由此吸引 SaaS 以及 PaaS 类的合作伙伴，此外，阿里云又身兼"应用超市"的角色，将自己与合作伙伴的 SaaS 或 PaaS 服务在云计算平台上按需向有需求的客户售卖。第二类是提供场景化云服务的厂商，以网易、京东作为代表。2016年4月发布的京东云战略，主推的场景化云服务主要包括物流云、电商云、智能云，针对特定场景定位。无独有偶，网易2016年发布了"网易蜂巢"（容器云）以及"网易七鱼"（全智能云客服），再加上网易视频云、网易云信（即时通信云服务）、网易易盾（反垃圾云服务）、网易有数（敏捷数据分析平台）、网易云捕（质量跟踪平台），组成了网易覆盖七个不同应用场景的场景化云服务产品。此外，还有专注视频的乐视云、专注健康的医疗云和专注游戏的盛大云等。第三类则可看作是前两类的结合，典型代表就是腾讯和百度。一方面将网络、存储、计算等作为核心服务，另一方面，针对国内云计算"一超多强"的布局，他们瞄准场景化云服务的商机。譬如2016年下半年发力的百度云，面向金融、娱乐以及营销等行业制定了一系列的解决方案。

对于云计算行业而言，规模效应非常重要，它不仅可以有效降低新增用户的边际成本，还可以让企业进行更为频繁的价格下调。因此，随着云计算市场全球化趋势明显，竞争愈加激烈，各企业也纷纷宣布一系列价格优惠政策。在2016年12月，阿里云又宣布了新一轮降价策略：新用户华南区云服务器优惠至7折，中国各大区云数据库全系调价，平均降幅20%，云服务器独享实例最高降幅30%。这是阿里云2016年第18次降价。在这种情况下，一方面云计算应用会更加走向普及，另一方面云计算的技术红利也会催生更多的技术创新，而这些技术创新又会反哺云计算，推动云计算的发展和进步。

纵观2016年云计算市场，以 BAT（百度、阿里巴巴、腾讯）为代表的三大传统互联网企业，以京东、网易、乐视为代表的垂直云服务平台，以亚马逊、微软、IBM 为代表的国际云计算巨头，以中国电信、中国联通为代表的运营商，以华为、联想为代表的 IT 巨头和以 Ucloud、青云为代表的云计算创业者等，都已经把目光锁定在了"云计算"，竞争程度可谓异常激烈。未来，竞争的加剧也使得各个服务提供商找准自己的定位，中国云计算市场将会更加有序、健康、高速地发展。

第五节　国内企业加速打造云计算生态

云计算市场的强烈竞争，不仅是针对企业以及产品的竞争，还包括产业生态体系的竞争。对于云计算企业来讲，仅仅依靠企业自身或者产品本身难以占据市场竞争的优势地位，建立完整的产业生态体系成为国内外各大企业的共识。与此同时，在信息产业各大细分领域，互联网巨头与众多在其他 IT 领域深耕多年的企业都已构建起自己的生态系统以及独特的竞争优势，展现出差异化竞争的市场态势。在单打独斗越来越难以奏效的背景下，跨领域的产业生态体系的合作就势在必行。受此发展趋势影响，国内云计算领域的各环节企业纷纷开放平台或者寻求战略合作，构建自己的生态圈。

2016 年 3 月，金蝶云之家宣布与致远软件达成战略合作，为企业用户提供更加快捷、高效的移动办公应用，共建移动工作平台；首批在云之家平台接入云表单、考勤等应用，后续将陆续接入审批、外勤、商品订单、业务构建、行业业务等。2016 年 7 月，中国电信携手华为正式发布了天翼云 3.0 产品及服务。天翼云 3.0 在云网融合、安全保障和全面定制化服务方面具有独特优势，尤其是"云网融合"模式，通过构建云管端协同以及"云网融合"的"网络＋云"的基础设施，将网络和云一起作为一种可配置、按需调用的服务提供给客户，为云计算的进一步发展开辟了新的方向。2016 年 8 月，神州数码集团与阿里云计算有限公司正式宣布达成战略合作，双方联合推进企业客户的全面云化。阿里云将云计算领域积累的专业技术及服务对神州数码集团全面开放，同时对其旗下云科服务的企业云服务平台提供必要的支撑。神州数码集团则就客户群体、渠道和企业解决方案等与阿里云建立全面协作。2016 年 9 月，永洪科技和腾讯云正式签署战略合作协议，永洪科技是国内领先的一站式大数据分析平台厂商，双方约定在产品、技术、客户、市场等领域展开全方位合作。企业将可以通过腾讯云获得永洪科技的数据分析、可视化展现等独有技术、行业服务经验。2016 年 11 月，甲骨文宣布，与腾讯云合作共同为中国企业提供企业级云计算服务，甲骨文将其企业级云服务解决方案引入中国，将全面覆盖 SaaS、PaaS 和 IaaS 三个层次。此外，双方将实现甲骨文企业云计算产品和腾讯云公有云服务的融合与联合创新。

第六节　政府进一步拓展政务云应用

随着中央和地方各级政府的推动，云计算广泛应用于政府自身管理与服务中。2016 年，各地的电子政务云平台建设已初见成效，多数省份已经建成了一朵云甚至多朵云，并已投入运营，部分省市政务云平台已经全面进入以业务应用为重点的发展阶段。一些地方政府着力于深化政务云应用，维护或扩展综合性政务云平台，另一些地方政府则进一步打造符合自身独特需求的政务云。

北京市政务服务中心基于政务云平台，整合打通各层级、部门以及区域数据，实现"一口进、一口出"，前台一窗多能、后台分工协作，审批服务已经全部实现"一站式"办理。以投资项目审批为例，审批环节已由原来的 80 多个减至 50 多个，审批时限也由原来的 300 多个工作日压缩至 109 个工作日，政务服务效率大幅提升。北京市政府继续深化政务云平台建设，为下一步全面支撑大数据、物联网在智慧城市中的应用奠定了基础。山东省省级电子政务公共服务云平台已于 2015 年 9 月搭建完成并开始试运行，云服务器超 4000 台，存储能力达 1000P[①]。云平台已部署了 39 个部门的 44 个业务应用系统，近 80% 的省直部门都建立了较为完善的业务应用系统，核心业务信息化覆盖率达到 95% 以上，并开通政务信息共享交换平台，规范数据采集和共享交换制度，完成多项基础数据交换工作。电子政务在提高政府治理能力和公共服务水平上发挥了重要作用。贵州省通过"云上贵州"项目，将多个政府业务系统向云端迁移，实现"进一张网办全省事"，并推进政务服务不断向基层延

---

① 山东省经济和信息化委员会：《山东省电子政务"十三五"发展规划》，2016 年 9 月 7 日，见 http：//www.zhenghe.cn/xwzx/143177。

伸。此外，贵州省还通过"云上贵州"打造"扶贫云"平台，针对贫困人口精准识别与动态监测的问题，建成以 GIS 为基础，以建档立卡贫困户和项目资金为重点的扶贫工作移动巡检系统，实现大数据对贵州扶贫开发工作的精准管理、动态管理、科学管理，扶贫信息公开透明。湖北省地税局通过与华三通信合作，打造了国内首个基于新一代互联网的"电子税务局"，针对电子办税业务在某些时段不可预见性的增强问题，湖北省地税局和华三通信通过虚机化部署应用软件，让全部物理服务器构成一个集群开展虚拟化以及资源池化，此外，运用 DRX 资源动态扩展解决方案，在没有硬件部署增加的状态下完成了资源的动态调整，突破了长期以来信息化建设的资源利用瓶颈。青海省为解决平安城市治安系统视频资源的高效全互联问题，建设覆盖全省的平安城市视频全互联平台，与华为云合作打造专门的云存储平台，实现青海省治安视频数据和存储空间的有机整合，完全消除传统 IP SAN 存储的架构缺陷，避免信息割裂，满足了现有视频、图像等数据的高效存储功能，同时为青海省公安厅进一步开展的大规模、高实战型视频图侦和视频分析等各种业务提供了真正的大数据应用处理平台，全面支撑了青海省治安监控系统的云化、智能化和实战化。云南省林业厅携手中兴云共同打造"林业惠农云服务体系"，通过林木资源数字化建设与移动互联网结合，将省林业厅、各级政府机构、金融机构与林农关联起来，把政策、法规、惠农信息第一时间准确传递给林农，此外还将为广大林农惠农金融服务和林产品销售电商服务。

在各级地方政府大力推动政务云建设的同时，也有一些地方政府注意到了建设过程中不同部门各建一块、上下级部门重复建设的问题并加以纠正。山东省计划 2020 年省市两级逾 98% 的电子政务应用将被部署在云平台，为了保证上下级政府部门与不同职能部门的沟通互联，山东将深入落实行政权力全流程网上运行，对执行权力的主体、程序以及依据进行监督与规范，逐步构建网上服务和实体大厅服务、线上服务和线下服务互相结合的一体化新型政府服务模式。年内基本完成省、市、县三级政务服务平台的互联互通，并在平台管理中逐步纳入各级主要行政权力事项及公共服务事项。

第七节　云计算在传统产业中获得广泛应用

随着相关新技术、新业态、新模式在重要行业领域的应用愈加深化，云计算有效帮助传统企业提升产品附加值、提高生产效率、创新商业模式。在某些传统行业或领域，使用云服务已经形成了非常普遍的模式。目前，阿里金融云服务了超过 2000 家金融机构，其中包括几十家银行、50 多家保险公司、70 多家证券公司和千余家互联网金融机构，阿里金融云成为国内金融行业最大的云服务商。从全国来看，"入云""触网"的医院也是遍地开花，仅在上海一地，就有以复旦大学附属中山医院、上海市徐汇区中心医院以及 13 家社区卫生服务中心为落地实体的"云医院"。云计算在众多其他传统行业领域也都有广泛的应用。

中国联通携手阿里云、天源迪科共同打造号码云，打破 31 个省份固有 IT 系统"分而治之"的局面，完成公司内部 IT 系统的打通以及向云转型。现已在广西、内蒙古、黑龙江三地试点，计划半年内推向全国。联通自己的云平台沃云提供最底层的 IaaS，阿里云提供 PaaS 平台，天源迪科则提供 SaaS 服务，开发垂直应用。宝德云针对电力系统计算要求高、存储量大、信息集成和数据分析要求复杂等问题，通过硬件平台和软件应用的有机融合，解决电力系统安全分析、潮流以及优化潮流计算，系统监控、调度、恢复、可靠性分析等领域的应用问题，实现智能电网海量信息的可靠存储与快速并行处理。广州市妇女儿童医疗中心与广东联通合作，实现医院业务系统云迁移和部署，基本实现医院业务系统的全面云端托管，新的云平台能实现资源的动态分配，提高医疗服务效率，助推分级诊疗。此外为保障业务系统的高可用性，云平台提供了云灾备的解决方案，对关键业务实现系统和数据的容灾和备份，对医院的手麻和 ICU 重症监护系统，已经实现 1.7 秒内的生产系统和灾备系统的秒极切换。

在传统行业或领域中，云服务提供商不仅有互联网巨头，还有众多扎根本行业或领域进行云计算建设的传统厂商。他们基于自身多年来积累的大量数据与运营经验，与大型云服务提供商展开了广泛而紧密的合作。例如好未来教育云已在北京、湖北、江苏、四川等百余个城市推广使用，覆盖了千余所公立学校的百万名学生，在教、学、练、测等环节积累了大量数据。而近期好未来教育云又与阿里云达成战略合作，双方确立在教育行业云计算、大数据等领域的合作意向，共同实现教育数据的在线化，打造普惠教育平台。

第八节　云计算发展面临新挑战

虽然我国云计算产业增长迅速，但云计算市场发育仍面临众多挑战。首先是市场接受度的问题，我国潜在的云计算服务用户群是遍及各个产业的4200万中小公司，然而这些公司传统的"眼见为实"的消费观念可能阻碍了这些公司接受云计算服务；其次是云计算服务商业模式尚有待于提升，我国的云计算服务大多数仍停留在只提供机架出租这类基本业务的水平上，盈利更多是依靠出租网络带宽，而非依靠更高附加值的增值服务，这种状况远没有达到云计算平台提供者的预期。由此可见，多数用户接触云计算服务尚处于初级阶段，要让云计算服务深入人心，还需要一个过程，而要确立合适的云计算服务商业模式，则需要更为长久的时间。值得注意的是，我国云计算产业的发展过程中，政府推动的作用很大，这同时也带来了一些其他问题。

地方政府蜂拥推"云规划"，顶层设计有待加强。在各地竞相推出"云规划"的大背景下，一哄而上圈地建设云计算中心，争相提高优惠条件招商引资，以致数据中心"重建设、轻应用"，不利于云计算的健康有序发展。同时，云计算的发展要面向需求，依靠应用和市场驱动，而当前各地的"云规划"更倾向于服务器数量、硬件设备购置，对云计算的理解和认识存在一定的偏差。目前国内大部分省一级政府都已经完成了政务云平台建设，而在建的地市级政务云平台更多，如果地市一级的政务云平台建设缺少上级云平台的统一部署，就可能导致重复建设与新的信息孤岛问题，偏离了云平台建设的正轨。

另一个伴随着云计算时代到来的问题是，云安全问题的重要性更为突出。云服务使大量数据汇聚到云端，而数据的集中度显著提高，本身提高了数据泄露的风险，对信息安全防护提出了更高的要求，同时引发用户对于信息安全相关问题的担忧。近年来，国内外大型云服务商如腾讯、阿里云、苹果、微软、Dropbox 等都发生过信息泄露以及数据丢失等信息安全事件。如何提供高可靠、高可用的服务，增强云计算安全保障能力，仍然是云计算产业面临的棘手问题。云计算作为一种面向公众提供的服务，必须有一套完善的运维系统来提供系统配置、维护、管理，以及计费、审计等功能。2016 年 6 月，阿里云联合百家软件服务商发布"金盾宣言"，其中涉及云服务安全问题，"监管全程透明，运维产品全程录屏"。但云安全问题是一个系统性的问题，需要相关组织出台对应的技术标准及法律法规，而不能只靠从业者自律解决。2016 年 9 月，可信云大会召开，公布了首批通过可信云安全认证的云服务商，可信云服务认证体系也步入 3.0 体系建设阶段。

云服务风险备受关注，进而引发赔偿问题，则应借助专门的云保险解决。目前经过中国信息通信研究院联合国内各大云服务商和主要保险公司研究的云保险初步方案已经形成：对云服务商自身故障、云服务商人员误操作、第三方责任造成的服务中断以及设备故障引起的数据丢失进行赔偿，承保单位是中国人保为首席承保人的共保体承担，共保体还包括平安保险和渤海保险，中国电信、中国联通、UCloud 和万国数据作为首批投保单位已完成签约。云保险的引入最大限度地降低了用户和云服务商的损失，为云服务商承诺的高可用提供保障机制。

第五章　2016 年中国大数据应用发展情况

2016 年，中国大数据应用快速发展。国家各行业主管部门、地方政府把大数据的应用发展摆在了重要的位置上，有效促进数据要素流通，加速大数据在环保、林业、煤炭等行业，以及生产生活等各领域的应用渗透，积极以数据流引领技术流、物质流、资金流、人才流，推动社会生产要素的网络化共享、集约化整合、协作化开发和高效化利用。各 IT 企业加快布局大数据业务，以大数据采集、清洗、存储、分析等为主的大数据产业生态正逐步形成，助力大数据应用走向深入。

第一节　大数据产业加速发展

目前全球数据量以 40% 的速度高速增长，2014 年全球生成总数据量达 6.2ZB，2015 年全球生成总数据量为 8.6ZB。以此推算，到 2020 年，全球的数据总量将达到 40ZB[①]。在数据规模不断膨胀的背景下，2015 年我国大数据产业市场规模为 115.9 亿元，同比增长 38%，2016 年预计将达到 168 亿元，2017—2018 年将维持 40% 左右的增长速度[②]。

2016 年，全球大数据解决方案日益成熟，垂直领域大数据应用不断开展，全面带动大数据发展。据 Wikibon 统计，全球大数据市场规模达到 453 亿美元，同比增长 17.9%。大数据成为全球新一代信息技术发展的新增长点。

---

① 中商产业研究院：《中国大数据市场规模及应用前景研究报告》，2016 年 12 月 25 日，见 http://gongkong.ofweek.com/2016 - 12/ART - 310010 - 8400 - 30075199.html。

② 中国信息通信研究院：《大数据白皮书（2016 年）》，2016 年 12 月 30 日，见 http://www.chinastor.com/a/dashuju/0110360512017.html。

产值（亿元）

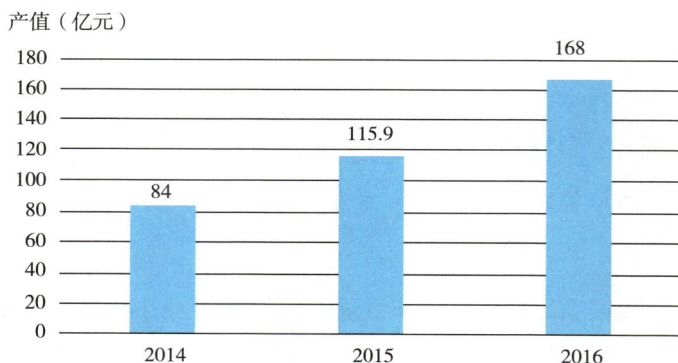

图5-1　2014—2016年我国大数据市场规模

资料来源：中国信息通信研究院，2016年12月。

表5-1　2011—2022年全球大数据产业市场规模及预测（亿美元）

年份	市场规模
2011	73
2012	118
2013	186
2014	285
2015	384
2016	453
2017E	501
2018E	549
2019E	596
2020E	663
2021E	731
2022E	802

资料来源：智研数据中心，2016年12月。

　　从市场结构看，2016年全球大数据市场竞争从垄断竞争向开放竞争格局方向演变。企业数量不断增大，产品和服务差异化增大，技术门槛进一步降低，市场竞争越发激烈。在全球大数据市场中，行业解决方案、计算分析服务、存储服务、数据库服务和大数据应用等细分市场市场份额排名靠前。

表 5 - 2　2011—2017 年大数据细分市场规模分析（亿美元）

	2011	2012	2013	2014	2015	2016	2017E
云	3.6	6.2	11.9	18.2	25.2	30.5	36.5
行业解决方案	28	44.2	61.5	101	135	160	172
应用	5.2	9.9	16.9	34.5	52.9	66.5	77.5
非关系型数据库	0.7	1.3	2.9	5	8	10	12
关系型数据库	6.2	8.8	13.1	17.5	22.5	24.5	27
基础软件	1.4	4.4	8.3	10.8	12.5	16	19
网络	1.5	2.3	4.2	6.5	8.5	10.1	11.5
存储	11	17.5	30.9	42	55	64	69.5
计算	15.3	22.9	36.5	49.2	64	71	76

资料来源：Wikibon，2016 年 10 月。

目前，全球大数据企业按照业务类型主要有两大阵营。一大阵营是单纯以大数据技术为核心的创新型公司，致力于为市场带来创新方案并推动技术发展。另一大阵营则是以数据存储业务为主的知名公司，利用自身资源与技术的积累优势地位冲击大数据领域[①]。

第二节　各行业主管部门高度重视大数据发展

国家各部委在各领域开展了大数据的应用探索。2016 年 1 月，国家发展和改革委员会发布了《关于组织实施促进大数据发展重大工程的通知》，从破解制约大数据创新发展的突出矛盾和问题出发，重点推进数据资源开放共享，推动大数据基础设施统筹，打破数据资源壁垒，深化数据资源应用，积极培育新兴繁荣的产业发展新业态。通过实施一批重大工程项目，有效促进数据要素流通，以数据流引领技术流、物质流、资金流、人才流，推动社会生产要素的网络化共享、集约化整合、协作化开发和高效化利用，创造新的增长

①　前瞻经济学人：《全球大数据市场发展规模》，2016 年 7 月，见 http：//mt.sohu.com/20160714/n459183624.shtml。

点，加快实现经济发展方式转变①。

为积极开展生态环境大数据建设与应用，环境保护部于 2016 年 3 月发布了《生态环境大数据建设总体方案》，着力加强顶层设计和统筹协调，完善制度标准体系，统一基础设施建设，推动信息资源整合互联和数据开放共享，促进业务协同，推进大数据建设和应用，保障数据安全。通过生态环境大数据的发展和应用，推进环境管理转型，提升生态环境治理能力，为实现生态环境质量总体改善提供有力支撑②。

国务院办公厅于 2016 年 6 月发布《关于促进和规范健康医疗大数据应用发展的指导意见》，大力推动政府健康医疗信息系统和公众健康医疗数据互联融合和开放共享，营造促进健康医疗大数据安全规范、创新应用的发展环境。从夯实应用基础、全面深化应用、规范和推动"互联网 + 健康医疗"服务、加强保障体系建设等四个方面部署了 14 项重点任务和重大工程，包括建设统一权威、互联互通的人口健康信息平台，推动健康医疗大数据资源共享开放，推进健康医疗行业治理、临床和科研以及公共卫生的大数据应用等工作③。

2016 年 7 月，国土资源管理局发布了《促进国土资源大数据应用发展实施意见》，提出加强顶层设计和统筹协调，放大国土资源大数据在国民经济和社会发展中的重要作用，推动大数据在国土资源工作中的创新应用，通过基于数据的科学管理、决策与服务，促进国土资源治理能力现代化④。

2016 年 7 月，国家林业局发布了《关于加快中国林业大数据发展的指导意见》，提出了充分利用大数据技术，建设林业大数据采集体系、应用体系、开放共享体系和技术体系四大体系，建设生态大数据共享开放服务体系项目、京津冀一体化林业数据资源协同共享平台、"一带一路"林业数据资源协同共享平台、长江经济带林业数据资源协同共享平台、生态服务大数据智能决策

---

① 国家发展改革委办公厅：《关于组织实施促进大数据发展重大工程的通知》，2016 年 1 月 22 日，见 http：//www. zgsxzs. cn/a/20160122/5497231. html。

② 环境保护部办公厅：《生态环境大数据建设总体方案》，2016 年 3 月 8 日，见 http：//www. zhb. gov. cn/gkml/hbb/bgt/201603/t20160311_ 332712. htm。

③ 国务院办公厅：《关于促进和规范健康医疗大数据应用发展的指导意见》，2016 年 6 月 27 日，见 http：//www. miit. gov. cn/n1146290/n1146392/c4964393/content. html。

④ 国土资源部：《促进国土资源大数据应用发展实施意见》，2016 年 7 月 4 日，见 http：//www. mlr. gov. cn/zwgk/zytz/201607/t20160712_ 1411348. htm。

平台等五大示范工程①。

2016 年 7 月，煤炭工业协会发布了《推进煤炭大数据发展的指导意见》，提出以全国煤炭交易数据平台为基础，力争 2020 年前建成全国煤炭大数据平台，实现煤炭数据资源适度向社会开放，为煤炭企业探索新业态、新模式和行业转型升级提供支撑。其中，五大重点任务：一是构建煤炭大数据开放、共享体系；二是构建煤炭大数据标准体系；三是加快煤炭企业数据平台建设；四是建立全国煤炭数据平台；五是推动煤炭大数据运用②。

2016 年 9 月，交通运输部出台了《关于推进交通运输行业数据资源开放共享的实施意见》，以目录管理数据资产、以共享促进数据融合、以开放实现数据增值为总体思路，坚持需求导向和问题导向，加强统筹协调，激发市场活力，突破交通运输大数据发展机制与技术障碍，提升行业数据资源开发利用价值，为打造精准治理、多方协作的行业治理模式，构建贴近需求、便捷高效的运输服务体系提供有力支撑，建设安全便捷、畅通高效、绿色智能的现代综合交通运输体系③。

2016 年 10 月，农业部印发了《农业农村大数据试点方案》，通过试点示范扎实推进农业农村大数据发展和应用，在北京等 21 个省（区、市）开展农业农村大数据试点。

第三节　地方政府加快发展大数据

大数据在未来经济社会发展中的作用日益凸显，受到各地政府的高度重视。2016 年，贵州加快打造"数字政府"，依托"云上贵州"平台，深挖大数据政用价值，大力推行"互联网＋政务服务"，规范网上服务事项，优化网

---

① 国家林业局：《关于加快中国林业大数据发展的指导意见》，2016 年 7 月 20 日，见 http：//www. forestry. gov. cn/main/195/content－890223. html。

② 中国煤炭工业协会：《推进煤炭大数据发展指导意见》，2016 年 7 月 22 日，见 http：//www. jinan. gov. cn/art/2016/7/22/art_ 135_ 497541. html。

③ 交通运输部办公厅：《推进交通运输行业数据资源开放共享的实施意见》，2016 年 9 月 2 日，见 http：//zizhan. mot. gov. cn/zfxxgk/bnssj/kjs/201609/t20160902_ 2083604. html。

上服务流程，创新网上服务模式，全面公开服务信息；用好电子政务云，提升完善各种云平台。贵州启动了以应用为核心的政府数据"聚通用"攻坚会战，建设全省统一的政府数据中心，推动省市两级481个应用系统迁移至"云上贵州"，建成了人口、法人、宏观经济、空间地理四大基础数据库，实现互联互通和共建共享。政府数据的"聚、通、用"，为企业获取政府数据、快速把握市场提供了便利。贵州"互联网＋政务"工作全国领先，以建设阳光透明政府为重点，以"互联网＋"全面推进政务公开，建设了覆盖省市县三级政务、事务、商务服务"三务合一"的省网上办事大厅，初步实现"进一张网办全省事"的大审批服务格局。同时，政务服务平台延伸至乡村、社区，网上办事实现"单点登录、一次认证、多点互联、一网通办"。贵州还将打造全省统一的公共信用信息平台；推动民生领域公共服务数据与互联网、移动互联网等数据的汇聚整合，加快实现民生服务普惠化①。

上海市出台了《上海市政府数据资源共享管理办法》，提出了以电子政务云为载体，以基础数据库为支撑，以政府数据资源目录为主线的数据共享的总体思路，以上海政府数据开放服务网为依托，加快推动政府数据向社会开放。目前，上海市已经实现经济建设、资源环境、教育、科技、道路交通、社会发展、公共安全、文化休闲、卫生健康、民生服务、机构团体、城市建设、信用服务等12个重点领域的数据资源对外开放，累计开放数据资源800多项，覆盖了所有部门的业务范围。在商务数据方面，上海市以国有控股、混合所有制等运营的方式加快上游数据增值产品的交易，建设了面向应用场景的网络交易平台。目前，已有20多个行业的龙头企业和机构在平台上实现交易，月交易额突破1000万元。在产业技术创新方面，上海交大、同济、复旦、华东理工等10多所高校和研究院所先后建立了大数据的研究院和研究中心，重点突破大数据的关键技术和核心产品，在分布式处理的框架、多元数据的融合分析、流计算、现场计算等领域取得了积极进展。在产业集群领域方面，上海在静安区、杨浦区设立了上海市大数据产业基地，加快构建以自主创新为特色的大数据产业集群，打造上海最具有活力和潜力的大数据产业

① 李胜兰：《贵州依托大数据"互联网＋"打造"数字政府"》，2017年1月22日，见http：//gb. cri. cn/43871/2017/01/22/8631s5233424. htm。

高地，为企业创新创业提供良好的生态①。

内蒙古锡林郭勒盟加强与软通动力、内蒙古联通公司合作，加快推进大数据中心机房和政务信息资源共享平台、政务公共服务平台建设，计划在2017年一季度末完成大数据中心机房建设，实现盟、旗两级数据信息资源整合共享。内蒙古锡林郭勒盟借助第三方机构对各部门信息数据进行评估，重点建设现代畜牧业大数据平台、精准扶贫大数据平台等重点平台，提升经济社会管理科学化水平②。

第四节　IT 企业加快大数据业务布局

2016年，我国 IT 企业从加强自身核心能力建设、深化与地方政府合作等方面，加快大数据业务拓展布局。华为已经成为大数据社区的引领者，位居全球大数据研究的第一阵营。华为在美国研究所、欧洲研究所招揽百位高端大数据专业人才，计划利用3—5年时间开展大数据技术研究，确保华为大数据产品保持长期竞争力。华为公司于2013年面向众多行业客户发布了 FusionInsightHD 版本，FusionInsight 是基于 Apache 开源社区软件的企业级大数据存储、查询和分析的统一平台，使企业更快、更准、更稳的从海量数据中挖掘商业价值和企业商机。华为力争打造一站式大数据产品，从大数据平台 FusionInsightHD、数据集成平台 Porter、数据分析挖掘数据建模平台 Miner，再到数据服务平台 FarmerRTD，构建全流程分析、全分布式互联的能力。FusionInsight 集成了分布式文件系统 YARN、MapReduce、Spark、Redis、SOLER、Strom 等集成组件，整合了跑批应用、流式处理应用、实时查询应用、机器学习应用等，具备高可靠性、高性能、应用性、高安全。华为在此基础上还提供了可视化数据集成能力、HDFS 二级索引能力、毫秒级流处理平台能力、慢盘检测、多租户解决方案，提供基于业务、开发兼容、敏捷可信的服务。截

---

① 张英：《上海市大数据产业发展经验介绍》，2016年4月29日，见 http：//bigdata. idc-quan. com/news/88733. shtml。

② 《内蒙古锡林郭勒盟将全力推进大数据产业发展》，2016年12月，见 http：//www. mof. gov. cn/xinwenlianbo/neimenggucaizhengxinxilianbo/201701/t20170123_ 2525536. htm。

至 2016 年上半年，华为大数据产品已经成功应用于各行业，客户遍布全球 20 多个国家，实施案例超过 600 个。其中在中国金融大数据领域，市场占有率超过 60%。2016 年，华为公司还创建了顶级社区项目 Apache CarboonData，发布了实时反欺诈的平台 FarmerRTD。华为公司还将于 2017 年发布基于学习社区的 Hadoop3.0 和 Spark 2.0 的大数据产品①。软通动力与贵阳大数据交易所签署战略合作协议，未来双方将围绕大数据业务在四方面展开一系列重要合作。一是双方在各自合作城市开展大数据相关业务、产品和平台的相互推介。二是软通动力为贵阳大数据交易所提供技术服务。三是贵阳大数据交易所支持软通动力成立"城市大数据交易专家委员会"，制定城市大数据交易相关标准，规范数据交易行为。四是双方还将共同发起成立"智慧城市大数据"联合实验室，进行专项课题研究，建立大数据清洗、挖掘和应用一体化服务平台②。神策数据通过其核心产品的私有化部署、全端数据接入，采集全量实时用户行为数据，帮助企业实时了解用户行为、洞察用户需求、提升用户生命周期价值，为企业实现数据驱动的精准运营、数据分析服务和增长解决方案③。

第五节　大数据产业生态初步形成

我国大数据产业生态主要包括相关硬件、大数据软件、大数据服务、大数据应用等细分环节。我国大数据相关硬件市场规模在 2014 年达到 451 亿元，2015 年达到 795 亿元，预计 2016 年、2020 年将分别达到 1093 亿元、2385 亿元。我国大数据硬件层市场将进入快速发展的局面。

2012 年，我国大数据软件市场规模为 0.54 亿元，2014 年市场规模为 2.48 亿元，预测 2017—2021 年，中国大数据软件市场规模年均复合增长率为

---

① 《华为大数据平台：重塑企业数据处理新时代》，2017 年 1 月 19 日，见 http://smb. pconline. com. cn/877/8779581. html。

② 向密：《软通动力联手贵阳大数据交易所：围绕四方面展开合作》，2015 年 8 月 21 日，见 http://www. donews. com/net/201508/2900609. shtm。

③ 神策数据 CEO 桑文锋：《踏入大数据新蓝海成传统企业"新宠"》，2017 年 1 月 23 日，见 http://finance. sina. com. cn/roll/2017 - 01 - 23/doc - ifxzunxf1829849. shtml。

65%。预计到2021年，大数据软件市场规模将达到80亿元。

表5－3　2012—2021年中国大数据软件市场规模及预测

年份	市场规模（亿元）
2012	0.54
2013	1.5
2014	2.48
2015	4.08
2016	7
2017	11
2018	18
2019	30
2020	50
2021	80

资料来源：前瞻产业研究院，2016年12月。

2012年，我国大数据服务市场规模约为1.16亿元，2014年，其市场规模约为6.13亿元。预测2016—2021年，中国大数据服务市场年均复合增长率达到75%，将超过软件市场和硬件市场。中国大数据服务市场规模到2021年将达到300亿元。

表5－4　2012—2021年中国大数据服务市场规模及预测

年份	市场规模（亿元）
2012	1.16
2013	3.5
2014	6.13
2015	10.72
2016	19
2017	33
2018	57
2019	100
2020	176
2021	300

资料来源：前瞻产业研究院，2016年12月。

2015 年，政府大数据、电信、金融在我国大数据市场占比位居前三，分别达到11.38%、9.35%和8.90%。电商、医疗和能源行业紧随其后，三者占比分别为 7.92%、7.63%和 7.50%。其余行业占比均低于 7%，但从全球发展趋势来看，未来企业的占比将有所提高，而政府的占比将有所减少。

第六章　2016 年中国移动互联网应用发展情况

在国家政策的强力牵引下，移动互联网应用在 2016 年呈现爆发式发展，市场规模出现翻倍增长，移动购物占比最高，移动生活服务市场份额增长最快，用户数量不断创出新高。网络新闻、即时通信、网络购物等移动互联网应用进程不断加快，市场规模高速增长。移动互联网领域并购数目出现下降，市场对于移动互联网的投资日趋谨慎。以共享单车、网络直播等为代表的移动互联网新业态不断涌现，正引领新一阵移动应用创新热潮。

第一节　移动互联网呈现井喷式发展

移动互联网（Mobile Internet，MI）是一种以智能移动终端、移动无线通信网络为依托，获取业务和服务的新兴创新应用。随着技术和产业的发展，未来，LTE（长期演进，4G 通信技术标准之一）和 NFC（近场通信，移动支付的支撑技术）等网络传输层关键技术也将被纳入移动互联网的范畴之内。2015 年，中国移动互联网市场规模达到 30794.6 亿元人民币，增长 129.2%。预计到 2018 年，中国移动互联网市场规模有望达到 76547 亿元人民币。2015年，移动购物依然是中国移动互联网市场中占比最高的部分，占比达到67.4%。移动生活服务则是市场份额增长最快的大类，移动旅游、移动团购和移动出行领域是移动生活服务增长的主要来源。

表 6-1 2012—2018 年中国移动互联网市场规模预测

年份	用户规模（亿元）	增长率
2012	1835	—
2013	4734.2	158%
2014	13437.7	183.8%
2015	30794.6	129.2%
2016	46720.6	51.7%
2017	60542.5	29.6%
2018	76547.0	26.4%

资料来源：易观智库，2016 年 3 月。

2015 年，中国移动互联网用户规模达到 7.9 亿，较 2014 年增长了 8.4%。预计到 2018 年，中国移动互联网用户规模将达到 8.9 亿。在 7.31 亿网民中手机网民占比达 95.1%，达到了 6.95 亿，增长率连续三年超过 10%，这也是众多互联网企业发力移动端，甚至将重心向着移动端倾斜的重要原因。不仅是内容端、平台端更加注重移动市场，很多传统硬件也开始大刀阔斧地瘦身减肥，向着轻薄便携的方向发展。

表 6-2 2012—2018 年中国移动互联网用户规模预测

年份	用户规模（亿人）	增长率
2012	5.7	—
2013	6.5	15.4%
2014	7.3	11.8%
2015	7.9	8.4%
2016	8.3	5%
2017	8.6	3.5%
2018	8.9	3%

资料来源：易观智库，2016 年 3 月。

2016 年，网民在手机端最经常使用的 APP 应用是即时通信。调查显示，79.6% 的网民最常使用的 APP 是微信；其次为 QQ，占比为 60.0%；淘宝、手机百度、支付宝分列 3—5 位，占比分别为 24.1%、15.3% 和 14.4%。

全年月户均移动互联网接入流量达到 772M，同比增长 98.3%。其中，通过手机上网的流量达到 84.2 亿 G，同比增长 124.1%，在总流量中的比重达到 90.0%。

第二节　国务院发文推进移动互联网发展

2017 年 1 月 15 日，中共中央办公厅、国务院办公厅印发了《关于促进移动互联网健康有序发展的意见》（以下简称《意见》），是我国首份关于移动互联网发展的纲领性文件。《意见》提出，一是推动移动互联网创新发展。完善市场准入制度，加快信息基础设施演进升级，实现核心技术系统性突破，推动产业生态体系协同创新，加强知识产权运用和保护。二是强化移动互联网驱动引领作用。激发信息经济活力，支持中小微互联网企业发展壮大，推进信息服务惠及全民，实施网络扶贫行动计划，繁荣发展网络文化。三是防范移动互联网安全风险。提升网络安全保障水平，维护用户合法权益，打击网络违法犯罪，增强网络管理能力。四是深化移动互联网国际交流合作。拓展国际合作空间，参与全球移动互联网治理，加强国际传播能力建设。五是加强组织领导和工作保障。完善管理体制，扩大社会参与，推进人才队伍建设，强化法治保障。《意见》要求，要明确地方网信部门承担互联网信息内容的监督管理执法职责，健全中央、省、市三级管理体系，加大人员、经费、技术等保障力度。鼓励社会各界广泛参与移动互联网治理，健全行业信用评价体系和服务评议制度。全面实施网络安全法，加快推进电子商务法等基础性立法，制定修订互联网信息服务管理办法、关键信息基础设施安全保护条例、未成年人网络保护条例等行政法规。建立健全网络数据管理、个人信息保护等重点管理制度。

第三节　移动互联网应用发展步伐不断加快

个人即时通信走向差异化路线，企业级通信成为布局重点。截至 2016 年 12 月，网民中即时通信用户规模达到 6.66 亿，较 2015 年底增长 4219 万，占网民总体的 91.1%。其中手机即时通信用户数达 6.38 亿，较 2015 年底增长 8078 万，占手机网民的 91.8%[①]。

用户对本地化、个性化搜索的需求日益旺盛，推动搜索引擎企业不断加大在前沿技术领域的投入。截至 2016 年 12 月，我国搜索引擎用户规模达 6.02 亿，使用率为 82.4%，用户规模较 2015 年底增加 3615 万，增长率为 6.4%；手机搜索用户数达 5.75 亿，使用率为 82.7%，用户规模较 2015 年底增加 9727 万，增长率为 20.4%。

网络新闻已进入成熟发展阶段。截至 2016 年 12 月，我国网络新闻用户规模为 6.14 亿，年增长率为 8.8%，网民使用比例达到 84.0%。其中，手机网络新闻用户规模达到 5.71 亿，占手机网民的 82.2%，年增长率为 18.6%。

网络购物已进入完备发展阶段。截至 2016 年 12 月，我国网络购物用户规模达到 4.67 亿，占网民比例为 63.8%，较 2015 年底增长 12.9%。其中，手机网络购物用户规模达到 4.41 亿，占手机网民的 63.4%，年增长率为 29.8%。

外卖市场已从初级阶段走向成熟。截至 2016 年 12 月，我国网上外卖用户规模达到 2.09 亿，年增长率为 83.7%，占网民比例达到 28.5%。其中，手机网上外卖用户规模已达到 1.94 亿，使用比例由 16.8% 提升至 27.9%。

在线预订市场持续保持增长。截至 2016 年 12 月，网上预订机票、酒店、火车票或旅游度假产品的网民规模达到 2.99 亿，较 2015 年底增长 3967 万，增长率为 15.3%。网民网上预订火车票、机票、酒店和旅游度假产品的比例分别为 34.0%、15.9%、17.2% 和 7.4%。其中，手机预订机票、酒店、火车票和旅游度假产品的网民规模达到 2.62 亿，较 2015 年底增长 5189 万，增长率为 24.7%。我国网民使用手机在线旅行预订的比例由 33.9% 提升至 37.7%。

第四节　移动互联网领域融资并购逐渐降温

2016 年移动互联网行业 VC/PE 融资规模为 37.83 亿美元，环比下降

---

① 2016 年第 39 次中国互联网络发展状况统计报告，2017 年 1 月 22 日，见 http://gzmseo.com/post/281.html。

23%，融资案例数量 618 起，环比下降 22%。无论是融资案例数量还是融资案例规模都相较于 2015 年有所下降。从 IPO 方面来看，2016 年中国移动互联网领域上市共计 3 起 IPO 融资案例，其中 1 起在港上市，与 2015 年相比增加 3 起，融资规模高达 6.51 亿美。数据显示，2016 年国内互联网行业共涉及 1 笔退出，行业账面回报为 13.74 亿美元。具体来看，在美图的案例中，老虎基金的账面退出回报最高，达到 4.63 亿美元；IDG 资本的账面退出回报为 3.55 亿美元。截至 2016 年 12 月 29 日，IPO 排队企业中正常待审企业共有 681 家，中止审查企业 50 家，处于正常审核状态企业中，上交所 319 家、深交所 126 家、创业板 236 家。移动互联网行业排队的 7 家企业中，共有 4 家企业曾获得 VC/PE 或战略投资者注资，占比为 57%。从并购方面来看，2016 年移动互联网并购市场宣布交易 108 起，环比下降 52%，披露交易规模约 24 亿美元，环比下降 49%。完成交易方面，2016 年中国移动互联网行业完成交易案例数量同样呈下降趋势，完成交易规模也有下降①。其中，一件典型事件是滴滴公司与 Uber 公司合并。2016 年 8 月 1 日下午，滴滴出行宣布与 Uber 全球达成战略协议，滴滴出行将收购优步中国的品牌、业务、数据等全部资产在中国大陆运营。双方达成战略协议后，滴滴出行和 Uber 全球将相互持股，成为对方的少数股权股东。Uber 全球将持有滴滴 5.89% 的股权，相当于 17.7% 的经济权益，优步中国的其余中国股东将获得合计 2.3% 的经济权益。滴滴也因此成为了唯一一家腾讯、阿里巴巴和百度共同投资的企业。同时，滴滴出行创始人兼董事长程维将加入 Uber 全球董事会。Uber 创始人 Travis Kalanick 也将加入滴滴出行董事会。

第五节　涌现出一批移动互联网创新应用

共享经济在最近几年大行其道，特别是滴滴的成功，更让很多创业者瞄准这一领域进行创业，衣食住行等各个生活领域甚至都有创业公司出现。而

---

① 投中统计：《2016 年移动互联网 VC/PE 融资规模 37.83 亿美元较 2015 年有所下降》，2017 年 1 月 20 日，见 http://field.10jqka.com.cn/20170120/c596185210.shtml。

在 2016 年，最惹人注目的莫过于共享单车的出现。共享单车是指企业与政府合作，在校园、地铁站点、公交站点、居民区、商业区、公共服务区等提供自行车单车共享服务，是共享经济的一种新形态。共享单车已经越来越多地引起人们的注意，由于其符合低碳出行理念，政府对这一新鲜事物也处于善意的观察期。截至 2016 年底，共享单车领域已有多达 17 家公司，从 VC、互联网公司和上市公司中共融资超 25 亿元。除了分别成立于 2014 年和 2015 年的 ofo 和摩拜之外，其余公司均成立于 2016 年。目前，ofo 与摩拜单车共计投放车辆达 20 万辆以上，覆盖一线大城市。共享单车行业正迎来爆发式增长的阶段：一方面城市现有公共交通体系，包括政府公共自行车，存在的诸多不足，造成了用户对共享单车的需求真实存在；另一方面，资本的进入大幅加快了共享单车的发展速度，同时地方政府也为共享单车提供了一定的支持，总体来看，行业正在迎来爆发式增长的阶段。当前发展最大障碍在于盈利难，过高的单车生产成本、运营调度支出、人为及自然因素导致的单车损毁率高三大因素导致共享单车品牌盈利困难，后续降低单车成本、提升运营效率以及拓展多元增收渠道有望成为破除盈利魔咒的关键[1]。目前，济南市首批布点 605 处，投放车辆 11000 辆。济南的共享单车共分两种车型，分别为 Mobike 和 Mobike Lite，前者半小时 1 元，后者半小时 0.5 元。

2016 年是网络直播服务爆发式增长的一年。截至 2016 年 12 月，网络直播用户规模达到 3.44 亿，占网民总体的 47.1%，较 2016 年 6 月增长 1932 万。其中，游戏直播的用户使用率增幅最高，半年增长 3.5 个百分点，演唱会直播、体育直播和真人聊天秀直播的使用率相对稳定。

表 6 – 3　2016 年各类网络直播使用率

名称	2016. 6	2016. 12
体育直播	20.1%	20.7%
游戏直播	16.5%	20%
真人聊天秀直播	19.2%	19.8%
演唱会直播	12.3%	15.1%

资料来源：《中国互联网络发展状况统计报告》，2016 年 12 月。

---

① 红杉合伙人：《共享单车是中国一大商业模式创新》，2017 年 1 月 21 日，见 http：// tech. 163. com/17/0121/10/CBA2GPRN00097U7R. html。

第七章　2016年中国智能技术应用发展情况

　　2016年是智能技术内涵不断深化、应用初步发展、产业生态开始建立的一年，是政府、企业、学界、民众等对智能技术的关注度和认同度逐步升温的一年。机器学习、机器感知、智能识别、自然语言理解、虚拟现实、区块链等技术取得重要突破。智能技术的本质要义进一步丰富，与其他现代信息技术进行交叉融合、深度渗透、广泛应用，实现技术的一体化、群体化、颠覆性突破，为推动我国产业体系智能高端、政府治理精准科学、社会服务普惠于民奠定坚实基础。

第一节　信息系统集成化推动智能技术取得重大突破

　　人工智能（Artificial Intelligence，AI），是利用计算机等信息技术对人的意识和思维的模拟，是研究开发用于模拟、延伸和扩展人的智能的理论、方法、技术及应用系统的一门新技术，属于计算机科学的一个分支。计算机的技术基础是集成电路，因此，集成电路也是智能技术的基础。大规模集成电路成为信息采集、存储、传输、计算等活动的基本载体。集成电路进步越快，信息的采集、存储、传输、计算能力也就越强，电子产品的智能化程度就越高。正是有了集成电路的不断进步，我们才有了性能强大的计算机，越来越轻薄但是却更加智能的手机等终端电子产品，有了越来越复杂的信息系统，积累了数量惊人的海量数据。基于这些，高性能计算机、高速度互联网、高智能信息产品，智能技术才表现得越来越聪明，甚至在很多方面都超过了人的能力。近年来，智能技术的发展，归根结底是由集成电路技术的进步所引起的。摩尔定律是揭示集成电路技术进步速度的一个经验性规律，是英特尔（Intel）公司的创始人之一戈登·摩尔（Gordon Moore）提出来的。其内容为：

当价格不变时，集成电路上可容纳的元器件的数目，约每隔18—24个月便会增加一倍，性能也将提升一倍。换言之，每一美元所能买到的电脑性能，将每隔18—24个月翻一倍以上。20世纪中期以来六十多年的时间里，摩尔定律得到很好的验证，它大体上比较准确地反映了集成电路技术进步的速度。然而，由于目前制作集成电路的硅晶体管已经非常细微，电路线宽已经到了20纳米以下，接近了原子等级，也达到了物理极限，很难再制造出更细的电路和集成度更高的电路模块，人们对摩尔定律能否持续开始怀疑。最近，集成电路领域的专家们对集成电路技术的继续进步表现出了新的信心，认为摩尔定律将在未来几十年继续有效。

目前，国内在人工智能芯片研制方面取得重大突破。2016年4月，中科院计算所研发了多用途深度学习芯片——寒武纪3号，支持k–邻近、k–均值、朴素贝叶斯、线性回归等10种代表性机器学习算法。寒武纪3号的工艺为65nm级，主频为1GHz，峰值性达到每秒10560次基本操作，面积3.51mm^2，功耗为0.596W。寒武纪对于机器学习算法运算性能与GPU相当，但面积和功耗仅有GPU的百分之一。寒武纪芯片的设计亮点主要有运算单元设计和存储层次设计两方面。运算单元设计旨在高效完成机器学习频繁的运算操作，重点设计了机器运算单元（MLU），分为计数器、加法器、乘法器、加法树、Acc和Misc等6个流水线阶段。存储层次设计能够提高机器学习算法中数据的片内重用，降低片外访存带宽需求，重点设计了HotBuf（HB）、ColdBuf（CB）和OutputBuf（OB）3个片上数据缓存，分别对应最短重用距离、较长重用距离和输出数据的存放功能。寒武纪与TrueNorth芯片的重要区别是寒武纪是面向机器学习的神经网络，包括MLP（多层感知机）、CNN和DNN等，用突触连接的权值表示传递的信息；而TrueNorth则是SNN，用脉冲的频率或者时间表示传递的信息。

第二节　机器学习加快平台化开源化

2016年3月，谷歌公司的AlphaGO与世界冠军李世石进行了五场围棋比赛，AlphaGo以4∶1击败李世石，引起全世界震惊。AlphaGO通过跟棋手下棋或者和自己对弈的输赢情况，自主学习下棋经验，找到更加复杂的应对策略。机器学习（Machine Learning，ML）是研究计算机怎样模拟人类学习行为，让计算机在没有事先明确编程的情况下做出正确反应的科学，涉及概率论、统计学、逼近论、凸分析、算法复杂度理论等多门学科。学习是人类获取新的知识或技能、不断改善提升自身能力的智能行为。机器学习就是让计算机像人类一样具有学习知识和技能的能力，从而不断改进提升。机器学习要综合应用心理学、生物学和神经生理学以及数学、自动化和计算机科学，结合各种学习方法如机械学习、传授学习、类比学习、归纳学习、分析学习、事例学习等等，从数据中自动分析获得和认知规律，从而达到不断自我完善、自我提高的智能境界。深度学习是机器学习的一个分支，即利用构建人工神经网络、模仿人脑思维逻辑方法的机器学习。人类的大脑和神经系统在处理信息时是分层次和级别的，从低层到高层，其对事物的识别和认知能力越来越抽象和复杂。深度学习提供了一种更智能的技术方法。一般的机器学习中，为了让机器具有认知能力，首先是以某种方式提取某个事物的特征，提取方式有时候是人工设计或指定的，有时候是在给定相对较多数据的前提下，由计算机自己总结出来的。而深度学习提出了一种让计算机自动学习总结事物特征的方法，并将特征学习融入到了建立模型的过程中，从而减少了人为设计特征造成的不完备性。目前以深度学习为核心的某些机器学习应用，在满足特定条件的应用场景下，已经达到了超越现有算法的识别或分类性能。

国内互联网企业大力建设机器学习平台。2016 年 11 月 30 日，百度公司在 2016 百度云智峰会上发布了"天智平台"。该平台融合了图像技术、语音技术、自然语言处理等技术，打通了机器学习全流程、内置 20 多种高性能算法、支持 Spark MLlib、用户画像数据、多种应用场景模板，具有开源化、灵活化、高效性、可伸缩，适合研究机构的科学家、研发人员进行使用。2016 年 12 月 18 日，腾讯公司联合香港科技大学、北京大学，开发出了基于 Java 和 Scala 语言的 Angel 平台，是面向机器学习的高性能分布式计算框架。它采用参数服务器架构，解决了上一代框架的扩展性问题，支持数据并行及模型并行的计算模式，能支持十亿级别维度的模型训练。Angel 平台还采用了多种业界最新技术和腾讯自主研发技术，如 SSP（Stale Synchronous Parallel）、异步分布式 SGD、多线程参数共享模式 HogWild、网络带宽流量调度算法、计算和网络请求流水化、参数更新索引和训练数据预处理方案等。这些技术使 Angel 性能大幅提高，达到常见开源系统 Spark 的数倍到数十倍，能在千万到十亿级的特征维度条件下运行。在系统易用性上，Angel 提供丰富的机器学习算法库及高度抽象的编程接口、数据计算和模型划分的自动方案及参数自适应配置，同时，用户能像使用 MR、Spark 一样在 Angel 上编程。另外，Angel 还支持深度学习，它支持 Caffe、TensorFlow 和 Torch 等业界主流的深度学习框架，为其提供计算加速。国内互联网龙头企业正加快布局机器学习平台。

第三节　机器感觉和应用取得关键突破

机器学习、深度学习让机器有了大脑，传感技术则让机器有了丰富的感觉。传感技术是利用物理、化学、生物等技术手段从自然界感知并获取所需信息的技术。传感技术可分为光电传感技术、多传感技术和生物传感技术，其中光电传感技术又称为光传感技术，是将光信号转化为电信号的一种传感技术。光电传感技术可用于检测直接引起光量变化的非电量，如光强、光照度、辐射测温、气体成分分析等，也可用来检测能转换成光电量变化的其他非电量，如零件直径、表面粗糙度、应变、位移、振动、速度、加速度，以及物体形状、工作状态等，光电传感技术具有非接触、响应快、性能可靠等特点，目前主要应用于工业自动化装置和机器人技术中。传感器是能够感知和获取信息的技术装置。它能将感受到的信息按一定规律变换成为电信号或其他所需形式的信息输出，以满足信息的传输、处理、存储、显示、记录和控制等要求。当前传感器发展趋势是微型化、数字化、智能化、多功能化、系统化、网络化。传感网是将一定范围内的传感器链接起来所组成的无线或有线网络。传感网具有实时数据采集、监督控制和信息共享与存储管理等功能，通过网络可以实时获取数据信息、监控各种环境、设施及内部运行机理。家电、交通管理、农业生产、建筑物安全、旱涝预警等，都能够通过传感网得到有效的监测，有的甚至能够通过网络进行远程控制。物联网是通过互联网将更多的传感网连接起来，实现更大范围的物与物、人与物的网络连接。利用局部网络或互联网等通信技术把传感器、控制器、机器、人员和物等通过新的方式连在一起，形成人与物、物与物相联，实现信息化、远程管理控制和智能化的网络。物联网是互联网的延伸，它包括互联网及互联网上所有的资源，兼容互联网所有的应用。物联网的核心和基础仍然是互联网，是在互联网基础上的延伸和扩展的网络，其用户端延伸和扩展到了人与物、物与物之间，进行信息交换和通信，也就是物与物、人与物的相息。由于传感技术、网络技术的迅猛发展，网络接入和应用大面积普及，人人都可以通过移动终端连上互联网，任何物品都可以通过传感网纳入互联网，几乎达到了无所不在的网络、无所不在的感知的状态。借助宽带互联网，人们又可以远程感知、远程控制，机器可以装上"千里眼""顺风耳"，地球变成了一个信息透明的"地球村"。感知是生物特有的感受能力，也就是对外界光、色、声、味、力、冷、热、痛等等的神经感觉和大脑体验。没有生命的物品，是没有感知能力的。但是，信息技术的发展，让机器装上了传感器和感知网，机器就有了类似生物的感知能力。传感器的种类越来越多，因此机器能感知的信息范围也越来越大。而且，由于传感器技术越来越先进，机器的感知能力也越来越精准。传感器一般由敏感元件、转换元件、变换电路和辅助电源四部分组成，敏感元件直接感受被测量，并输出与被测量有确定关系的物理量信号；转换元件将敏感元件输出的物理量信号转换为电信号；变换电路负责对转换元件输出的电信号进行放大调制；转换元件和变换电路一般还需要辅助电源供电。传感器有许多类别。按被测物理量来分类，常见的有：温度传感器、湿度传感器、气敏传感器、压力传感器、位移传感器、流量传感器、液位传感器、力传感器、速度传感器、加速度传感器、转矩传感器等等；根据工作原理可分为电阻式、电感式、电容式及电势式传感器等等；根据能量转换原理可分为有源传感器和无源传感器。有源传感器将非电量转换为电能量，如电动势、电荷式传感器等；无源程序传感器不起能量转换作用，只是将被测非电量转换为电参数的量，如电阻式、电感式及电容式传感器等。感知是对外界事物某方面物理化学或生物特性的基本认识，而认知则是对外界事物本质特征的更深层、更全面的认识，包括综合属性、历史记忆、思维能力、社会属性等方面的认识。从机器感知到机器认知，是从具体属性感知能力向抽象思维能力提升的关键一步，是智能技术质的跨越。认知技术是智能技术向高端发展的产物，它具备综合感知、判断识别和抽象思维能力，能完成以往只有人类才能够完成的任务。认知技术不是一项单一的技术，而是综合利用所有的科技成果，尤其是各类智能技术，包括前述机器学习、深度学习等等。

目前，国内公司重点布局机器视觉业务。北京旷视科技公司专注于人脸识别技术和相关产品应用研究，面向开发者提供服务，能提供一整套人脸检测、人脸识别、人脸分析以及人脸 3D 技术的视觉技术服务，通过提供云端 API、离线 SDK 以及面向用户的自主研发产品形式，将人脸识别技术广泛应用到互联网及移动应用场景中。Face ++ 通过和众多互联网公司合作，并通过"脱敏"技术掌握到了 500 万张人脸图片数据库，在互联网图片人脸识别 LFW 的准确率达到 99.6%，合作伙伴包括阿里巴巴、360 等一批大型的图片、社交、设备类企业。格灵深瞳公司将计算机视觉和深度学习技术应用于商业领域的科技公司，自主研发的深瞳技术在人和车的检测、跟踪与识别方面处于世界领先水平。公司借助海量数据，让计算机像人一样看懂这个世界，实时获取自然世界正在发生的一切，打造自然世界的搜索引擎。

第四节　智能技术在信息密集行业率先商业化

智能技术在工业生产中的应用，引起生产方式、制造方法、商业模式的重大变革，产生了智能制造。智能制造的模式有很多，不同行业也有不同特点。其中，个性化定制就是智能制造的一种模式，适用于消费品行业。以前的生产方式是大规模生产。企业根据市场调研来设计产品，用生产流水线大规模生产组装出标准化的产品，再通过商业批发零售卖给消费者。这种生产方式的特点是效率高、成本低。但是这种生产方式只能生产出标准化的工业品，不能满足消费者的个性化需求。一旦销售不出去，就引起商品积压和浪费。

在智能技术的支撑下，现代工业企业能够采用个性化定制的生产模式，灵活地接受消费者的个性化订单，既满足了消费者需要，又避免了盲目生产的浪费，还能取得较高的利润。例如，在服装行业，消费者可以利用智能手机或智能镜子量体裁衣，通过电子商务向服装企业下单付费。智能的服装工厂接单后才开始选料、裁剪、缝制、包装衣服，并交付物流将货品送达消费者。这个过程中，最关键的技术就是生产工厂所使用的智能技术，能够将来自四面八方、成千上万的订单有条不紊地分解成对工人或机器的简单指令，并将各种物料按时按量从仓库提取出来送达生产车间，工人和机器只需按照指令进行操作即可。没有智能技术，这么复杂的大规模生产是很难有序组织的。

智能技术在生产性服务业中的应用，引起了服务方式和商业模式的重大变革，产生了智能物流、智能设计、创客空间、互联网金融等新型生产性服务业。

智能物流就是利用条形码、射频识别技术、传感器、全球定位系统等各种智能技术改造物流运输环节，促进物流过程中货物与车辆、仓储、配送等资源的优化匹配，实现物流的自动化、可视化、可控化、智能化、网络化，提高物流效率、降低成本，减少自然资源和社会资源消耗。

智能设计就是综合利用三维 CAD、虚拟现实等智能设计工具，设计师、工程师、用户、制造工人等多方共同参与、协同设计复杂工业产品的过程。

创客空间是指第三方专业运营的社区化的创意设计工作空间，有共同兴趣的人们围绕一个专业领域的发展目标，在互联网上或线下聚会、社交、开展合作。

互联网金融是指金融业务与互联网的融合创新，既包括传统金融机构利用互联网开创新型业务，也包括互联网企业开展创新性互联网金融业务。前者如互联网保险、网上银行、互联网转账存款贷款，后者如支付宝、微信支付、移动支付、P2P 信贷、众筹，等等。

互联网众筹，是互联网金融的一种，发起人通过互联网平台向公众发起筹资，公布筹资人、筹资目的及相关信息，吸引投资者通过互联网投资并获取相应收益。与传统金融方式相比，具有低门槛、多样性、依靠大众力量、注重创意等特点，经常被用来支持某种特定活动，包含灾害重建、民间集资、竞选活动、创业募资、艺术创作、自由软件、设计发明、科学研究以及公共专案等。

智能技术在生活性服务业中的应用，同样也引起了服务方式和商业模式的变化，给人民带来方便快捷的个性服务，有力地改善了生活品质。例如，滴滴出行、智能导航、远程医疗、智慧社区服务，都是已经大范围普及的智能生活服务。

滴滴出行，是流行在中国境内的一款智能交通服务平台，被称为手机"打车神器"，深受用户喜爱。它通过智能手机向用车者和司机提供就近联系、就近匹配的服务。目前，滴滴出行已经开辟了出租车、专车、快车、顺风车、代驾及大巴等多项服务。

智能导航，不仅提供卫星定位和道路、航空、航海等导航服务，还能提供实时路况信息，帮助人们选择最佳出行路线。

远程医疗，就是大医院或专科医院利用智能技术和互联网，对医疗条件较差的边远地区、海岛或舰船上的伤病员进行远距离诊断、治疗和咨询。这是一种能够在较低开支条件下满足偏远地区人们高质量医治需求的医疗服务。现代远程医疗还提供网上挂号、网上咨询、健康监测、居家医护等服务。

智慧社区服务，就是借助智能技术和互联网对社区居民提供个性化生活服务，包括智能楼宇、智能家居、居家养老、城市生命线管理、食品药品管理、票证管理、家庭护理、个人健康、数字学习、社交娱乐诸多领域。智慧社区是社区管理服务的一种新理念，既是社会管理的新模式，也是居民生活的新方式。

第五节　智能识别技术进入产业化阶段

人脸识别技术在身份确认中的商业应用不断加深。谷歌公司正在研发人脸识别手机，致力于通过手机内置处理系统实现人们面部特征的识别，以应用于人脸识别授权交易中。美国纽约机场将利用人脸识别技术对入境旅客与其证件照片进行比对审核。我国部分地区推出了基于人脸识别的ATM机，取款人无须携带银行卡，通过人脸识别验证即可获取金融服务。微众银行APP引入人脸识别技术，作为用户绑定第二张银行卡时的安全确认保障。同时，人脸识别技术将从身份确认向情感识别方向进发。机器可以从人类的面部表情中读懂其心里活动。目前，微软公司推出的Azure云服务可准确识别出人脸的表达情绪。

在强大后台学习能力的支撑下，图像识别技术能力不断增强，其社会角色定位逐步由辅助决策发展为主导执行。一是辅助决策。图像识别技术是人们与外部世界交互的重要媒介，为人们生产生活提供了强大的辅助支撑。机器把人们从繁杂无序的图像信息搜索工作中解放出来，成为人们搜索行为的延伸和践行者。人们在获取机器的图像识别反馈信息后，再作出下一步行为判断。例如，百度识别 APP 通过图像识别技术可以实现"拍照购物"功能，为用户提供心仪商品的精准匹配功能。二是主导执行。图像识别技术进一步发展为人们作用于外部世界的重要工具，为人们生产生活提供了有力的主导驱动。在帮助人们获取图像信息搜索结果的同时，机器会根据搜索结果作出决策判断，为人们工作执行提供成套解决方案。例如，剑桥大学研发了基于图片识别的无人驾驶技术，通过高像素相机拍摄街景照片，系统实时将图片中的路况分成路面、路标、行人等 12 个类别，从而形成路况信息分析报告，指挥车辆运行。

图像识别技术在安防领域率先打开突破口。安防监控已从简单的画面感知和存储向监控图像智能分析方向发展，能够实时处理捕捉画面。图像识别技术对前端环境感知的灵敏性，以及对后端视频数据分析的精准性成为其彰显商业价值的关键。目前，海康威视公司推出了 Smart 2.0 "智"系统，该系统为视频监控终端嵌入了"大脑"，监控终端可以实时对视频画面进行行为检测、异常侦测、特征识别、统计分析操作。一旦发现可疑信息，即可立即向云端 Smart 平台发送报警信息。飞瑞斯科技也研发了基于人脸识别的视频监控系统，该系统联通了公安人像库和人口综合信息系统，在捕捉视频画面的同时，能够迅速对进入画面的人像进行鉴别，实现对犯罪分子的精准追踪。

生物特征识别已构建起完善的技术体系，形成了生物特征信号传感、活体检测、信号质量评价等十大关键技术。生物特征传感技术是生物特征信息的"转换器"，将指纹、虹膜、掌纹等生物特征转化为计算机可处理的数字信号；活体检测技术是生物特征信息的"判决器"，判断验证提交的生物特征是否来自生命个体；生物特征信号质量评价技术是生物特征信息的"评价器"，对受损低质量生物特征信号进行筛选和排查；生物信号的定位与分割技术是生物特征信息的"追踪器"，能从采集到的生物原始信号中剔除冗余数据；生物特征信号增强技术是生物特征信息的"放大器"，能对提取出的特定生物特征信息进行信号增强处理；生物特征信号的校准技术是生物特征信息的"校正器"，能对参与比对的两个生物特征信号进行平移、尺度和旋转变换等对齐处理；生物特征表达与抽取技术是生物特征信息的"表达器"，用特定差异化特征信息对指纹、掌纹、虹膜等进行电信号表征；生物特征匹配技术是生物特征信息的"测度器"，能够计算两个生物特征样本特征向量间的相似度；生物特征数据库检索与分类技术是生物特征信息的"搜索器"，可以对海量生物特征数据进行分类存储与检索；生物特征识别系统性能评价技术是生物特征识别系统的"评估器"，能够对识别系统进行客观、准确的评价。

生物识别技术提升了互联网金融企业的抗风险能力，创造了新型商业价值。蚂蚁金服旗下"柒车间"正发展人脸、指纹、声纹、虹膜、笔迹、击键等多重因子综合验证技术。微信推出了生物认证开放平台，手机用户可以利用生物识别技术使用微信支付功能。国美金控把用户点头、眨眼、左右摇头等生物特征作为金融业务产品安全审核的重要环节。商汤科技上线了基于生物识别技术的互联网金融云服务平台，为 P2P 公司提供在线获客、审批、放款的一站式服务。

第六节　自然语言理解技术进一步成熟

自然语言理解技术是帮助计算机处理和读懂人类语言的技术，涉及机器翻译、语音识别、人机交互、信息抽取等应用内容。自然语言处理技术发展历经了兴起、低谷和再兴的螺旋上升期。一是技术兴起期。20 世纪 50 年代，自然语言理解技术兴起于美国，科研人员认为不同语言是对"同一语义"的不同编码，希望用计算机技术翻译语言。1954 年，美国乔治城大学和 IBM 公司合作成功将超过 60 句俄语翻译成英语，实现从一种语言到另一种语言的机器自动翻译。二是技术低谷期。由于 1966 年发布的一份研究报告指出自然语言理解技术并未达到预期，所以自然语言理解研究陷入了长达 20 年的低潮期。三是技术再兴期，20 世纪 80 年代以来，研究者发现简单地堆砌语言规则无法真正实现自然语言的理解。通过引入大量文本数据的自动学习和统计，能够更好解决自然语言处理问题。

目前，自然语言处理技术遇到语料规模不足和语料涵盖不够两大发展瓶颈。一是大规模语料数据库建设难度较大。主流自然语言处理技术的基础是基于统计学习的，因此构建大规模语料库是提高机器语言翻译准确率的必由之路。但是，语料库建设的大部分工作都是由人工完成的，语料资源不足、人工处理工作量大是自然语言处理技术发展的主要难题。二是语料库的内容涵盖性有所欠缺。任何语料库都难以囊括单一领域的全部案例，而且语料库的标注体系往往难以把握，类别划分过粗，则难以全面细致地描述语言，类别划分过细，则标注信息过于庞大，标注效率较低。

自然语言理解方法为机器提供与人类流畅沟通的技术链接。自然语言理解技术的基本方法包括基于规则的处理方法和基于统计的处理方法。基于规则的处理方法起源于理性主义，试图用有限的、严格的规则来描述无限的语言现象，其通过对一些特殊语言或语句的研究得到对于人类语言的普适认识。转换生成语法是基于规则的处理方法的代表性算法。而基于统计的处理方法起源于经验主义，侧重于从人们所实际使用的大规模语言数据中提取统计规律。贝叶斯方法、隐马尔科夫、最大熵、维特比算法、支持向量机方法是基于统计的处理方法的代表性算法。基于规则的处理方法在 20 世纪 50 年代至 80 年代期间，在自然语言理解领域占有重要地位。20 世纪 80 年代以后，基于统计的处理方法开始崛起，推动机器翻译取得重要突破，同时句法剖析、词类标注、参照消解等自然语言理解算法都把统计方法作为标准算法。相较基于规则的处理方法，基于统计的处理方法有一定优势。一是稳定性较好。基于统计的处理方法的纠错能力较强，能够在语言翻译时有效分辨出不符合语法规则的语言。而基于规则的处理方法对于固定语言规则以外的表达则无能为力。二是普遍适应性较强。基于统计的处理方法并不需要大量语言学家、语音学家、各领域专家共同参与构建一个语言规则框架，而只需要得到大规模语料的统计规律，对资源数据的细化处理要求不高。三是灵活性强。基于统计的处理方法可以根据数据统计模型对参数不断进行优化，以更好地提高机器理解语言的准确度。而基于规则的处理方法一旦确定好语言转换的规则，就很难再进行动态调整。

语音识别、机器翻译、人机对话等自然语言理解技术深入拓展生活应用场景。在语音识别方面，谷歌公司向全球第三方开发者免费开放了语音识别

Google Cloud Speech API，Google Cloud Speech API 包含 80 多种语言，能够在实时流媒体或批处理模式下支持任意应用，为开发者提供全套 API，使机器能够看到、听懂和翻译语言。百度公司在自然语言识别方面取得最新突破，发布了手机百度动物语意识别功能，以快速语音识别、高效语境辨析、精准预警分析、及时交互对答等功能实现对生物种类、动物意愿的辨析。宝马集团、三星集团、松下公司与语音识别系统开发商 Nuance 公司联合开发了车载"智能助理"技术，该技术能够准确辨识车主发出语音的有效性和语言意图。英特尔公司联合语音识别技术公司 Sensory，在最新芯片产品中嵌入 TrulyHands-free 语音识别技术接口，为智能终端厂商提供语音识别唤醒功能。浪潮公司与 Altera、科大讯飞等公司开展合作，开发了基于深度学习的语音识别方案，利用高级编程模式 OpenCL 实现语音识别功能从 CPU 到 FPGA 架构迁移。在机器翻译方面，微软、谷歌等公司都在研发实时语音翻译系统，能够实现对不同种类语言的快速同声翻译。百度公司发布了融合统计和深度学习方法的在线翻译系统，通过以海量神经元网络模仿人脑理解语言的方式，实现机器翻译质量的显著提升。在人机对话方面，微软公司加快消费类声学产品研发步伐，推出了语音助手微软小娜 APP。苹果公司力图拓展 Siri 在汽车领域的应用，收购了 VocalIQ 公司。谷歌公司推出了语音助手 Voice Access，为用户提供借助语音控制安卓设备的功能。Amazon 公司宣布将旗下语音助手 Alexa 免费开放给第三方使用，第三方可在智能硬件中添加该语音助手。目前，Fitbit 公司已将 Alexa 引入旗下的健身终端，为用户提供对健身数据，以及天气、交通、实事等咨询信息实时在线查询。

第七节　智能技术和虚拟现实技术融合发展

虚拟现实（Virtual Reality，VR）是指把计算机技术构建的三维虚拟场景再现于显示设备上的人机交互技术。虚拟现实与增强现实（Augmented Reality，AR）的区别在于虚拟场景的投射物和人的感受不同。一是投射物不同。虚拟现实中虚拟场景投射于显示设备上；而增强现实则把虚拟场景投射于实际环境中。二是人的感受不同。在虚拟现实中，人与实际环境是分割的，完全沉浸于虚拟环境中；而在增强现实中，人与实际环境是融为一体的。近两年，国外科技公司加快了虚拟现实产品的推出速度。微软公司在 2014 年斥资 1.5 亿美元从 ODG 购买了可穿戴设备技术，于 2015 年发布了虚拟现实影像技术 Holograms 和设备 Holoens，并最终于 2016 年推出了 Hololens 开发者版本。2014 年，谷歌公司与高通公司领投头戴式显示器、触摸手套、压缩图像系统等虚拟现实设备生产商——Magic Leap 公司。Facebook 公司在 2014 年投资 20 亿美元收购 Oculus 公司，并于 2016 年对外发布了虚拟现实游戏外设 Oculus Rift。索尼公司于 2015 年发布了可搭配 PS4 的 Project Morpheus 虚拟现实显示器。英特尔公司研发了 RealSense 追踪技术，实现对人们手势和面部情绪的识别。三星公司联合 Oculus 公司打造了智能佩戴技术设备——三星 Gear VR，为用户提供了电影般虚拟现实场景中的浸入式体验。HTC 公司于 2015 年与 Valve 公司合作开发了设备 Vive VR。国内科技公司也加快虚拟现实技术设备研发，同时更注重虚拟现实服务平台的建设。暴风影音公司于 2014 年推出了虚拟现实设备——暴风魔镜，围绕场景广告、游戏体验、演唱会网络直播等方面为用户提供高品质的内容服务。继 2016 年 3 月向 Magic Leap 公司投资 7 亿美元后，阿里巴巴于同年 4 月成立了 VR 实验室，该实验室将协同阿里旗下影业、音乐等开展优质 VR 内容生产、VR 设备开发等平台建设。腾讯公司于 2015 年推出了 Tencent VR 项目，将会开发一款集成传感器和专用屏幕的头戴现实设备（HMD），该设备可与 miniStation 微游戏构建形成虚拟现实开发平台。乐视公司于 2016 年发布了虚拟现实战略，力图垂直整合虚拟现实产业价值链中的云平台、内容制作以及终端设备，并联合内容提供方打造虚拟现实内容平台。目前，乐视公司已发布了虚拟现实硬件设备——手机式 VR 头盔 LeVR COOL1。

虚拟现实已初步形成集动态环境建模、立体显示和传感、系统开发工具应用、三维图形生成、系统集成等于一体的关键技术体系。动态环境建模技术是虚拟现实的核心技术，它通过抽取实际环境的三维数据，在信息空间建立虚拟环境模型，实现物质从物理空间到虚拟空间的转换映射。立体显示和传感器技术是用户进入虚拟世界的入口，它通过高灵敏、高精度跟踪用户表情、肢体的瞬时变化情况，为用户提供虚拟现实显示影像的环绕真实感和沉浸感。系统开发工具应用技术是虚拟现实应用创新的载体，虚拟现实系统开发工具的便利性、集成性和可操作性能够为开发者提供简便易行的开发环境和平台。实时三维生成技术是虚拟现实高品质成像的支撑，该技术的关键是在保证三维影像的构建质量和复杂度的前提下，确保图形刷新率高于 30 帧/秒。系统集成技术是虚拟现实流畅运转的润滑剂，系统集成技术包括信息同步、模型标定、数据转换、数据管理模型、识别和合成等方面，支撑了大量感知信息的处理和虚拟模型的构建。

虚拟现实技术向社会生活各领域深入渗透，以计算机手段重塑各种应用场景，为人们提供丰富多彩的感官体验，拓展了人们的生产生活空间。在新闻播报方面，虚拟现实技术可以根据新闻内容为观众搭建虚拟新闻场景，提供新闻内容获取的新视角。例如，在火星探索的新闻播报中，观众可以在三维虚拟场景中感受火星漫步的体验。在工作空间建立方面，虚拟现实技术为用户勾画了虚拟办公桌和办公空间，使用者可以通过虚拟现实设备进入交互式虚拟工作空间。在产品制造方面，虚拟现实技术可以按照产品设计图纸，模拟出产品实际结构，实现提高产品制造质量、减少误差。例如，人们可以"行走"在正在创建的建筑中，排查每一处设计细节。在教育普及方面，依托头戴式显示器，虚拟现实技术可以为学生提供浸入式教学课程，学生可以按照教学内容身临在线虚拟现实教育场景。在网络社会方面，虚拟现实技术通过建立三维视频交流平台，使用户能够实时与真人进行语言沟通、眼神交流和动作互动。在赛事直播方面，观众可以利用虚拟现实技术观看大型 360 度体育赛事视频。例如，观众可在家中观看世界杯比赛，借助虚拟现实技术与现场观众同步感受到比赛现场的紧张气氛。在科学研究方面，科学家可以利用虚拟现实技术构建模拟实验仿真环境，实现对实验过程的操作。例如，美国能源部下属实验室利用虚拟现实技术来建立了模拟核反应堆，科学家们可通过佩戴虚拟现实显示器、运行专用软件，可以反复练习在紧急环境下的核试验操作。在心理治疗方面，医疗人员利用虚拟现实技术治疗自闭症儿童，为患者创造安全、无威胁的技能实践教育环境，以丰富的人机互动活动训练自闭症儿童的社会交往技能。

第八节　区块链技术改变人类生活

区块链技术的本质是按一定时间窗口对信息数据进行分块，并以信息出现的时间顺序把信息区块组织成链状连接的信息记录。区块链技术改变了以往关系型数据存储模式（Oracle、MySQL、Microsoft SQL Server）和非关系型数据存储模式（HBase、MongoDb、Oracle BDB）的构建形式，形成了按时间顺序排列事件数据的"时间轴数据存储模式"。区块链技术的初期应用主要植根于金融领域，致力于推动实体资产的数字化表征，建立一个不依赖中心机构、由全社会集体维护的分布式资产登记、支付交易体系——数字货币。目前，比特币是数字货币较为成熟的实际案例。比特币诞生于 2008 年，是一个完全基于点对点（P2P）的电子现金交易体系，该体系可以由交易双方直接进行交易活动，而不受控于第三方交易服务机构。区块链技术的本质是数据分布式记录、集体维护的底层数据库技术。该技术除了可承载交易数据外，还可有其他信息形式。因此，区块链的应用并不仅局限于数字货币，还可拓展至医疗服务、资产管理、出行服务等领域。在医疗服务方面，区块链技术可以把各个医院彼此独立的病人电子病历库连接起来，构建全球共同维护的电子病历数据库。如果医生对病人身体健康信息进行更新，该更新信息就会以区块链的形式进行验证和记录，并向全网进行广播。当该病人的健康记录被再次调取时，区块链就会验证该健康记录是否被篡改过。这样，无论在全球任何地方，人们都可以随时使用储存在区块链的个人病历、生理特征数据、DNA 编码序列等信息。在资产管理方面，区块链技术与物联网技术结合可以对人们名下的房屋、汽车等实物资产进行在线虚拟化，形成"数字智能资产"。一旦债务人出现违约情况，其名下财产即可以区块链形式在线进行分布式授权与全网所有权变更登记，实现资产的一键式划转。同时，知识产权等无形资产也可以免去各种烦琐的认证手续，依托具有时间序列的区块链技术，便捷地进行知识产权的认定、查询和维权工作。在出行服务方面，区块链技术也可以打造汽车租赁解决方案，汽车租赁只需"点、签、开"等三步即可完成。首先，顾客选择想要租赁的汽车，该交易将会被上传到区块链公共账

65

户上；然后，顾客会在线签署一份租赁和保险协议，同时协议信息也会上传到公共账户上；最后，系统会持续维护该汽车的租赁占用信息直至交易结束。

各机构把区块链技术和金融业发展紧密结合，开展了区块链技术研发和应用的前沿探索。中国人民银行于 2015 年成立了区块链技术的专门研究团队，并在 2016 年 1 月举行了数字货币研讨会，提出将争取早日推出数字货币。主要科技企业公司和金融机构推出基于区块链技术的创新产品。国内企业也在金融领域开展区块链技术的应用拓展。依托区块链技术，小蚁公司推动物理世界资产和权益的数字化登记和转让，提供基于点对点的在线登记发行、转让发行、转让交易、清算交割等金融服务。同时，小蚁公司还可通过"区块链 IPO"方式为创业公司募集资金，以完备的市场估值、股权流动性、用户退出等运营机制为保障，提供股权众筹管理功能，以去中心化交易机制实现公司股权的在线交易服务。井通科技利用区块链技术为企业封装自主沉淀资金和客户信用信息，开发出了"井通企业级钱包"，为海航集团提供了集采购信息获取、资金流转、结算交付等于一体的全流程无缝连接服务，还可为集团供应商向金融机构发起的供应链融资提供信用支持。微软公司联合布鲁克林初创公司 ConsenSys，开发了基于云的区块链技术平台，为企业和机构客户创建以太坊区块链和智能合同应用提供服务。IBM 公司公布了 ADEPT 计划，致力于开发基于区块链技术的物联网系统，通过把装配完成的产品注册在一个区块链上，向用户提供管理耗材供应、执行自助服务和维护、联网设备对话等服务。英特尔公司宣布将在游戏中引入全新研发的区块链技术。美国商品期货交易委员会正推动将区块链技术应用于票据交换业务。

发展篇

第八章 2016 年中国信息基础设施发展情况

当前，高速泛在、宽带泛在、海陆对接、天地一体是新一代信息基础设施的重要演进方向，对经济社会发展转型的战略性、基础性和先导性作用日益凸显。2016 年，我国高度重视战略性信息基础设施的布局与建设，实施了新一代信息基础设施工程。"宽带中国"战略持续推进，互联网接入端口数量同比小幅增长，"光进铜退"工作成效显著。提速降费取得重要进展，固定宽带平均接入速率较 2015 年底实现翻倍，网络平均资费进一步下降。5G 技术研发步伐加快，标准制订、技术攻关、试商用等重要工作稳步推进。

第一节 新一代信息基础设施建设工程启动实施

目前，高速泛在、宽带泛在、海陆对接、天地一体是新一代信息基础设施的重要演进方向，对经济社会发展转型的战略性、基础性和先导性作用日益凸显。为贯彻落实"十三五"规划纲要，加快推进"宽带中国"战略、"互联网＋"行动计划等重大部署，国家发展改革委组织实施了新一代信息基础设施建设工程。

新一代信息基础设施建设工程主要包括"百兆乡村"示范工程、农村宽带覆盖新技术应用示范工程、"宽带乡村"配套支撑工程等细分工程。其中，"百兆乡村"示范工程是以京津冀协同发展、长江经济带（已支持过的省份除外）、东北振兴等重大战略相关省区市为重点，建设"百兆乡村"示范网络，提升乡镇及以下光纤接入网络覆盖水平，推广适合农村地区的高带宽应用。工程实施区域以县（市、区）为单位选择，要求区域内行政村已全部实现光纤通达，50% 以上的农村宽带用户接入能力不低于 20Mbps。农村宽带覆盖新技术应用示范工程是以西部沿边省区和东南沿海区域为重点，开展增强 LTE

覆盖、新型 IP 微波、增强 WLAN 等技术应用示范,加快网络覆盖,打通"信息孤岛"。"宽带乡村"配套支撑工程是以西部大开发战略相关省区市为重点,加快建设乡镇和县级城市网络设施,为提升农村地区宽带用户接入速率和普及水平提供支撑。

表 8 – 1　　新一代信息基础设施建设工程实施区域和指标要求

工程名称	实施区域	指标要求
"百兆乡村"示范工程	以县(市、区)为单位选择,要求区域内行政村已全部实现光纤通达,50% 以上的农村宽带用户接入能力不低于 20Mbps。	(1) 实施区域不少于 20 个县;(2) 以光纤到户为主开展接入网建设,90% 以上宽带用户接入能力达到 100Mbps 以上;(3) 提供不低于 50Mbps 的宽带接入业务;(4) 支撑 4K 高清 IPTV 等应用,推广涉农信息服务业务。
农村宽带覆盖新技术应用示范工程	选择尚未实现宽带覆盖,且不宜建设光纤的边远山区、林场、牧区以及有常住人口的岛礁。	(1) 新增宽带覆盖行政村 100 个以上;(2) 持续提供宽带接入服务,时间不少于 5 年;(3) 固定宽带接入能力不低于 10Mbps,移动宽带接入峰值速率不低于 100Mbps。
"宽带乡村"配套支撑工程	以县(市、区)为单位选择,要求区域内行政村已全部实现光纤通达,农村宽带接入能力达到 12Mbps,农村光纤到户用户占比大于 50%。	(1) 实施区域不少于 20 个县(市、区);(2) 支撑 90% 以上农村宽带用户接入能力达到 100Mbps;(3) 50% 以上农村宽带用户开通 50Mbps 以上速率业务。

第二节　信息基础设施建设步伐加快

2016 年,互联网宽带接入端口数量达到 6.9 亿个,比上年净增 1.14 亿个,同比增长 19.8%。互联网宽带接入端口"光进铜退"趋势更加明显,xD-SL 端口比上年减少 6259 万个,总数降至 3733 万个,占互联网接入端口的比重由上年的 17.3% 下降至 5.4%。光纤接入(FTTH/0)端口比上年净增 1.81亿个,达到 5.22 亿个,占互联网接入端口的比重由上年的 59.3% 提升至 75.6%[①]。

---

① 　运行监测协调局:《2016 年通信运营业统计公报》,2017 年 1 月 22 日,见 http://www.miit.gov.cn/n1146285/n1146352/n3054355/n3057511/n3057518/c5471292/content.html。

（万个）　　　　　　　　　　　　　　　　　　　　　　　（％）

图 8 – 1　2010—2016 年互联网宽带接入端口发展情况

资料来源：工业和信息化部运行监测协调局，2017 年 1 月。

（％）

图 8 – 2　2010—2016 年互联网宽带接入端口按技术类型占比情况

资料来源：工业和信息化部运行监测协调局。

2016 年，基础电信企业加快了移动网络建设，新增移动通信基站 92.6 万个，总数达 559 万个。其中 4G 基站新增 86.1 万个，总数达到 263 万个，移动网络覆盖范围和服务能力继续提升。

（万个）

图8-3　2010—2016年移动电话基站发展情况

资料来源：工业和信息化部运行监测协调局，2017年1月。

2016年，全国新建光缆线路554万公里，光缆线路总长度3041万公里，同比增长22.3%，整体保持较快增长态势。

（万公里）　　　　　　　　　　　　　　　　　　　　　（%）

图8-4　2010—2016年光缆线路总长度发展情况

资料来源：工业和信息化部运行监测协调局，2017年1月。

全国新建光缆中，接入网光缆、本地网中继光缆和长途光缆线路所占比重分别为62.4%、34.3%和3.3%。其中长途光缆保持小幅扩容，同比增长3.5%，新建长途光缆长度达3.32万公里。

图 8 – 5　2010—2016 年各种光缆线路长度对比情况

资料来源：工业和信息化部运行监测协调局，2017 年 1 月。

2016 年，4G 用户数呈爆发式增长，全年新增 3.4 亿户，总数达到 7.7 亿户，在移动电话用户中的渗透率达到 58.2%。2G 移动电话用户减少 1.84 亿户，占移动电话用户的比重由上年的 44.5% 下降至 28.8%。

图 8 – 6　2010—2016 年各制式移动电话用户发展情况

资料来源：工业和信息化部运行监测协调局，2017 年 1 月。

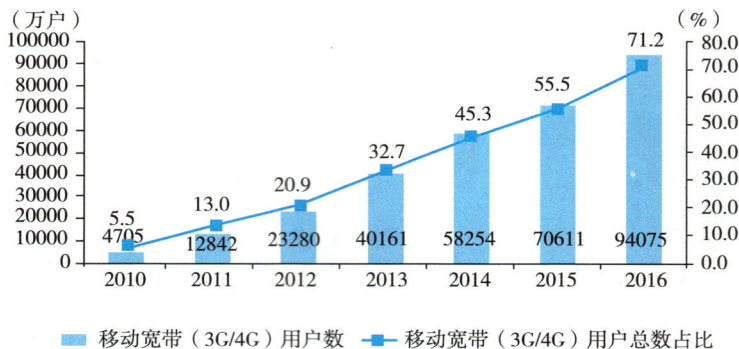

图 8 – 7   2010—2016 年 3G/4G 用户发展情况

资料来源：工业和信息化部运行监测协调局，2017 年 1 月。

第三节　提速降费工作取得重要进展

2016 年，全国提速降费工作完成投资超过 4300 亿元，全国所有地市基本建成光网城市，其中光纤光带用户占比为 72%，4G 用户达到 7 亿户。网间带宽新扩容 950G，新增 3 个互联网骨干直联点；全国固定宽带平均接入速率是 2015 年底的 2 倍，固定宽带单位带宽和移动流量平均资费水平进一步下降。宽带接入网业务试点扩大，累计吸引社会投资超过 100 亿元①。黑龙江省 2016 年大力推进提速降费工作，取得优异成绩。目前，黑龙江省已基本建成覆盖城乡的光纤网络和 4G 网络，固定宽带平均接入速率为 21.2Mbps，是 2015 年底的 2.3 倍。单位固定宽带和手机上网流量平均资费同比下降超过 40%②。重庆市都市功能核心区、都市功能拓展区全域、其他区县（自治县）城区和乡镇实现 3G、4G 网络全覆盖，成为国家第 17 个互联网骨干直联点城市，网间

---

① 《2017 年全国工业和信息化工作会议》，2016 年 12 月 26 日，见 http：//news. xinhuanet. com/info/ttgg/2016 – 12/26/c_ 135933460. htm。

② 《黑龙江"提速降费"工作成效显著》，2016 年 12 月 30 日，见 http：//www. miit. gov. cn/n1146290/n1146402/n1146450/c5449018/content. html。

互联带宽 200G，省际出口带宽 4.74T①。

第四节　新型基础设施战略性地位不断凸显

2016 年 10 月，习近平总书记在中共中央政治局第三十六次集体学习时，提出要建设全国一体化的大数据中心，为移动互联网时代新型基础设施建设指明了道路。当前，全国各地都加快建设新型基础设施。上海市与中国联通展开合作，加强城市光纤宽带网络覆盖，率先部署覆盖全市的 NB – IoT 物联专网，提升高速宽带通信网络能级，推动新一代信息技术在各领域的深度渗透，助力提升城市运营管理能力和效率。围绕上海"四个中心"建设，中国联通在浦江镇建设了上海国际出口局第二机房、浦江数据基地和临港云数据中心基地，推动服务上海城市管理和社会服务的公共云平台、服务重点行业的云平台、大数据平台建设，打造"互联网 +"背景下的新型基础设施②。

第五节　5G 技术研发驶入快速车道

工业和信息化部 2016 年充分发挥 IMT20205G 推进组的平台作用，广泛调动产业链运营设备芯片、5G 通信设备等环节的积极性，集聚产学研用各方面力量，全面启动 5G 技术研发试验。重点开展四方面工作：一是开展 5G 标准研究工作，积极参与国际标准制定；二是支持开展 5G 关键技术和产品研发，构建 5G 试商用网络，打造覆盖系统、芯片、终端、仪表等完整产业链；三是组织开展 5G 技术研发试验，搭建开放的研发试验平台，邀请国内外企业共同参与，促进 5G 技术研发与产业发展；四是开展 5G 业务和应用试验验证，提

---

①　《重庆研究 5G 建设推进网络提速降费》，2017 年 1 月 22 日，见 http：// www. iot – online. com/IC/commnet/2017/012236157. html。

②　邓云岚：《中国联通与上海签署"互联网 +"合作协议加速信息基础设施建设推动"互联网 +"创新应用》，2016 年 5 月 5 日，见 http：// www. cnii. com. cn/wlkb/rmydb/content/2016 – 05/05/content_ 1725191. htm。

升 5G 业务体验，推动 5G 支撑移动互联网、物联网应用融合创新发展，为 5G 启动商用服务奠定基础[①]。2016 年 6 月，我国启动 5G 测试项目第二阶段的测试计划，开展多种关键技术的融合测试，并进行单基站性能测试。同时，我国龙头企业也在 5G 技术研发中取得突破。华为公司与中国运营商共同完成北京外场的建设，在频谱效率、高低频混合组网、5G 多业务场景、网络架构演进等方面开展深入测试验证。2016 年 11 月，华为力推的极化码（Polar Code）被确立为短码控制信道的编码方案[②]。

[①] 工信部：《正在组织国内外企业开展 5G 关键技术的测试验证工作》，2016 年 7 月 29 日，见 ht-tp：//www. ec. com. cn/article/dszc/zdbw/201607/10674_ 1. html。
[②] 黄海峰：《5G 研究进入快车道华为全球领先》，2017 年 1 月 18 日，见 http：//www. iccsz. com/site/cn/news/2017/01/19/20170119015012613400. htm。

第九章　2016 年中国两化融合发展情况

2016 年，在国家政策强力支持下，制造业与互联网融合发展成为新主线，两化深度融合取得明显成效。大企业"双创"热潮涌现，通过搭建、开放基于互联网的"双创平台"，驱动企业生产方式、组织管理模式深刻变革，推动产业链协同创新与生态化发展。智能制造发展步伐全面加快，智能制造务实推进，以航空、船舶为代表的关键技术装备取得积极进展，智能工厂建设深入推进，中德智能制造国际合作全面开启。制造业与互联网融合模式创新不断，网络化协同在多环节展开，个性化定制成为热潮，服务型制造悄然兴起。分享工厂雏形初现，涌现了以共享智能生产装备、行业系统解决方案、海量分散的生产能力、开放协同的"双创"资源为主要内容的共享工厂新模式。工业"新四基"建设不断加快，自动控制与感知技术逐步走向成熟，工业软件发展进入快车道，工业互联网政产学研协同推进、基于大数据的工业云和智能服务平台加快布局。

第一节　制造业与互联网融合发展成为新主线

互联网与制造业的融合发展作为当前制造业竞争的主战场，是全球产业变革和科技革命的重要特征。近年来，在国务院和地方政府相关部门的大力推动下，信息化和工业化实现深度融合，制造业和互联网的融合步伐持续加快，但在融合发展过程中，核心技术、平台支撑、应用水平、安全保障以及体制机制等方面仍存在一定的不足，亟待进一步发展与完善。为进一步深化制造业与互联网的融合，协同推进"中国制造 2025""互联网 +"行动计划，开展制造强国建设，2016 年 5 月，国务院印发了《关于深化制造业与互联网融合发展的指导意见》（以下简称《指导意见》）。

　　《指导意见》的总体定位是把制造业、"互联网＋"和"双创"紧密结合起来，通过优化产业结构有效改善供给，释放新的发展动能，催生一场"新工业革命"。《指导意见》提出要坚持创新驱动，激发转型新动能；坚持融合发展，催生制造新模式；坚持分业施策，培育竞争新优势；坚持企业主体，构筑发展新环境。在目标设计方面采用定量定性相结合的方式，提出了2018年的近期目标和2025年的中长期目标：到2018年是"打基础"的阶段，重点行业骨干企业互联网"双创"平台普及率达80%，与2015年底相比较，工业云企业用户翻一番，能源利用率提高5%，新产品研发周期缩短12%，库存周转率提高25%。制造业互联网"双创"平台成为推动制造业转型升级的新动能来源，形成一批示范引领效应较强的制造新模式，初步形成跨界融合的制造业新生态，制造业数字化、网络化、智能化取得明显进展，成为巩固制造业大国地位、加快向制造强国迈进的核心驱动力。到2025年是"上台阶"的阶段，力争实现制造业与互联网融合"双创"体系基本完善，融合发展新模式广泛普及，新型制造体系基本形成，制造业综合竞争实力大幅提升。

　　《指导意见》重点突出以下五点：一是支持制造企业建设基于互联网的"双创"平台，加快构建新型研发、生产、管理和服务模式。鼓励大型制造企业开放"双创"平台聚集的各类资源，为社会提供专业化的服务。支持建设面向制造企业特别是中小企业的"双创"服务平台，完善制造业"双创"服务体系。二是大力发展网络化协同制造等新生产模式，开展基于个性化产品的研发、生产、服务和商业模式创新，促进供给与需求精准匹配，鼓励发展面向智能产品和智能装备的产品全生命周期管理和服务，拓展产品价值空间，实现从制造向"制造＋服务"转型升级。三是加快构筑自动控制与感知、工业云与智能服务平台、工业互联网等制造新基础。加快计算机辅助设计仿真、制造执行系统、产品全生命周期管理等工业软件产业化，强化软件支撑和定义制造业的基础性作用。四是面向重点行业智能制造单元、智能生产线、智能车间、智能工厂建设，培育一批系统解决方案供应商，组织开展行业系统解决方案应用试点示范，提升融合发展系统解决方案能力。五是制定完善工业信息安全管理等政策法规，健全工业信息安全标准体系，建立工业控制系统安全风险信息采集汇总和分析通报机制，组织开展重点行业工业控制系统信息安全检查和风险评估。组织开展工业企业信息安全保障试点示范，支持关键共性技术平台建设，推动核心技术产品产业化。建设国家工业信息安全保障中心。

《指导意见》提出从体制机制、国企改革、税收金融、财政支持、人才培养、用地用房、国际合作等七个方面强化对融合发展的政策引导以及措施保障。

工业和信息化部全面推进《指导意见》的贯彻落实，正部署制定《指导意见》部门以及部门内部的分工方案与宣贯方案，推动与国资委、税务总局、财政部等部门的衔接与沟通，促进中央企业创新投资基金、新业务增值税优惠政策、所得税优惠政策、信用贷款等实施细则的出台。

各地方纷纷加快落实《指导意见》，浙江、上海、河北、重庆、广东、内蒙古、江西、海南、甘肃等省份陆续印发了实施意见，苏州、武汉等地相继出台了实施方案及行动计划，根据自身的发展特点进一步细化《指导意见》的任务要求，不断深化制造业与互联网深度融合，特别是试点示范工作。政策部署以及工作开展在更大程度上推动两化融合的实施和发展，驱动制造业技术、模式、产品和机制变革，促进两化融合加速步入纵深发展的新阶段。

第二节　大企业"双创"热潮涌现

大企业"双创"是激发制造业创新活力的关键抓手。"双创"不仅是小微企业的生存发展之道，同时也是大企业繁荣兴盛之路。大企业有雄厚的经济实力、先进的技术条件、较强的产业链整合和资本运作能力，是制造业"双创"的主力军。在多种举措的大力支撑下，目前全国"双创"工作热度高企，大企业"双创"步入全面发展、快速迭代、自我完善的阶段，积累了丰富的经验。具体来看，主要采用了以下几种典型做法和模式：

围绕集聚利用各类创新要素和制造资源，搭建基于互联网的开放创新平台，不断突破地域、组织、技术的界限，在全球范围内推动制造资源的高效对接和优化配置，积极提升企业设计、制造、管理以及服务的水平。一是通过自建"双创"平台整合资源。不少大企业利用技术、资金等资源优势，集中力量搭建了一批开放创业创新平台，集聚企业内外部创新资源为自身发展所用。海尔集团整合 10 多万家的创新资源，打造了开放创新平台 HOPE，实现同用户、全球专家以及发烧友的即时互动，有效提高了产品的研发效率，如家电模块商基于 HOPE 平台的产品研发效率提高 30%，开发时间缩短 70%。中航工业的爱创客平台以企业资源和产业生态为核心，推动基于互联网的开放式创新和联合创业，实现以企业自身资源牵引各类创新创业要素聚集、开放、融合和共享。二是与其他创新机构合建开放创新平台。一些技术、资金等实力不足的大企业，通过与其他创新机构开展合作，联合建立开放创新平台，实现强强联合、优势互补，加速了企业创新发展进程。恒瑞医药牵头组建抗肿瘤药物技术创新产学研联盟，整合 12 家业内优秀医药企业和科研院所，成为面向行业的开放式共性技术开发平台，在抗肿瘤药物生产行业关键技术、共性技术的创新突破中发挥着重要作用，目前已有 2 个创新药物提交上市申请，17 个创新药物处于临床阶段。三是利用第三方创新平台。与自建开放式创新平台的高门槛、高投入、高风险相比，利用第三方创新平台开展低成本高效率的创新活动，成为一些风险规避型大企业利用外部创新资源的重要方式，典型第三方创新平台包括众包、众设、产业联盟、技术创新联盟等。由北大、清华、中科院等 13 家学术单位和中国商飞、潍柴动力等 70 多家行业领军企业共同成立的北京协同创新研究院，正在推动建设仿真与设计、智能机器人等 18 个协同创新中心，全力打造行业重大技术联合攻关与高端人才培养的新高地，为重大科技突破与转化、行业技术进步、中小企业产品创新提供强有力的技术支撑。

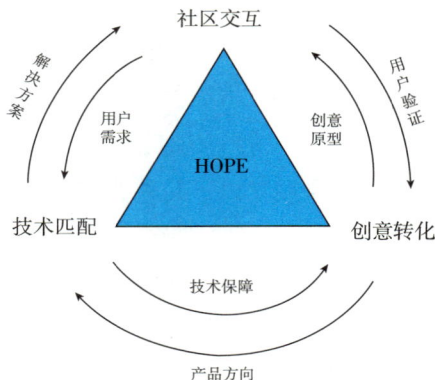

图 9 - 1　海尔 HOPE 双创平台模式

资料来源：it168 网站。

围绕挖掘内外部创新潜力，大型制造企业在建设"双创"平台过程中，通过组织结构与管理机制创新，促进企业内部"众"部门、"众"环节及"众"员工创业创新潜力的释放，推动企业向网络化、平台化、扁平化创新型组织转型发展。一是完善企业员工创新激励制度。激励企业内部员工创新潜力的制度安排由来已久，可以追溯到 1872 年德国克虏伯提出的合理化建议管理理念。从实践看，采用这种传统但有效的制度安排激励内部员工创新活力的大企业较多，也有不少大企业仅开展创业创新竞赛活动。例如，哈尔滨一机集团、中国一重、盾安集团、广汽集团等通过合理化建议制度有效激发了员工创业创新活力。其中，盾安集团在 2010—2015 年间采纳合理化建议累计达 3 万余项，产生效果显著；广汽集团十年共产生改善提案 253 万余条，参与人数超 27.5 万人次，为集团创造直接经济效益达 30.3 亿元。又如，亚宝药业、杭叉集团、中钢集团等大企业在国家"双创"政策的引导下积极开展创业创新大赛活动，也有效提升了企业创新发展活力。其中，亚宝药业全面开展"五小"（小发明、小创造、小革新、小设计、小建议）竞赛活动，在促进企业提质增效方面效果显著。二是推动管理体制微创新。国外企业发展经验表明，企业的创新发展往往依赖于稳扎稳打的微创新，而非激烈的"颠覆式"创新，不论技术还是管理均如此。我国大企业规模大、人员多，管理体制大变革难度高，在国家"双创"政策支持与引导下，通过在企业内部设立创业创新部门、推动管理体制微创新，已经成为不少大企业创新发展的现实选择，并取得了积极成效。例如，大华股份鼓励技术骨干与公司共同组建创业团队，横店东磁在基层生产经营和管理单位组建先进会、智慧创想会等创新小组，山东临工摸索出"一全二创三结合"的全员创新管理模式，中信重工开设创客工作室、大工匠工作室等创新单元，一拖集团创建劳模创新工作室，中钢集团建立创新社群"中钢创新思享会"，等等。其中，中信重工通过聘任 10 名中国工程院院士及 15 名行业带头人，牵头建立了 18 个技术创新团队，同时成立了工人创客群体、劳模工作室以及大工匠工作室，直接参与者超过 500 人，并带动 4000 多名一线工人一起成长，并且 5 个大工匠领衔的创客工作室仅在 2014 年就取得了创新成果 46 项，为企业创造价值 1285 万元。三是推动组织结构平台化变革。除传统的创新激励管理措施和企业管理体制微创新外，有个别大企业充分借助互联网技术力量，已经实现了企业组织结构的变革与重构，完成了从传统科层制管理向平台化、扁平化、创新化的转变。海尔是其中的典型，海尔集团打散了传统的"金字塔"型多层级企业组织结构，去掉中间管理层，在 8 万多名企业员工中组建起 2000 多个自决策、自创新、自驱动、自运转、自结算的创业型"自主经营体"，集团为这些自主经营体提供完善的研发资金、试验设备、供应链资源等平台服务。在"自主经营体"内，负责人竞争上岗且时刻受到员工监督，在报酬方面则打破过去按级别、职务拿薪酬的办法，实行"超利分享"，即当创造的利润超过行业平均水平 1.2 倍以后就可以加速分享收益，极大地激发了员工创业创新活力。

围绕创新技术和产业布局，资源整合能力突出的大企业通过"双创"平台集聚产业链上的创业创新资源，推动产业链协同创新与生态化发展，激发产业链上不同企业、消费者的创新优势和活力，打造"抱团"发展的综合竞争新优势。一是利用综合优势构建产业生态。一些大型制造企业的"双创"平台面向产业链上下游开放"双创"平台资源，并利用自身资源整合能力集聚产业链上企业间以及消费者的创新优势，不断完善专业咨询、人才培训、创业孵化、投融资以及检验检测等服务，强化与中小企业订单生产、服务外包、专业分工等方面的协同合作，逐步发展成创新活跃、高效协同、资源富集的产业集群。鲜易控股营造了一个互利共赢、开放共享的智慧生鲜供应链，汇聚了集供应商、采购商、运营商、品牌商以及服务商于一体的创业创新生态圈，共享技术、信息、标准金融、数据等资源要素。报喜鸟服饰利用互联网技术、大数据技术等建立了大规模个性化智能定制系统，消费者可以随时通过移动互联网、官网、第三方电商平台以及门店智能终端等渠道连接到公司开放的定制平台，进行自主 DIY 设计和面料、辅料、工艺、款式、领型、纱线颜色等个性化需求选择，经过智能化数据分析并整合信息，生成满足客户需求的订单信息指令，驱使智能工厂进行大规模的个性化制造。二是利用技术优势推进产业链协同创新。一些大企业通过"双创"探索出了一系列带动产业链上其他相关方协同发展的新模式新业态。例如，山东如意集团创造性地探索出"1 + X + N"的家庭工厂模式，通过为农户提供设备、资金、培训等开办家庭工厂，挖掘广大农户闲时劳动力，激发创业活力，实现产业链生态化发展。鲜易控股营造了一个互利共赢、开放共享的智慧生鲜供应链，汇聚了集供应商、采购商、运营商、品牌商以及服务商于一体的创业创新生态圈，共享技术、信息、标准金融、数据等资源要素。到目前为止，公司建立内部自主创新体 500 多个，3300 多名员工参与创业创新，在册员工与在线员工比例达到 1∶10，生态圈带动种养（场）户 18 万户，带动农村经合组织306 个，培训农民 12 万人次。三是利用资金优势发展产业链金融。大企业资金实力雄厚，利用资金优势开展产业链金融服务，带动产业链上创新能力强、资金需求大的中小企业协同创新，是构建产业综合竞争新优势的重要途径。通过调研，不少大企业将发展产业链金融作为推动"双创"的主要手段。例如，森源电气通过融资租赁、回购承诺等"销售 + 金融"的模式，支持难以获得银行贷款的民营企业或弱势区域企业发展，不仅有效缓解了中小企业融资难题，而且带动相关设备制造稳步增长。

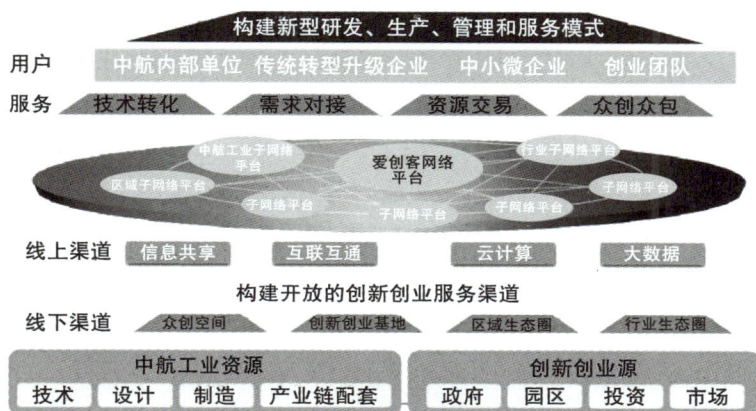

图 9 – 2　中航爱创客"双创"平台

资料来源：赛迪智库整理。

除大型制造企业外，基础电信企业、互联网企业也积极开展面向制造业的"双创"服务生态建设。基础电信企业如中国电信、中国移动、中国联通等运营商，通过聚集优质资源如金融资本、孵化管理、智库机构、整合大型企业、创业培训、产业链上下游企业等，为"双创"提供完善的要素配置服务，互联网企业如阿里巴巴等，通过网络化生产能力要素配置平台，有效解决产能过剩、产业链运转效率低等问题，实现产业资源实施在线监测、需求精确匹配。索为云网、数码大方等企业基于自身制造技术的优势，提供在线协同合作、专业知识自动化以及技术资源交易等共享服务，推动面向制造企业"双创"服务平台的发展及实施，促进新型制造模式发展。

总体来看，大企业"双创"建设基本遵循由单环节突破向体系化演进的路径。企业在"双创"平台建设的过程中，通常以条件比较成熟、创新资源较为充足、需求最为迫切的研发环节为着手点，通过研发设计工具的应用，进一步推动创新业务突破研发部门边界，逐步扩展到采购、制造、营销等部门，进而实现协同创新。同时，充分发挥互联网的去中心化、扁平化、网络化的特点，将生产与消费进行无缝链接，使得散乱小的供给同复杂多变的市场需求有效对接，引入众创、众筹、众扶等模式，调动每一个体的积极性，促进创新向更加快速、灵活、贴近用户的方向转变。

第三节　智能制造进入务实推进期

2016 年以来，随着重大领域专项工程实施推进，智能工厂建设深入推进，中德智能制造国际合作全面开启，智能制造发展步伐全面加快。

以航空、船舶、轨道交通、智能装备为代表的关键技术装备取得积极进展。在航空装备方面，具有完全自主知识产权的中国商飞公司 C919 飞机首架机已完成大部分的地面试验，并交付试飞中心，2017 年初进行首飞；首次全面按照国际适航安全标准研制的两架 ARJ21－700 新型涡扇支线客机正式投入商业运营。船舶装备方面，自主研制的"海斗"号无人潜水器完成最大下潜深度 10767 米，我国成为世界上第三个拥有研制万米级无人潜水器能力的国家；世界首制极地模块运输船、世界最大吨位的 10 万吨级半潜运输船建成交付；21000TEU 超大型集装箱船开始承接批量订单；中船动力 6EX340EF 自主品牌二冲程低速柴油机填补空白，上海船用柴油机研究所自主知识产权低速机低压选择性催化还原（SCR）系统获型式认可证书，大连华锐批量承接世界冲程最长、单支重量最大的船用曲轴订单，自主品牌锚绞机、舱口盖、贝克舵等甲板机械实现批量装船。在轨道交通方面，中国标准动车组首次完成世界 420km/h 的交汇试验，同时通过了载客试验，160km/h 的城际动车组完成运行考核并获得制造许可。在重大装备方面，中车株洲电机公司首次将永磁技术运用于大型机械重工领域，成功研制全球首套盾构机永磁同步电机并启动试运行，实现永磁同步电机搭配系统使用后比同功率异步电机效率高出10%以上，每小时可省电100度以上，有效提升了盾构机的整体效能。在智能制造装备方面，高速/高效/高精、大规格/大吨位/大尺寸、多坐标/复合/智能型数控机床等新产品大批进入重点应用领域，其中多轴控制/精密重型机床、高精度数控齿轮磨床、数控冲压生产线、高精度/高效/复合数控磨床等跻身世界先进水平，比如，32束丝复合材料自动铺放机在航空航天大型复合构件中成功投入使用，高温合金航空发动机叶片五轴联动加工中心主要性能指标已达到国际先进水准；高档数控系统在重点军工企业实现小批量应用，仅在沈飞公司就有30多台国产数控系统配套机床并投入使用；多通道、多轴联动等高性能数控系统产品主要技术指标基本达到国际主流高档数控系统的标准，实现了为多种高速、精密数控机床配套；沈阳新松研制成功首台柔性多关节机器人、双臂协作机器人；等等。

智能工厂成为传统制造企业转型升级的主要突破方向。机械、船舶、汽车、家电等离散型行业围绕制造单元、加工中心、生产线和车间智能化改造，推动数据集成、全面感知、设备互联、智能管控，促进生产过程柔性化、精准化、敏捷化。例如，宇通集团通过模块化设计、高效、智能、柔性化生产以及模块化销售相结合的形式，探讨节能与新能源客车制造的新模式；广州数控将单元级的传感器、数控机床、工业机器人和各类机械设备与车间级柔性生产线的总控制台相连，将总控台与企业管理级的各类服务器通过以太网相连，并且将企业管理系统与产业链上下游企业通过互联网相连，打通产品全生命周期各环节的数据通道，实现了生产过程的远程数据采集分析和故障监测诊断；沈阳新松打造的数字化智能工厂，集智能仓储、点焊、激光焊接、上下料、物料输送等技术于一体，在控制层运用 MES 系统快速响应生产状态变化，在规划设计层面通过计算机辅助实现数字仿真与优化，在管理层面基于 ERP 系统提供生产绩效、生命周期管理以及质量管理等业务分析，在执行层面利用工业机器人等实现自动化生产流程。流程型行业如石化化工、钢铁、有色、建材等，通过加快设备智能化改造来满足生产过程中工艺控制、质量控制、状态监测和故障诊断的智能化需求，进一步推动先进过程控制和制造执行系统的部署和优化升级，保障生产过程集约高效、动态优化、安全可靠。例如，镇海炼化乙烯装置全流程在线实时闭环优化，是基于 XPIMS、ORION

等优化软件之上建立了炼油装置的计划调度一体化模型。

智能制造国际合作加快推进。2016 年，中德智能制造联盟正式成立，建立副部长级、司局级、执行平台三个层次的联合工作机制。围绕制造业与互联网融合发展，建立了中德智能制造合作项目库，开展中德合作项目试点示范，发布实施了 2016 年首批 15 个试点示范项目，举办了中德智能制造企业家大会。推动中欧绿色智慧城市建设合作，发布了中欧智慧城市合作白皮书，试点城市签署了"中欧绿色智慧城市合作宣言"，在双方 30 个试点城市中，有一些城市已经进入了实质性合作阶段。

第四节　制造业与互联网融合模式创新不断

伴随制造业与互联网融合发展的大力推进，以往发生在个别行业与环节的融合模式创新开始向更广范围、更深程度拓展，生产制造的新模式持续发展，涌现出诸如个性化定制、网络化协同制造、服务型制造等新业态。一些企业加强自身新陈代谢，积极推进以新一代信息技术为驱动的新型制造模式升级，深度挖掘工业生产价值潜力；一些企业向外延伸补给，利用互联网企业向制造业深度渗透的迫切意愿，与互联网企业强强联合，打造以智能产品为核心的生态圈。

网络化协同在多环节初步开展。通过互联网力量，制造业生产逐渐从集中式控制转变为分散式控制，由此促使网络化协同制造的产生。一些企业根据互联网平台无边界、促共享、跨时空的特点，完成企业内部以及企业与企业之间各类资源相互整合，促进制造活动由单打独斗逐渐转变为产业协同。服装、家电等与消费端密切衔接的行业，通过构建开放的网络平台，开通与用户交互的渠道，广泛采纳用户意见及需求，推行按需定制的业务。海尔等大型企业进一步探讨众包模式，充分了解并获取消费者的实际需求，通过交互创新社区（HOPE）吸引企业员工以及社会研发机构开展相应的创意产品设计，在此基础上，相继发布了雷神笔记本等一系列的互联网创新产品。航空、机械等离消费端较远的行业主要侧重于集聚共享生产要素与资源，实现产业链上下游的协同设计。比如，中国商飞基于网络协同设计平台，通过协调全球数十家设计商以及几千名工程师，完成了 C919 型飞机的在线协同设计，极大缩短了研发周期。此外，还有一些企业将迅速响应市场动态变化作为核心，依靠互联网平台整合供应商、制造商、销售商、物流服务提供商以及客户资源，通过技术流、信息流、物资流和资金流带动供应链资源优化配置，提高供应链的竞争力及创造力。比如，一汽集团建立了 TEEMS 系统平台，与供应商、合作伙伴以及客户之间建立了产品信息共享，并且已经尝试把概念车设计方案按照三维数据的形式传递给供应商，吸引供应商主动加入产品设计与生产环节。美特斯邦威服饰股份有限公司建立了供应链信息整合管理平台，加强对供应链环节的控制，涵盖服装设计、样衣制作、定稿、试装、货量统计、大货生产、物流配送等环节，将平均库存周转期降为约 70 天，远远高出国内同行的平均水平。

个性化定制形成热潮。传统制造业生产的基本模式是大批量的规模化生产，企业的规模经济表现为单一的产品批量生产，这种生产减少了成本，同时激发了市场的规模化扩张，这种传统的"福特制"是工业生产方式的最基本特征。伴随市场、产品同质化竞争现象的加深以及消费文化的不断变动，传统制造企业不断探索新的价值增长点，传统的以规模经济为主的大批量生产模式逐渐转变为多品种、小批量、个性化的定制模式，企业的核心竞争力聚集在打造满足消费者个性需求的产品上。互联网应用环境下，企业一方面将分散化、个性化的用户需求通过用户交互平台汇总为批量订单，同时根据信息物理系统达到制造工艺和流程的数字化管理同产品个性化消费需求实现柔性匹配的目的，从而完成个性化定制生产。当前，在家电、服装、电子、家具、汽车等领域，以消费者深度参与为特征的个性化定制生产模式已经成为企业发展的重要方向，企业将消费者个性化需求融入产品设计中，让消费者成为"合作生产者"，并且在价值链的不同环节分别为消费者提供符合其个性化需要的"产品系统"，实现顾客的价值。最常见的是在电商平台上衍生出的订单拉动式定制模式，被认为是个性化定制的雏形。这种模式采用预售的形式来发布产品的样板，然后根据平台提供的具有购买需求的消费者订单数据进一步确定批量生产的规模。严格意义上来讲，它并不属于纯粹的个性化定制，但在这一模式中由于制造活动与消费者需求存在纽带关系，使其成为实践以需定产的有效途径。淘品牌茵曼服饰作为首批采用聚定制方式的服装企业之一，在生产过程中，首先采集、分析电商数据，在此基础上进行服装款式的设计并开放预售通道，根据预订数据进行生产及销售，同时依据消费者所进行的反馈信息以及退换货的情况及时调整后续批次服饰的生产，这种模式在满足多样性服装款式的需求下，还消除了由于过剩产能导致的市场无法消化的矛盾。此外还有一些企业运用线上与线下结合（O2O）的方式就产品设计、制造等方面与消费者进行即时的互动交流，根据消费需求来安排生产，利用柔性生产线高质量、高效率以及低成本的特性，为消费者供应定制产品和服务。尚品宅配是该模式家具行业的最佳实践者，其依托自身的O2O平台，在线上进行设计展示并对用户需求进行统计，同时线下提供用户体验并为用户免费测量尺寸，从用户的个性化需求当中获取共性需求，打造了全新意义的家装服务模式，其板材利用率以及收入增长率远远超出全国的平均水平。青橙定制手机N1采用支持消费者提出需求的运作模式，开创了手机定制的先河，是全球首款从外观到硬件、软件、服务、配件以及签名都可以自由定制的手机，其运用自由组合和优化排产的方式，为消费者创造了独一无二的手机。

服务型制造正在兴起。服务型制造不仅是指制造企业基于互联网平台推动服务模式、业态模式创新，同时也包含生产性服务业平台化以及专业化发展。其主要表现为数据化在线化服务和生产性服务等两类。数据化在线化服务指的是制造企业根据被植入的通信及智能模块产品，运用互联网、云计算、物联网、大数据等技术，开展远程诊断、在线运维以及产品全生命周期管理等服务，促进制造业由生产型制造逐渐转化为服务型制造，促进其价值链持续提升。例如徐工集团根据车载智能终端同时运用移动互联网，构建了工程机械全球物联网，完成了工程机械车辆实时定位跟踪、远程故障诊断和面向用户终端进行设备管理等功能的运用。同时，为方便最终用户的设备维护保养以及备品备件的在线订购服务，根据工程机械一机一册电子发布物（PDS）和手机APP等技术，向用户提供主机档案等应用程序，推动公司拓展后市场业务。上海三菱电梯将全国不同地区的电梯构建物联网，通过电梯远程监视系统对电梯运行的数据进行实时的采集以及分析，在发现电梯出现异常、故障等隐患的第一时间自动发出急修信号通知分公司以及维保站；此外，依据每部电梯定期采集及统计的远程数据，制定有针对性、个性化的维保作业计划，截至目前已经有3.4万多部电梯接入远程监视。青岛特锐德电气通过构建充电网、互联网、车联网"三网融合"体系，打造智能充电服务云平台，推行设备免费、建设免费的运营方式，同时积极发展O2O电商、互联网金融、汽车后服务及增值服务等多样化业务，实现从卖产品到卖服务的跨越。电子商务在制造企业营销服务中应用的不断加深推动了大批网络营销新模式的涌现，如社交电商、直销电商、跨境电商等。一些传统制造企业建立了各自的电商平台，完成了"从工厂直达顾客"（F2C），不仅节省了渠道推广的费用，同时也建立了同顾客之间的直接联系，实现基于客户细分特征精准开发差异化、个性化产品。此外，企业在深入探究用户社交和偏好信息的基础上，大力开展基于具体场景的社交式营销。比如，苏宁云商提出移动互联网社交营销的实施方案，通过打造"云信"等社交平台来满足用户社交购物等的需求。

第五节　共享工厂雏形初现

共享工厂是制造企业借助互联网平台实现制造资源的在线化、数字化，通过共享装备、技术、服务等促使线上与线下资源的互动整合，同时，在"云（云计算）＋网（互联网）＋端（智能终端）"信息传导模式下充分挖掘信息和数据的价值，极大提高边际效率，推动生产效率更高的产业体系的形成，是共享经济在制造业领域的延伸和拓展。随着制造业与互联网加速融合，电子、机械及航空航天等行业陆续开展共享工厂的建设，其主要内容是基于互联网进行协同与交易生产装备、系统解决方案及制造能力，共享工厂极大改变了技术、物流、生产、资本、人才等资源的原始配置方式，为提升传统生产要素的生产率、实现碎片化市场需求与集聚化生产供给的精准对接提供了新途径，催生了基于网络和平台的新型生产方式。从我国制造业共享经济的实践来看，共享工厂主要有以下四种类型：

一是共享智能互联的生产装备。据统计，当前我国部分行业数控机床利用率不超过50%，有的还不到30%。与此同时，大量中小企业因资金、人才缺乏，无力购买智能装备、机器人、数控机床、生产系统、柔性生产装备等设备。一方面大型企业的设备处于闲置状态，另一方面中小企业有需求却无法使用。为缓解这一矛盾，沈阳机床研发制造了集工业化、信息化、智能化、集成化、网络化特点于一体的 i5 智能机床，通过大数据平台分析其运行状态和使用时间，采用融资性租赁、经营性租赁、生产力租赁等手段，以计时付费方式，即用户根据机床加工零部件的数量、品种以及加工时间来付费。对于用户来讲，其购买的是 i5 机床的加工能力；对于沈阳机床来讲，出售的是 i5 机床的使用权。在这一过程中，沈阳机床在大数据平台的基础之上，建立了融合设计师、解决方案提供商、制造商、消费者、硬件供应商的分工协作、价值共享的产业生态利益分成模式。

二是共享行业系统解决方案。目前，智能制造热度高企，但如何建立智能工厂和智能车间，改造已有的生产单元及生产线，许多企业苦于搜寻不到可行的系统解决方案。为攻克这一难题，上海名匠智能系统有限公司通过整合生产车间不同设备之间的系统，以制造设备数据采集、集成、处理为重点，集自动化设备改造、工业网络架构设计、关键智能设备生产于一体，形成了智能工厂设计、规划、实施、改造等行业系统的解决方案。此外，上海名匠推行为用户建设智能车间和智能工厂，建立新型的制造模式，用户可以租赁工厂或者采用付费的方式使用车间加工产品数量。这一模式对用户来讲，不需要硬件设施如生产线、厂房、车间等的投资；对名匠来讲，出售的是一整套的行业系统解决方案。这彻底改变了制造业基于对土地、设备、劳动力等生产要素占有才能生产的传统方式。

三是共享海量分散的生产能力。围绕由于制造资源分散以及供需不能有效对接造成的产业链运转效率低的问题，阿里巴巴、航天二院等企业借鉴分享经济的理念，以生产能力的精准供需对接为突破口，建立了基于网络化的生产能力配置平台，实现了产能资源的实时在线监测及需求的精确匹配。航天二院通过实施云制造，可实现所属 600 余家企业上下游多用户、多任务并行协同，对企业的生产能力、制造资源进行在线分享、集成整合以及优化配置，有效解决了有的生产单元超负荷运转而有的则闲置等方面的问题，提升了集团整体生产效率。阿里巴巴构建的淘工厂平台，两年多时间聚集了上万家淘工厂企业，通过整合利用各工厂的空闲档期，为淘宝卖家快速找到生产厂家提供定制化的生产能力供给服务，能够满足一个订单多家工厂加工能力的在线协同，实现了淘宝卖家对生产小批量多批次产品的需求。这种将工厂产能在线化、商品化的模式为传统的生产外包转型提供了借鉴。

　　四是共享开放协同的"双创"资源。目前，许多大型制造企业将"双创"平台的建设与分享经济相联系，有效促进了创新资源的汇聚、整合、共享和再利用，为牵引、挖掘技术产品、组织管理、经营机制的创新潜力提供新手段。海尔集团构建了全球性、跨行业的开放式平台"海立方"，将企业的创新资源如设备、技术、资金、供应链等向全社会进行分享，同时又运用各类社会资源创新企业管理模式，加快向研发设计、增值服务等价值链高端环节延伸。目前为止该平台已经集聚了 1300 多家风险投资机构、3 万多家销售渠道资源、6 万多家加工制造资源、98 家孵化器资源以及 50 多亿元创业孵化资金。中航工业集团以中航工业的资源和产业生态为核心，构建了线上共享、线下合作的"双创"平台"爱创客"。该平台既作为技术平台支撑中航工业进行业务的开展，同时也汇聚、整合、共享航空领域工业设计及增材制造等方面的专业资源，以及政府、供应链企业、第三方平台、科研院所等资源。平台上线 9 个多月的时间就聚集了 18000 多项技术，调动了 140 余家成员单位的创新活力。

　　总体来看，共享工厂模式能够打破企业界限，将规模庞大的制造资源数字化、在线化，促使线上与线下资源的互动整合，同时基于互联网平台，在"云（云计算）＋网（互联网）＋端（智能终端）"信息传导模式下充分挖掘信息和数据的价值，极大的提高边际效率，推动更高生产率的产业体系的形成：一是推动制造由"硬件式"向"软硬件"结合的方式发展。长期以来制造业遵循的是"硬件式"发展模式，这种模式主要通过占有生产资源以及不断扩大投入土地、厂房、技术、设备、劳动力等传统的生产要素，来提高制造能力、扩大品牌影响力以及市场规模。但是，由于市场需求的多元化、碎片化、个性化，市场竞争已经从单一的企业间竞争逐渐转变为产业链的竞争，这一模式的转变急需制造业舍弃传统的"硬件式"思维，通过集成、共享、重组资源，向拥有生产能力、生产装备、系统解决方案的企业借力，快速响应市场。二是推动形成按需产业组织方式。共享工厂模式以建立大规模一体化生产能力分享平台为依托，以研发、生产、管理等环节的制造资源供需撮合为突破口，实现对产业链上下游产能、生产装备等资源的实时在线监测、需求匹配及统一调度。同时，共享工厂模式使得生产活动能突破企业边界和市场半径的制约，最大化地发挥了互联网对于资源的统筹整合能力，沿信息网络的极限，按接近消费者的方式进行生产，实现了价值传递再造。三是推动制造范式从规模经济向范围经济转变。共享工厂模式将平台经济与分享经济进行有机结合，使得以横向分工为主导的经济范式加速向以纵向分工为核心的新经济范式发展。一方面，通过共享工厂将制造业的制造能力转变为面向社会的制造基础设施；另一方面，共享工厂把设计师、制造商、硬件供应商、解决方案提供商、供应链、消费者和不断增加的社会参与者连接在一起，形成了大规模价值共享、分工协作、利益分成的产业生态系统，规模经济正由过去大规模、单一中心的形式逐步转化为以挖掘平台共享能力及价值网为核心的范围经济。

第六节　工业"新四基"成为产业布局的重点方向

2016 年，我国工业"新四基"建设稳步向前推进，工业软件发展步入快车道，自动控制与感知技术日趋成熟，工业互联网应用进程持续加快，工业云和智能服务平台逐渐成为构建面向智能产品的行业级制造生态，以及面向协同制造的跨行业、综合性制造生态的核心支撑。

自动控制与感知应用日趋广泛、规模持续扩大。部分企业研制了拥有自主知识产权的自动控制与感知技术产品，北京方正科技研发的机器人焊接系统，创造了柔性自动化的新方式，有效提高了焊接的质量及效率；MEMS（微机电系统）已经在汽车及消费电子等领域广泛运用，此外在医学、工业及航空航天领域也不断普及。

工业软件企业的竞争日趋激烈，逐步走向跨界发展。国内管理类软件厂商如用友等逐步向数字营销、企业互联网等领域突破；宝信软件涉足金融业务、石化盈科布局互联网协同应用，围绕自身核心业务跨界发展趋势明显。

工业互联网政产学研协同推进，标准初步建成。2016 年 2 月，工业互联网产业联盟成立，聚集工业和信息通信领域的相关机构，支撑政府决策，促进工业互联网企业交流合作。此外，联盟还制定《工业互联网体系架构（1.0版本）》白皮书，为开展工业互联网技术创新、标准研制、试验验证、应用实践、产业生态等提供参考和引导。

　　基于大数据的工业云和智能服务平台加快布局。如：阿里与徐工联合打造的工程机械类 predix 云平台，通过 24 小时的数据采集实现对各地运行机器进行远程监控及动态管理。在此基础上，研发人员利用大数据分析完成产品的优化升级，研发推出的 G 系列定制产品，能够更加有效地满足用户的个性化需求；航天科工打造"航天云网"平台，根据平台上行业大数据的采集，牵引指导上下游企业，提升资源配置的效率，其上线一年来，注册量已超过 17.7 万户，覆盖电工、电子、金属、装备等制造行业，平台整体成交额已达 97.65 亿元。

第十章　2016年中国电子政务发展情况

2016年，中央和地方各级政府对电子政务的重视程度日益加大，相继出台了一系列关于电子政务的政策文件和专项规划，电子政务发展环境得到优化。云计算、大数据、移动互联网等新一代信息技术广泛应用于电子政务领域，电子政务基础设施建设趋于集约化、高效化，极大满足了电子政务业务全面拓展的需求。随着政府行政体制改革的不断推进，各个地方全面整合服务资源，再造审批流程，搭建统一架构、省市区（县）多级联动的一站式办事大厅，推动政务服务实现在线化。电子政务业务应用深入推进，在完善宏观调控、推进结构性改革、释放市场活力和保持经济平稳增长等方面发挥了重要作用。

第一节　电子政务发展环境持续优化

2016年，习近平总书记对网络安全和信息化工作作出了一系列重要指示，习近平总书记指出，"要以信息化推进国家治理体系和治理能力现代化"。"加快推进电子政务，鼓励各级政府部门打破信息壁垒、提升服务效率，让百姓少跑腿、信息多跑路，解决办事难、办事慢、办事繁的问题"。"加强信息基础设施建设，推动互联网和实体经济深度融合，加快传统产业数字化、智能化，做大做强数字经济，拓展经济发展新空间"。"要深刻认识互联网在国家管理和社会治理中的作用，以推行电子政务、建设新型智慧城市等为抓手，以数据集中和共享为途径，建设全国一体化的国家大数据中心，推进技术融合、业务融合、数据融合，实现跨层级、跨地域、跨系统、跨部门、跨业务的协同管理和服务"。指明了新时期我国电子政务发展的方向和愿景。

各级政府也积极响应国家号召，大力发展电子政务，2016年以来，相继出台了一系列关于电子政务的政策文件和专项规划，电子政务发展环境得到优化。江苏省发布了《"十三五"智慧江苏建设发展规划》，将打造"智慧政务"列为八大关键任务之一，提出要加快数据资源共享开放和综合开发利用、信用信息平台和信用体系建设，全面普及移动政务、智能监管等管理服务模式，推动服务型政府建设和社会治理创新。六安市发布了《六安市"十三五"电子政务发展规划》，提出了"互联网＋511＋N"战略行动计划，通过制度创新、机制创新、技术创新和服务创新，推进全市治理体系和治理能力的现代化，提高整体型政府公共服务能力和数据服务能力。山东省经济和信息化委员会颁布了《山东省电子政务"十三五"发展规划》，提出了完善电子政务集约化体系、统筹电子政务协调发展、推动政务信息资源共享和大数据应用、推动建立政府数据开放机制、全力保障网络信息安全、促进电子政务创新发展的六大主要任务，并确定了省市两级电子政务公共服务云平台建设工程、政务数据开放和应用体系建设工程、山东省扶贫开发平台建设工程、政府决策及智慧监管工程和政府公共服务体系建设工程等五大重点工程。江西省发改委发布了《江西省"十三五"时期电子政务发展规划》，规划提出"十三五"期间，进一步完善全省电子政务顶层设计，建立统一标准规范体系，健全电子政务协调管理机制；发挥大数据和云计算等新技术对政府治理现代化的支撑作用，加快社会建设与政府监管的数字化和智能化，推动构建全业务和全流程的集约化电子政务体系，显著增强省市县政务部门信息服务能力；全面推动电子政务应用系统向云平台迁移，构建健全政务数据共享开放体系，通过应用整合与政务数据共享开放，推动业务协同和政务数据开发利用；建成覆盖经济、民生等重点领域的电子化公共服务体系，逐步提高政府公共服务水平。

第二节　基础设施支撑能力明显增强

统一的电子政务网络体系日趋完善。《"十二五"国家政务信息化工程建设规划》提出基于国家电子政务传输骨干网，建好内网，扩展外网，整合优化已有业务专网，以构建完整统一的国家电子政务网作为建设目标。截至目前，已基本完成国家电子政务外网的建设，电子政务内网正按照国家统一规划和部署积极推进。

电子政务外网方面，随着国家电子政务外网工程建设不断深入和网络覆盖面的持续拓宽，国家电子政务外网已经建设成为我国治国理政的重要公共基础设施，是我国承载业务类型最丰富、覆盖面最广、连接政务部门最多的政务公用网络平台。2016年，全国初步建成统一的国家电子政务外网，横向上接入118个中央单位和14.4万个地方单位，纵向基本覆盖了中央到县的各级政府，为47个全国性业务系统和5000余项地方业务系统提供有效支撑。在国家电子政务外网的基础之上，已基本建成了全国统一的国家数据共享交换平台，超过100个部门，涉及13个行业领域的跨部门共享交换业务已通过或拟通过国家数据共享交换平台实现。其中，山东省级电子政务外网已连接国家电子政务外网，覆盖101个省直部门和17市、全部县（市、区）以及44%的乡（镇、街道办事处）。部分市的社保、低保、扶贫及医疗卫生等事务在电子政务外网的支撑下已将服务延伸到基层。省级电子政务内网已经连接所有省直部门、党委、政协、人大、检察院、法院和市、县级政府。省政府、省直部门以及市、县级政府全部构建了门户网站①。辽宁省电子政务外网已累计接入143个接入节点（接入单位129家）。中卫市建成了覆盖全市各级党委、人大、政府、政协，党委和政府直属部门事业单位，人民法院、人民检察院、各人民团体、行政村（社区）、公益性服务机构的电子政务外网。全市共计接入259个单位、363个行政村（社区），接入率达91%。目前，市本级机关接入电子政务外网电路60条，接入单位136个，其中A、B面双线路24条，电路接入率100%；沙坡头区乡镇以上21个单位均已接入电子政务外网，182个行政村及社区已接入180个，接入率98.9%；中宁县乡镇以上45个单位接入43个，接入率95.5%，75个行政村及社区已接入67个，接入率89.3%；海原县乡镇以上57个单位均已接入电子政务外网，176个行政村及社区已接入116个，接入率65.9%②。

---

① 山东省经济和信息化委员会：《山东省电子政务"十三五"发展规划》，2016年9月7日。

② 《中卫市电子政务外网接入率达91%》，2016年11月4日，见 http：//www.nx.xinhuanet.com/ 2016-11/04/c_1119848368.htm。

电子政务内网方面，由中央办公厅牵头的国家电子政务内网中央网络平台建设项目已经启动，与之配套的国家电子政务内网建设管理办法、发展规划等制度、文件也已经发布。由国务院办公厅牵头的国家电子政务内网政府系统网络建设也已经开始执行，政务内网政府系统网络运维管理办法等配套制度已经发布。国家电子政务内网建设全面加速。

集约化的电子政务基础设施为电子政务发展提供了有力的环境支撑。各地各部门广泛利用云计算技术开展集约化的电子政务云平台建设，对基础设施资源进行整合，既提高了资源利用效率，又增强了对业务应用和政务服务的支撑能力。据统计，目前全国已有 15 个省（区、市）通过"云"实现了机房、存储设备、OA 系统等软硬件资源的集中建设。福建省云计算中心即将建成，将面向政府和社会提供服务。河北省"云上河北"建设取得积极进展，目前已建成政务云、环保云，为省直部门提供统一基础设施和共性应用服务。浙江建设了省市两级架构的电子政务云平台，集中为 49 个省级单位的应用系统提供基础支撑。重庆、山东济南将各委办局业务系统部署在云平台上，使电子政务建设成本降低了 15%—25%。陕西将 95 个省级部门，11 个地市，107 个县的 1233 个业务应用系统和数百个数据库部署在政务云平台上，通过集约化建设，节约了 55% 的建设资金、60% 的运维服务费用。辽宁省电子政务外网利用数据中心资源为省直各部门提供设备托管服务和应用托管服务，目前已累计托管省省直部门的硬件设备 61 台，并通过云技术整合信息化基础设施，以虚拟机的方式为省级政府部门的应用提供技术支撑和保障服务。目前省政务外网已累计部署虚拟机 176 台[①]，为省直部门开展各自的电子政务应用提供了坚实的基础环境和强有力的技术保障，极大地减少了物理资源的使用，确保省政务外网资源的充分利用，促进了政务资源的集约化建设。济南市已经将 50 多个部门机房、支撑平台、通信网络以及运行管理进行统一集中，在市级云平台统一部署实施了 300 多项业务系统以及 10 多项跨部门应用，年节省财政经费 20% 以上。青岛市在市电子政务云平台的基础上部署了 110 多个信息系统，年节约运行维护费约 3000 万元。潍坊市基于电子政务公

---

① 辽宁省信息中心：《辽宁电子政务外网数据中心托管服务量持续增加》，2016 年 12 月 14 日，见 http：//www.sic.gov.cn/News/463/7317.htm。

共平台为 40 多个部门的 60 多个政务信息数据库及业务系统提供了共享共用服务。威海市完成了两大云平台（政务云和公共服务云）的建设工作，支撑了超过 100 个较大的公共服务以及政务服务应用，预计每年可以减少财政预算 2000 万元。临沂、淄博、滨州、菏泽、德州、聊城、东营等市初步建成了市级电子政务的基础支撑环境，应用成效将会逐渐显现。

第三节　"互联网 + 政务服务"成效显著

互联网在社会各领域的渗透和应用越来越广泛，为适应互联网时代经济社会发展需要，很多地区和部门积极利用电子政务推动"放管服"改革措施落地，大力推动政府管理和服务与互联网深度融合，以"互联网 + 政务服务"为依托，构建网上服务与实体大厅服务、线上服务与线下服务相结合的一体化政务服务模式，破解老百姓"办事难""审批难""跑腿多"等"最后一公里"问题。"互联网 + 政府服务"已成为创新政府管理和服务的重要途径。江苏、浙江、福建等省份在企业登记注册领域实现多证合一改革，并逐步扩展到其他政务服务领域，在全国率先实现"一号一窗一网"政务服务，北京、上海、福建等省市开始建设统一的电子证照库，多个省份开始受理外地户籍人口身份证补换业务。宁夏银川市通过 7 轮"瘦身"，将政务审批改革持续向纵深推进，相继推出一站式审批、网上审批、审批改备案、视频勘验等 10 余项创新举措，实现政府职能由管理型向智慧型、服务型、法治型的转变。目前，银川市审批业务全部办理完成的时间从 4080 个工作日减少到 561 个工作日，减幅达 86%，平均提效 75%，其中 50% 的审批事项实现了当场办理；"一表通"办理新模式共减少各类审批申请表格、申报材料 291 个；并通过"移动审批"APP 实现"掌上审批"，足不出户办理社会团体登记备案、司法鉴定机构申请等 242 个网上审批事项的办理，网上（掌上）审批事项占审批业务的 48%[①]。上海市交通执法总队首创推出了交通执法 APP 进行移动执法，

---

① 《智慧政务激发市场活力》，2017 年 2 月 20 日，见 http：//www.e－gov.org.cn/article－162998.html。

结合执法实际需求，与移动互联网嫁接，有效助推上海市移动执法新模式的探索，成为上海市推动"互联网＋"政务建设的一大新举措。该移动执法APP可集合拍摄取证、现场写实、信息查询、案件登录以及勤务调派、监督检查等功能于一体，对进一步强化交通行业监管，规范交通执法行为，提高执法效率具有重要意义①。兰州市提出了"一号"申请、"一窗"受理、"一网"通办的"互联网＋政务服务"工作目标。为了完成这一目标，市发改委明确了主要任务、责任单位和相关工作要求，制订形成了市级政务服务事项目录，涉及48个市直部门（单位）公共服务事项221项，县区公共服务事项541项；开展涉及行政许可事项的电子证照梳理工作，形成了33个市直部门192项行政许可事项所涉及的电子证照目录。目前已完成37个政府部门、事业单位和重点国企数据资源整合入库，其中共享数据资源的单位达到20家，数据量已超过11T，基本满足各单位对数据资源共享的需求②。作为全国商事制度改革先行省份，广东省工商行政管理局建成了全程电子化登记系统，在全省范围内推行"全程电子化办事模式"。通过数字证书或者银行证书的方式进行身份认证及数字签名，申请人实现全程网上填写电子表单，通过系统自动生成标准化的电子表格以及文书，省去纸质文件的扫描上传，避免重复提交资料，实现了一站式受理、标准化审批、全透明服务③。

这些地方和部门的积极探索也为全国"互联网＋政务服务"建设提供了有益经验。国务院办公厅和国家发改委等部门在吸纳地方经验的基础上，先后发布了《推进"互联网＋政务服务"开展信息惠民试点实施方案》和《国务院关于加快推进"互联网＋政务服务"工作的指导意见》，对推进"互联网＋政务服务"进行全面部署，提出了推进路径和实施机制，全国一体化的政务服务体系进入具体实施阶段。

在多渠道服务方面，各级政府开始广泛采用新媒体传播及移动技术，加

---

① 《推动"互联网＋"政务全国首创移动执法APP落地上海》，2016年11月29日，见http：//www.e－gov.org.cn/article－162253.html。
② 李莉：《兰州市将推进一体化网上政务服务平台》，《兰州晚报》2017年2月16日，见http：//www.e－gov.org.cn/article－162985.html。
③ 《"全程电子化办事模式"在广东工商全省范围推行》，2016年12月29日，见http：//www.e－gov.org.cn/article－162563.html。

大民政互动，提升为人民服务的能力。政务微信、政务 APP、政务微博等的应用程度不断提高，与民众之间的互动越来越频繁密切，互动内容更加广泛实用，各种为民服务的创新实践不断涌现，在促进执政方式转变、加强政府信息公开、促进政府与公众交流、提升政府公信力、解决民众实际问题等方面发挥的作用越来越突显，成为连接政府与公众的桥梁与纽带。其中，微博依然是国内规模最大的移动政务平台。截至 2016 年底，我国已开通认证的政务微博达 164522 个。政务机构官方微博有 125098 个，比上一年增长 9%，公务人员微博 39424 个，比上一年增长 5%。2016 年，政务微博共发博 7469 万多条，总阅读量超过 2605 亿次，阅读量超过 100 万的有 1.2 万多条[1]。截至 2016 年 1 月，政务微信公众号超过 5 万个[2]。中山大学发布的《"互联网+政务"报告（2016）：移动政务的现状与未来》显示，全国 70 个大中城市中，已有 69 个城市共计推出政务 APP316 个，可获得下载量信息的 261 个政务 APP，总下载量为 2476.9 万次[3]。

截至 2016 年 6 月，全国有 300 多个城市可通过支付宝、微信等平台提供社保、警务、交通、税务、教育、医疗等各个方面共 50 多类服务。北京、上海、深圳等地发布了在线服务 APP，方便群众通过手机获取政府信息和服务。

第四节　政务应用业务延伸不断深化

为顺应社会发展与政府管理的新形势，2016 年，中央和地方政府部门高度重视电子政务业务应用建设，系统建设快速发展，电子政务应用深入推进，典型应用实践不断涌现，取得较好的经济和社会效益，在完善宏观调控、推进结构性改革、释放市场活力和保持经济平稳增长等方面发挥了重要作用。

在劳动就业、市场监管、社会信用、社会保障、食品药品安全、国民教育、公共安全、医疗卫生、养老服务等关系国计民生大局的重点领域，围绕

---

① 《2016 年人民日报·政务指数微博影响力报告》，人民网舆情监测室、人民日报新媒体中心和微博联合发布。

② 《中国新媒体发展报告》（2016），社会科学文献出版社 2016 年版。

③ 《"互联网+政务"报告（2016）：移动政务的现状与未来》，中山大学，2016 年。

焦点问题与政府工作目标，统筹兼顾，分步实施，在既有成绩基础上扎实推进电子政务建设。根据人社部发布的数据，我国社保卡持卡人数突破 9.09 亿，"十三五"末全国社会保障卡人口覆盖率将达到 90% 以上。国家发改委投资项目在线审批监管平台运转良好，初步实现中央国家机关相关部门 16 个单位在线平台的横向联通，31 个省份、5 个计划单列市、新疆生产建设兵团共 37 个地方部门的纵向贯通。根据国家发改委公布的数据，截至 2016 年 12 月 2 日，互联网网站累计注册用户达 4453 个，累计访问量为 20.1 万人次，中央平台累计登记项目达 1425 个，各地通过校核入库项目总计 37.4 万个。在国务院的指导下，由国家工商总局牵头的国家企业信用信息公示系统建设取得突破性进展，2016 年初确定了北京、上海、天津、重庆、江西、福建、贵州和黑龙江为首批先行建设单位。江西、黑龙江、福建、贵州、上海等省市分别归集了数十个部门的涉企信用数据。目前，江西、黑龙江、福建、贵州、上海和重庆建设的国家企业信用信息公示系统已通过验收，放宽市场准入门槛、加强事中事后监管，企业信用信息统一公示、失信行为联合惩戒的市场监管与服务新模式正在逐步形成。农业部与 10 个省、市人民政府共同启动了 11 个国家级大市场建设，在 6 个省、市开始建设 22 个田头市场示范点。质检总局"智慧质检"工程稳步有序推进，成效逐步显现。交通部全国道路货运车辆公共监管与服务平台推广顺利，已接入 400 多万辆货运汽车，实现了实时监管。

第五节　组织协调和保障措施逐步完善

近年来，各级政府充分认识到电子政务发展的迫切性与重要性，在组织协调机构建设方面，很多部门都成立了信息化（电子政务）工作领导小组及办公室，强化了组织领导，完善了管理机制，明确了职能范围，积极创新管理机制。总体来看，各地电子政务管理机构主要设置在办公厅（室）、网信办、经信委、发改委等部门，基本建立起电子政务支撑机构。省市部门中有超过一半的部门完成了电子政务建设规划或年度计划的编制，县级市政府中近 1/3 的部门完成了电子政务建设规划或年度计划的编制。通过技改资金、上级拨款、专项资金、行政办公费等资金来源方式，各地省市县均成立了各自不同数量的电子政务建设专项资金。近一半的省、副省级城市政府直属部门中配备了专项的电子政务运维经费，超过 1/3 的地市级政府直属部门配备了电子政务运维经费，近 15% 的县级政府直属部门配备了电子政务运维经费。

2016 年，中央网信办发布了《关于建立国家电子政务工作统筹协调机制的意见》，明确了各部门在电子政务工作中的职责分工。2016 年 9 月，全国电子政务工作座谈会在福建召开，相关部门和地方就电子政务发展中的问题交换意见、达成共识，商讨并确立了电子政务未来的工作方向和重点。

在人才保障方面，通过采取各种有效措施，创造有利条件引进人才。公务员整体信息化素质和技能大幅提高，电子政务专业人才队伍不断发展壮大，构建了一支既精于本部门业务管理，又兼具扎实信息化工作经验的人才队伍，大幅增强了电子政务持续健康发展的保障能力。

第十一章　2016 年中国社会信息化发展情况

2016 年，教育、医疗、社会保障、文化等多个社会民生领域纷纷出台与信息化相关的系列政策、规划，为我国社会信息化深入发展提供了有力的政策支持。以智慧校园为代表的教育现代化建设取得丰硕成果，基于互联网的移动医疗实现了预约挂号、查询电子病历、检验检查报告、在线支付等多种医疗服务功能，"互联网 +" 社保的应用为人民群众提供了便捷的、可及的社保服务，网络文学、网络音乐、动漫游戏、网络视频等数字文化产业迅速发展。同时，各地纷纷积极探索运用云计算、大数据等手段创新在线监管模式，取得明显成效。

第一节　信息化推动教育事业跨越式发展

国家密集规划部署教育信息化推动教育现代化。2016 年作为 "十三五" 开局之年，国务院印发《"十三五" 国家信息化规划》等文件，明确提出到 2020 年，基本建成数字教育资源公共服务体系，形成覆盖全国、多级分布、互联互通的数字教育资源云服务体系。同年，教育部也颁布了《教育信息化 "十三五" 规划》，重点规划确定了 "四个提升" 与 "四个拓展" 的任务，再次对教育信息化工作进行全面规划部署。截至 2016 年 3 季度末，全国中小学（除教学点外）中，87.5% 学校实现网络接入，有 279 万间普通教室配备多媒体讲台等教学设备，占普通教室的 74.6%，至少拥有一间多媒体教室的学校达到 82.4%，其中 51.2% 的学校实现多媒体讲台等教学设备全覆盖；学校统一配备的教师终端、学生终端数量分别为 681 万台和 1011 万台，开通网络学习空间的学生、教师分别占全体学生和教师数量的 33.6%、41.8%①。通过互联网、卫星两种途径，优质教育资源共建共享。2016 年 11 月向全国教学点播发了 5 期教学资源，资源总量为 54.9GB。2015—2016 年度"一师一优课、一课一名师"活动平台报名教师已达 469 万名、晒课 432 万堂，共推出省级优课 7.5 万堂。"爱课程"网新增注册用户 7.9 万人、新增 3.5 万人次下载安装客户端；"爱课程"网中国大学 MOOC 移动终端累计下载安装 394 万人次，平台在授课程 1237 门次，新增素材 1.2 万条、新增报名 156 万人次。国家教育资源公共服务平台已开通教师空间 957 万个、学生空间 459 万个、家长空间 361 万个，比上月分别增长 8.9%、7%、5.9%，已实现与 21 个省级平台和 20 个市/县级平台的互联互通，云服务体系服务注册用户 5152 万人；完成了对江西赣州、广西柳州等 13 个试点地区的国家教育资源公共服务平台规模化应用试点地区骨干教师国家级培训，共培训 1684 人②。

2016 年，"智慧校园"被列入教育信息化工作要点，智慧校园的规划与建设在全国全面展开。许多省市在制定"十三五"教育规划时，对智慧校园的建设做出部署和安排。江苏省"十三五"时期将从网络、智能终端、校园环境等多方面重点启动智慧校园建设工程。《北京市"十三五"时期教育改革和发展规划（2016—2020 年）》提出支持各级各类学校建设智慧校园，综合利用互联网、大数据、人工智能和虚拟现实技术探索未来教育新模式③。浙江省确定在所有高校、高中段学校和 80% 的义务教育段学校、60% 的幼儿园建成智慧校园④。重庆市积极抢占教育信息化制高点，将智慧教育列为智慧城市建设的重要内容，纳入全市深化教育领域综合改革范畴，发布了《重庆市智慧校园建设基本指南（试行）》（以下简称《指南》）。该《指南》由总论、框架体系、基础教育建设规范、中职教育建设规范和高等教育建设规范等五

① 2016 年 9 月教育信息化工作月报，2016 年 10 月 25 日，教育部科技司，见 http：//moe. gov. cn/s78/A16/s5886/s6381/201610/t20161025_ 286157. html。

② 2016 年 11 月教育信息化工作月报，2016 年 12 月 28 日，教育部科技司，见 http：//www. moe. gov. cn/s78/A16/s5886/s6381/201612/t20161228_ 293240. html。

③ 《北京市"十三五"时期教育改革和发展规划（2016—2020 年）》，2016 年 9 月，北京市教育委员会，北京市发展和改革委员会，见 http：//zhengwu. beijing. gov. cn/gh/dt/t1457650. htm。

④ 《浙江省教育事业发展"十三五"规划》，2016 年 9 月 14 日，浙江省教育厅，见 http：//www. zjjyzx. com/a/news/education/2016/0920/61765. html。

部分组成，包括基础设施、业务支撑、数据与资源、智慧应用和保障体系等五方面共 902 个指标。日照市把推进教育信息化作为实现教育现代化的突破口，以"智慧校园"建设带动学校教育现代化发展，取得显著成效。该市对全市教育城域网进行扩容升级改造，在全市每所学校建成一个普及型录播教室，实现了城乡学校"同步课堂"。出台了《日照市普通中小学校园网建设指南》，推动 140 所中小学完成校园网升级改造，57 所学校实现"无线网络"覆盖，8 所学校配备智能教学终端设备。制定了《日照市网络教育资源建设意见》，建成了承载本地优质教育教学资源的日照市教育资源公共服务平台，实现国家、省、市数字资源互联互通。目前，市级平台共上传优课 933 节、点播课 1153 节、其他资源 13240 件，有 16230 名师生注册了网络学习空间。滨海县在全县中小学幼儿园推行"智慧教育"，加强"三通两平台"建设与应用。目前，滨海县共有市级"智慧校园"13 所。整合名师、名校资源，开展名师课堂、名校课堂优质资源库建设，优质教学资源"班班通"、网络学习空间"人人通"比例分别达 85% 和 50%，省、市、县教育资源公共服务平台覆盖率、使用率达 85%。实施教育信息化应用能力提升工程，加大中小学信息技术专职教师配备与培训力度，完成教师总数 30% 达 50 学时的专项培训任务，开展中小学校长信息化领导力提升培训。积极探索应用"微课程""翻转课堂"等新型教学模式试点工作，提升教育教学质量[1]。西安市将利用 3 年时间创建市级"智慧校园"示范学校 30 所，全市计划在 2016—2017 年创建市级"智慧校园"示范学校 20 所[2]。

中国在线教育行业继续保持了稳健、高速增长，截至 2016 年 12 月，中国在线教育用户规模达 1.38 亿，较 2015 年底增加 2750 万人，年增长率为 25.0%；在线教育用户使用率为 18.8%，在 2015 年基础上增加 2.7 个百分点。其中，手机在线教育用户规模为 9798 万人，与 2015 年底相比增长 4495 万人，增长率为 84.8%；手机在线教育用户使用率为 14.1%，相比 2015 年底

---

① 《江苏盐城滨海县 8 所学校创城市"智慧校园"》，2017 年 1 月 13 日，见 http://www.ceiea.com/html/201701/201701131056030457.shtml。

② 《我市用 3 年时间创建 30 所市级智慧校园示范学校》，2016 年 2 月 28 日，见 http://www.xa.gov.cn/ptl/def/def/index_1121_6774_ci_trid_2198488.html。

增长 5.5 个百分点①。在线教育重点细分领域中，中小学教育（又称 K12 教育）用户使用率最高，为 53.4%，较 2015 年底提升 15.7 个百分点，用户规模为 7345 万人，年增长率为 76.9%。中小学互联网设施的完善为高清直播课程等在线教学方式提供基础，年轻教师对互联网接受程度高，更容易推广在线教育产品。

第二节　移动医疗改变传统医疗模式

当前，基于互联网的移动医疗实现了健康服务闭环，用户可以借助智能手机、计算机等互联网终端实现预约挂号、查询电子病历、检验检查报告、在线支付等，为广大患者和医务工作者创造了更为便利的就医和工作体验。其中，"医保移动支付"成为 2016 年医院信息化发展中最为瞩目的创新突破之举。2016 年 6 月，深圳人社局宣布 17 家医院正式启动医保移动支付试点工作，深圳成为全国首个开展该试点的城市，并且在 2016 年 7 月底，试点的 17 家医院基本实现医保移动支付。微信在深圳南山 5 家医院试点医保移动缴费服务，至今医保移动支付服务了超过 33 万的深圳市民，省略线下医保挂号、挂号缴费和门诊缴费 3 次排队步骤，可为深圳市民节省 1.1 万小时②。临床工作业务移动化方面，较为突出的是面向医院业务场景的移动工作平台的出现。在 2016 年 7 月 29 日，中国人民解放军第四五四医院成功发布了全国首家医院移动工作平台，通过"云之家 APP"面向全院职工安全开放，为医务工作者、医疗管理者和管理决策者提供了统一的移动工作入口，深度融合医院内部信息系统，与各个信息系统实现无缝对接，移动连接医院所有工作流程，如医患互动、患者管理、移动查房、危机上报、多学科会诊等。在管理决策方面，院长处可以直接查看医院运营数据可视化结果，实现移动审批、移动会议召开、就医反馈等。

---

① 《第 39 次中国互联网络发展状况统计报告》，中国互联网信息中心。
② 《当移动医保支付来临，一些心碎的场景消失了》，2016 年 12 月 6 日，http://mt.sohu.com/20161206/n475100356.shtml。

此外，移动医疗领域受到越来越多企业的青睐。平安银行与平安好医生将在就医协助、健康保险、健康管理等环节进行合作，通过打通支付环节，探索以家庭为单位医疗授信以及个人健康险商保账户的资金增值①。丁香园宣布已完成对领健信息的 A 轮数千万元投资，天使投资机构经纬中国继续跟进。安诺优达基因科技联合"春雨医生"，将移动医疗与精准医疗相结合，以"孕期无创产前 DNA 检测"为主要内容开展合作。银川智慧城市产业发展集团有限公司与"好大夫在线"合作，"好大夫在线"平台将为银川提供全国和国际优质医疗资源，改善银川医改分级诊疗，提高群众就医可及性。华润万东及其子公司万里云与阿里健康签署协议，阿里健康以 2.25 亿元货币资金认购万里云的 25% 股权，旨在通过搭建医学影像大平台，为阿里健康云医院提供线下基层服务。

2016 年底，我国移动医疗健康市场规模预计将会达到 74.2 亿元，用户规模预计将接近 3 亿人。随着移动医疗从 1.0 到 2.0 的转型，中国移动医疗在技术、商业模式等方面将迎来全面升级，移动医疗用户也将享受到行业带来的更大红利②。

第三节　"互联网＋人社"服务模式加速落地

2016 年，随着覆盖城乡居民的社会保障体系基本建成，我国以金保工程为依托，大力推进信息化管理服务平台建设，建成了部、省、市、县、乡（街道）五级贯通、覆盖城乡的信息网络，建成了劳动就业和社会保险两大类业务系统，并在全国大部分统筹地区推广使用，成为开展业务经办管理服务不可或缺的工作手段。各地人社部门以此为基础，加强综合柜员制服务窗口、网上办事平台、官方微信、12333 咨询服务电话、移动服务终端和自助服务一体机等多平台建设，有效提升了服务的可及性和便捷性。同时，以社会保障卡为载体，推行社会保障"一卡通"，加快推进社会保障卡发放和应用。截至11 月底，全国社会保障卡（以下简称社保卡）持卡人数达 9.58 亿人，普及

---

①　《2016Q1 中国移动医疗健康市场监测报告》，艾媒报告。
②　《2016Q2 中国移动医疗健康市场监测报告》，艾媒报告。

率 69.7%，前 11 个月增发 7441 万张，提前完成年度发卡任务；实际发卡城市（含省本级）达 372 个，地市覆盖率 96.4%。继续推进社保卡应用，确定32 个地区作为第一批社保卡综合应用示范基地，启动第二批（64 个地区）社保卡综合应用试点示范工作，预计年底前全国社保卡 102 项应用目录的平均开通率将超过 80%。同时，各地积极推动跨部门用卡，有的地区通过社会保障卡支持挂号、诊疗、住院登记、购药等就医过程的信息服务，实现了就医一卡通；有的地区通过社会保障卡银行账户实现了财政、民政、残联等政府部门各类待遇发放，使社保卡成为了民生卡。

2016 年 11 月，人力资源社会保障部发布了《"互联网＋人社" 2020 行动计划》。该计划由基础能力提升、管理服务创新、社会协作发展三项行动计划组成，包括人社电子档案袋、人社信用体系、就业 D 图、失业预警、网上社保、资格认证、就医一卡通、智能监察等 48 项行动主题，绘制了 "一网一号一卡一库一平台" "单点登录、全网通办" 的智慧人社发展路线图①。目前，"互联网＋人社" 在全国加速落地，全国 21 个省份的 125 个地级市（直辖县）在微信城市服务平台上开设了人社服务入口，其中，广东、福建、广西、贵州、海南、黑龙江和湖南 7 省（区）实现了全省（区）覆盖，所有地级市均开设了入口。深圳、长沙等城市为社会公众提供了更便捷、更轻量的社保服务。如：湖南省搭建起微博、微信等新媒体宣传平台，聚合系统资源，提供掌上人社政策信息咨询服务、宣传。益阳开通了微信公众号 "益阳人社"，并面向人力资源市场搭建起手机微招聘平台；永州以微电影形式，把就业和社会保险等业务经办服务中的政策、流程拍摄成情景短剧开展宣传；常德开展多媒体合作，开设 "人社政策法规百问百答" 宣传专栏，分主题解读政策，推介创业带动就业先进典型。丽水市坚持 "创新、泛连、开放、聚力" 理念，立足 "长远规划、分层设计、分段落实" 发展思路，围绕 "大数据、大平台、大服务" 工作目标，依托 "一张网（人力社保网）、一张卡（社会保障卡）、一个中心（数据中心）"，以百姓需求为导向，积极探索 "互联网＋人社" 公共服务，网络全覆盖、数据全共享、网上线下全包括、服务全过程的信息化

---

① 《打造 "互联网＋人社" 助推政务服务升级》，2017 年 1 月 10 日，见 http：//www. gov. cn/zhengce/2017－01/10/content_ 5158478. htm。

体系初步形成。湖北省孝感市就业局结合自身现有公共就业创业培训业务流程，搭建培训监管信息平台，对学员登记、培训上课、台账管理等业务全过程进行监管。通过学员的照片、身份证、指纹、考勤等信息，确保培训到点到人，同时，所有过程的无纸化线上操作，一键考勤、台账的自动生成，也极大地便利了学员、定点培训机构及就业监管部门，让就业创业培训不仅更加便利，同时也经得起群众检验、政府检查。

第四节　"互联网＋"推动数字文化加速发展

2016 年，网络文学、网络音乐、动漫游戏、网络视频等数字文化产业迅速发展，成为目前群众文化消费的主产品。据文化部文化市场司行业数据监测点统计，2016 年上半年，我国网络文化市场整体营收达 1017.2 亿元。其中，网络游戏市场营收 838.9 亿元，占比 79.7%；网络音乐市场营收 25.4 亿元，网络表演（直播）市场营收 82.6 亿元，网络动漫市场营收 70.3 亿元。同时，网络文化行业保持较高增长速度，网络游戏市场同比增长 24.1%，网络音乐市场同比增长 43.5%，网络动漫市场同比增长 77.1%；网络表演（直播）市场实现井喷式发展，同比增长 209.3%[1]。在网络市场规模不断扩大的同时，文化部等相关行业主管部门也加大了对网络文化市场的监管。文化部相继印发了《文化市场黑名单管理办法》《关于加强网络表演管理工作的通知》等政策文件，进一步规范了网络文化的行为。并加大对虎牙直播、斗鱼、YY、六间房、熊猫 TV、9158 等网络直播平台的监测和查处，开通了国产移动游戏备案"绿色通道"，大幅度提高备案效率，还对移动游戏审查和备案情况进行全面巡查。

此外，全国各地积极建设现代公共文化服务体系，把模式创新和服务效能提升作为建设现代公共文化服务体系的重点，纷纷打造具备地方特色的数字文化平台，在大力提升服务水平同时，更为老百姓提供了更加丰富、更加

---

[1] 周志军：《2016 年上半年中国网络文化市场营收破千亿》，2016 年 8 月 10 日，见 http://gov.163.com/16/0810/14/BU4714JM00237VTB.html。

高端的公共文化产品，取得了一系列的成效。

杭州智慧文化服务平台设立了全民阅读、数字资源、文化活动、市民课堂、文澜文库等栏目，启动村村相接、镇镇相连、城乡互通的智慧文化建设，有效统筹开发各级文化服务机构资源，缩小乡镇与城市间的文化鸿沟，实现各类公共文化资源的联动共享。北京搭建了"文化朝阳"云平台，开设了活动信息、票务资讯、阅读推广、场馆场地、数字资源、交流互动等栏目，平台有针对性地设置了意见建议、反馈、评论、点赞、收藏等多项功能，实现了群众与群众、群众与政府文化部门、群众与优秀文化人才、群众与社会机构间的即时互动。天津滨海区的"文化随行"可及时发布文化信息，推送文化新闻。百姓可通过移动客户端实现随时随地了解文化信息、预约服务、服务评价、活动投票等。通过该平台，文化管理部门可实现公众信息和服务效果等数据的采集，为信息资源中心提供有效数据。佛山的文化e网通，整合公共文化机构和社会力量形成供方资源，将文化产品和服务直接呈现在百姓眼前，开设了文化资讯、文化活动、文化场馆、文化点单、文化众筹、文化枢纽、文化播客、网上图书馆等专栏，实现了文化活动预约报名、文化场馆预订使用、"点单式"服务供给、"众筹式"活动孵化四大创新功能，从以往的单向式供给转变为双向式供需互动，推进了公共文化资源的跨界融合和公共文化服务与管理的创新。文化东营云拥有1800G文化资源、42万余册电子图书、1万余种电子期刊，整合了东营各县区的文化馆、美术馆、图书馆所有的活动预告、群文演出和场馆预定信息，通过电脑、手机等终端，市民能随时随地掌握平台提供的文化资源和信息，实现了公共文化资源的全民共享。洛阳文化云集成全市公共文化服务资源的一站式数字平台，市民可通过电脑、手机等终端访问该平台，快速查询感兴趣的公共文化服务。其充分利用现代化传播手段改进公共文化服务形式，实现了群众需求与服务资源的有效对接。"威海公共文化服务数字化平台"利用现代化的网络技术手段，整合群众艺术馆、图书馆、博物馆、美术馆等公共文化服务场馆的各类资源，打造统一的、随时随地享受公共文化服务的入口，把演出节目、文艺培训、阅览图书、文博展览、美术欣赏、非物质文化遗产等内容搬上网络，逐步实现公共文化资源数字化、服务网络化，让群众能够通过电脑、手机等数字终端网上预定场馆、预约讲座等，享受全天候的实时公共文化服务。

第五节　各地积极构筑食品药品"智慧监管"体系

2016年，全国各级食品监管部门在探索智慧监管体系建设、完善食品安全追溯体系等方面充分运用大数据思维，取得明显成效。各地不断创新食品监管模式，智慧监管纷纷拔地而起。浙江省宁波市试点建立了智慧餐饮监管模式，执法人员在现场检查后，可以直接将检查信息、指导意见输入移动执法终端，数据便可自动上传到餐饮安全监管数据库，餐饮企业负责人只需扫描二维码，就可以在手机终端上看到处罚的照片证据、文字记录等，这种方式大大缩短了时间，提高了监管效能①。四川省成都市以"机器换人、机器助人"的思路，运用大数据技术建立的"智慧食安"系统，增强了食品安全治理全程全域的智能化。江苏省淮安市打造的"食品安全透明共治体系"实现了从蔬菜购买到餐饮制作全过程透明，搭建起政府、企业、群众共同参与食品安全监管的新模式。连州市食药监局在硬件设备上，为一线执法股室、基层所配备移动终端16台、执法记录仪14套，实现监管数据即时上传、共享；在数据更新上，在"智慧食药监"系统上及时上传、更新连州市监管企业数据，完成连州市食药监局的监管网格划分、人员配置，实现监管数字地图上连州市辖区的三级、四级监管网络全覆盖②。宜昌立足于满足食药监管与信息惠民二个需求，面向监管者、生产经营者、消费者三个终端，突出网格化平台、检验检测平台、溯源平台、诚信平台，开发建设支持市县乡三级食药监机构履行职能的全职能、全流程、全区域、全时段的"智慧食药监"系统。目前，该系统与市直公共资源系统及省局等16个系统实现了对接，构建起协同监检技术合作、协同部门配合共治、协同监管人员履职的大协同监管特点。食品安全共同治理从理念、制度跨越到流程化对接时代。台州市市场监督管理局积极探索"智慧监管"项目建设，全面推进移动执法系统建设，全市已

---

① 庞雪：《食品安全监管出"新招"大数据功不可没》，《中国医药报》2017年1月13日。

② 《"四个最严"为统揽严把食品药品安全关》，2017年1月25日，见http：//www.39yst.com/xinwen/459730.shtml。

有 46 万多家经营主体配备了大数据推荐巡查、监管信息实时录入、电子地图标注和现场巡查结果打印等功能，实现了"人海战术"向"智慧监管"的转变。

追溯体系建设日臻完善。建立追溯体系是保障食品安全的重要手段。从全国范围来看，目前已有多地区正在积极建立或已建成食品安全追溯体系。有着"中国酥梨之乡"称号的安徽省砀山县，运用"物联网、云计算、大数据和互联网"技术，将水果生产、流通、销售等环节纳入数字化管理，实现生产可记录、质量可追溯、电商可销售；广东省建立了包括婴幼儿配方食品、食用油、酒类在内的食品安全电子追溯系统，实现了上述食品全程可追溯；贵州省清镇市研发出食品安全数据云平台，监管人员利用手机 APP，就可以随时随地查询食品小作坊生产经营过程信息，对小作坊从原料、生产、销售到消费进行实时动态、可追溯的全过程监管。市民只需在手机上下载一个食品安全云 APP，扫描加工小作坊食品的条形码，该食品的生产日期、检测报告、营养成分就会一目了然。威武凉州区有 5824 家食品生产经营单位加入甘肃省食品安全综合监管平台，食品生产企业、商场超市、批发市场、中型以上餐馆和学校食堂追溯平台加入率达到了 100%，3816 家食品流通单位加入追溯平台，加入率达到 6256 家的 60.1%，餐饮服务单位加入 1902 家，加入率达到 2943 家的 64.6%，小食杂店"电子一票通"索取率达到了 100%，监管人员 100% 可以开展网上巡查，巡查 23600 家。宁夏回族自治区食品药监局开发了以产品生产信息为主线，许可信息为基础，覆盖食品生产全链条的"宁夏生产食品安全追溯系统"，目前，已有 218 家食品生产企业建立食品安全追溯系统，企业按照食品生产批次将信息数据录入系统平台供消费者及监管人员查询，实现了食品信息可查询、食品生产过程可追溯、责任可倒查。

第十二章　2016 年中国农业信息化发展情况

2016 年，农业信息化已然成为我国农业农村发展的重中之重，"互联网 + 农业"新政密集出台，农业信息化的发展环境不断优化。各级农业部门积极将物联网、移动互联网等信息技术运用到农业生产流通的各个环节，实现了农产品生产、流通、加工、储运、销售、服务等环节的互联网化，推动农业全产业链改造升级。农村电子商务发展势头强劲，电子商务进农村工程如火如荼，电商巨头抢滩农村市场"第二战场"。农业信息服务模式不断创新，许多地方以农业信息服务平台为载体，广泛集聚涉农信息服务资源，为农民提供及时、准确、有效的集便民服务、公益服务、电子商务及培训体验服务于一体的综合信息服务。

第一节　国家"互联网 + 农业"新政密集出台

2016 年 1 月 27 日，《关于落实发展新理念加快农业现代化实现全面小康目标的若干意见》即 2016 年中央一号文件发布。这是中央一号文件连续 13 年聚焦"三农"问题。"互联网 +"现代农业成为一号文件的亮点。2016 年，国家出台了多项关于"互联网 + 农业"的政策，鼓励促进"互联网 + 农业"快速发展：1 月 11 日，农业部办公厅印发《农业电子商务试点方案》，提出建设农业生产资料电子商务试点、鲜活农产品电子商务试点以及休闲农业电子商务试点三项内容，旨在通过试点工作，深入探索农业生产资料、农产品和休闲农业等不同类别农业电子商务的发展途径，初步建立农产品电商标准体系、农产品和农资质量安全追溯及监管体系、全程冷链物流配送体系、"基地 + 城市社区"鲜活农产品直配模式、休闲观光农业旅游产品质量监督体系、农资线上销售模式等一系列运营模式以及制度规范，在推动创业创新、发展分享经济、带动贫困地区脱贫、促进农民增收、实现多方共赢等方面获得了积极进展，为推动农业电子商务健康快速发展提供可复制和可推广的做法及经验。3月17日，商务部等六部门印发《全国电子商务物流发展专项规划》，《规划》提出，到2020年，基本形成"功能强大、结构优化、布局完善、服务优质、运作高效"的电商物流体系，标准化、信息化、集约化发展获得重大进展。4月21日，国务院办公厅印发《关于深入实施"互联网＋流通"行动计划的意见》，将深入推进农村电子商务作为《意见》的重要内容之一，从促进农产品网络销售、畅通农产品流通、鼓励电子商务企业拓展农村消费市场以及鼓励邮政企业等各类市场主体整合农村物流资源等方面提出了相关要求。4月22日，农业部联合中央网信办、国家发改委等8部门印发了《"互联网＋"现代农业三年行动实施方案》。《方案》指出，到2018年，农业在线化及数据化取得显著进展，经营网络化与生产智能化迈上新台阶，基本实现管理高效化与服务便捷化，进一步缩小城乡"数字鸿沟"，基本形成"大众创业、万众创新"的良好局面，有力支撑农业现代化水平明显提升。7月4日，商务部发布《关于开展2016年电子商务进农村综合示范工作的通知》，《通知》提出要完善农村物流服务体系、建立农村产品电子商务供应链体系、建立完善农村电子商务公共服务体系等工作任务，并指出了中央财政资金的支持重点。9月1日，农业部正式发布《"十三五"全国农业农村信息化发展规划》，《规划》提出，到2020年，"互联网＋"现代农业建设取得明显成效，农业农村信息化水平明显提高，信息技术与农业生产、管理、经营、服务全面深度融合，信息化成为创新驱动农业现代化发展的先导力量。11月23日，国务院印发《"十三五"脱贫改革攻坚规划》，《规划》提出，努力改善农村电子商务发展环境，强化交通、供销合作、商贸流通、邮政等部门以及快递企业、大型电商信息网络共享衔接，鼓励多站合一、服务同网。加快推进适应电子商务的农产品质量标准体系与可追溯体系建设以及分等分级、包装运输标准制定和应用。这些政策全力推动"互联网＋"现代农业，应用物联网、大数据、移动互联、云计算等现代信息技术，深化现代化农业发展和互联网与"三农"领域的融合发展，推动农业全产业链改造升级。这些对于"互联网＋农业"发展都是重大利好。

第二节　农村电子商务发展势头强劲

2016 年，在政府发力农村电商以及各路电商巨头渠道下沉的双重推动下，农村电商取得了大力发展。我国于 2016 年继续开展了电子商务进农村综合示范工作，确定了云南、四川、贵州、河南、河北、黑龙江等 23 个省份的 240 个电子商务进农村综合示范县。目前，我国已在全国 261 个贫困县开展电子商务进农村综合示范，各地着力推进各项电商进农村示范工程，进展顺利，硕果累累。其中，2016 年，宁夏实现网络销售市场交易额 175 亿元，同比增长 34.3%①。湖北建成 33 个国家和省级电子商务进农村综合示范县，农村网购金额达 70 亿元，农副产品网络销售额 50 亿元②。宁夏目前共有 14 个国家级、3 个自治区级电子商务进农村综合示范县，在全国率先实现电子商务进农村省域全覆盖。双峰县全县电商从业总人数 5000 余人，拥有湖南省电子商务企业 17 家，其中国家级和省级示范电商企业各 1 家，全年网销额突破 15 亿元。339 个农村电商服务站点遍布 16 个乡镇。该县经过探索、实践，由小到大，从零星到规模，已初步探索出了一条具有本地特色的电子商务发展新路径和模式。内蒙古自治区乌兰察布市凉城县已建成 1 个县级电子商务公共服务中心、1 个快递分拨中心、9 个乡镇级服务站和 129 个村级服务点。2016 年，县、乡、村三级网点及电商企业累计线上销售 4000 万元。湖南省江永县已发展电商企业 80 家，创建乡镇电商服务站 81 个，开设农村网店 1500 多个，开发电商产品 30 多个。2015 年，全县电商交易总额达到 13.5 亿元，比 2014 年增长 117.7%，其中以"江永五香"为主的本地特色农产品网销额达到 3.5 亿元。山西武乡县委县政府着力推动电子商务与精准脱贫深度融合，完善措施、健全机制、培育典型，打造品牌，致力供给侧，细化方式，完善机制，取得了良好成效。截至目前，在全县 377 个行政村建设乡村电商服务站 131

---

① 《宁夏实现电子商务进农村全覆盖》，2017 年 2 月 13 日，见 http://news.163.com/17/0213/05/CD4NIBQR00018AOP.html。

② 胡琼瑶、张爱虎：《我省三农多项指标居全国前列》，2017 年 2 月 8 日，见 http://news.cqnews.net/html/2017-02/08/content_40554260.htm。

个，开展电商培训 8547 人次，全县新开办网店微店 562 家，培育出小米、核桃、小杂粮、黑花生等网销品牌，2016 年网上交易额完成 9708.67 万元，其中农产品网上销售 1535.4 万元，电商产业带动 1518 户贫困户 5125 人，人均增收 535 元，促进就业 1900 多人①。甘肃民勤县深化"全国电子商务进农村综合示范县"建设，2016 年新增网店 200 个、累计达到 615 个，农产品网上销售额达到 2.75 亿元、同比增长 150%②。

各级地方政府也加入到了对农村电商扶持的大环境中，纷纷出台各项政策措施或者方案，以推动各自区域的电商发展进入到一个新阶段。2016 年，广东省人民政府办公厅印发了《广东省促进农村电子商务发展实施方案》，旨在统筹推进全省农村电子商务建设，探索实施"互联网＋农村""互联网＋现代农业"战略，形成线上线下融合、农产品进城与农资和消费品下乡双向流通格局，推动农业供给侧改革。黑龙江省人民政府办公厅发布了《黑龙江省加快农村电子商务发展工作方案》，提出了"培育壮大农村电子商务市场主体，完善农村电子商务政策环境，构建线上线下融合、覆盖全程、综合配套、安全高效、便捷实惠的现代农村商品流通和服务网络，扩大农产品、农业生产资料和农村日用消费品线上线下交易"的要求。贵州省政府办公厅近日发布了《贵州省加快农村电子商务发展实施方案》，提出加快推进"贵品系列"公共品牌建设，推进"三品一标"认证，支持特色优势农产品集中出产区建设区域性特色公共品牌，鼓励各类涉农市场主体争创驰名商标，提升贵州农村产品的市场影响力。通海县发布了通海县电子商务进农村实施方案，提出了健全农村电子商务支撑服务体系、完善农村电子商务物流配送体系、推进通海电商人才孵化体系建设、加强品牌培育和质量保障体系建设、扩大电子商务在农村的应用范围、提高农村电子商务应用能力和改善农村电子商务发展环境等工作内容。中共义乌市委办公室和义乌市人民政府办公室联合发布了《义乌市农村电子商务工作实施方案》，提出"十三五"期间，在制定《义乌市"百村电商"建设标准》的基础上，建成 100 个以上电子商务专业村

---

① 《电子商务进农村，助力精准扶贫——汪洋副总理考察山西微商扶贫工作》，2017 年 1 月 16 日，见 http：//finance.sina.com.cn/roll/2017－01－16/doc－ifxzqnva3763529.shtml。

② 《民勤大力发展现代农业》，2017 年 2 月 1 日，见 http：//www.gs.xinhuanet.com/dfwq/wu-weishi/minqinxian/minqinxian/2017－02/10/c_1120443053.htm。

（其中网络销售超 10 亿元的 10 个，超亿元的 20 个，超千万元的 70 个）。同时，打造千万元以上电子商务企业 100 家以上，总年度交易额达 200 亿元以上，农村电子商务经营主体达 1 万个以上，构建农村电子商务服务、城乡物流、农村电商人才培育和农产品电商应用等四大体系。2016 年，阿里巴巴、京东、苏宁等互联网大佬纷纷抢滩农村电商领域，全面铺开农村电子商务战略。农产品网络零售交易额预计达 2200 亿元，与 2015 年相比增长 46%，交易种类特别是鲜活农产品品种日趋丰富。2016 年，全国淘宝村达到 1311 个，淘宝镇达到 135 个；京东推出"一村一品一店"模式，在全国开设县级服务中心 1500 多家，开设京东帮服务店 1500 家，服务范围涉及 42 万个村庄。苏宁易购预计在 5 年以内建成 1 万家农村服务站，2015 年在三、四级乡镇市场建立 1500 家。其中，江苏优质农产品营销网在淘宝及其他电商平台开设超过 40 家地方馆，苏宁易购"中华特色馆·江苏馆"上线 12000 种以上农产品；2015 年脐橙网络博览会期间，赣州市和苏宁云商、京东、顺丰、阿里巴巴等合作，赣南脐橙线上交易额高达 12.84 亿元，翻了近三番；登封市与阿里巴巴集团签订了登封市农村淘宝电商产业园项目。登封市农村淘宝村点建设有 32 个村点已正式开业，并成立了农村淘宝县级服务中心，为农民朋友提供网上代买、网上代卖、快递收发等便民服务。天津市全力推进农产品网络销售全覆盖，实施农产品招商引资及电子商务示范工程，推动社会企业创新农产品电商发展模式，培育扶持了 18 家本地电商示范企业，包括津农宝、食管家、网通电商、优农乐选等，新增 500 多家网上销售农业企业及合作社、800 多种产品，农业经济效益快速增长。天津农产品电子商务发展初具规模，农产品销售呈现线上线下、互促互助的新局面。

第三节 农业生产信息化迈出坚实步伐

2016 年，全国 8 省份相继开展了农业物联网试验示范，推介了产品、技术及应用模式多达 426 项。大田种植方面，大面积开展遥感监测与农机精准作业等应用。设施农业方面，加速推广温室环境自动监测及控制、水肥药智能管理等应用。浙江宁波 2016 年增加 8 个农业物联网示范基地，累计建成 23

个涵盖水果、蔬菜、中药材、畜牧等产业的省农业物联网试验示范基地，投入资金总计4400万元，应用领域涉及视频监控，自动喷微灌等自动控制或远程控制系统，温度、光照、湿度等数据监测，数据查询、统计分析与决策支持，智能物流及农产品溯源等方面。新技术的应用，达到了节肥、节水、增效、省工等的效果。水、电、肥、人工等支出节约4万余元，利润增加将近9万元。河南省确定8个物联网示范平台和14个农业物联网应用示范基地。河南郑州已完成中牟、新郑、荥阳、惠济等县区30多个农业物联网示范基地建设。依托部署在农业生产现场的各种传感器节点（环境温湿度、土壤水分、二氧化碳、视频图像等）和无线通信网络，实时检测、采集、分析作物生长的温度、湿度、光照度、土壤养分等检测参数，完成农业生产环境的智能感知、智能预警、智能决策、智能分析和专家在线指导，为农业生产提供精准化种植、可视化管理、智能化决策的应用系统，实现农业生产的科学性与合理性。江苏省着重采用农业转方式的手段推广应用物联网技术，促进农业生产向标准化、精细化、智能化方向发展。全省规模设施农业物联网技术应用面积占比13%。在苏州，已经有41家生产基地积极运用农业物联网技术，带动农业生产逐步朝智能化方向转变，减少农业劳动力使用成本，提高农业生产效率。赣州在全市现代农业攻坚战考核中加入智慧农业建设这一指标，要求各个县（市、区）必须建立多于1个的物联网应用试点，因势利导推动物联网应用示范。截至目前，赣县国家级现代农业示范区引入托普云农，量身打造农业物联网综合服务平台并成功接入省厅物联网云平台，实现全方位管理、监测该县农业生产。章贡区通过区综治办网格化视频监控系统完成对生猪定点屠宰的全程监控，对生猪屠宰过程的质量安全提供保障，促进生产信息化迈出坚实步伐。沧州在青县司马庄、齐营，肃宁诚誉，献县清新食用菌、沣源蔬菜等合作社，率先推广应用设施蔬菜物联网电脑控制技术，减少化学肥料使用量15%，节水20%，增产10%，实现病害远程监测预警，肥、水、药智能控制。寿宁县下党村将扶贫开发与智慧农业结合起来，开发可视化预定系统和农产品可追溯系统，创建了扶贫定制茶园。通过该项目，每斤茶青从原来的年均价2.4元增加到10元左右，实现茶农收入翻番。海东市加快生产领域信息技术应用，以设施农业等为重点，在种苗培育、水肥控制等农艺环节，在规模化畜禽和水产养殖、设施蔬菜、工厂化育苗等领域，推广农业物联网技术示范应用。天津市搭建了天津农业物联网平台，平台上创立了八大子平台，分别是企业应用平台、公共服务平台、农业电子商务平台、行业示范平台、生产支撑平台、创新研究平台、质量安全追溯平台以及资源集成中心，而打开每一项子平台又可以显示许多内容丰富的子项。截至目前，该平台集成 138 个应用系统，涵盖 17 个领域数据库，移植 44 个行业物联网子平台应用系统，包括种植、畜牧、水产等。该平台已达到世界先进水平，为政府部门、科研院所、企业、生产基地等提供了个性化及公共全方位应用服务①。

第四节　农业信息服务模式不断创新

2016 年，我国积极推进信息进村入户试点工作，引导电信运营商、信息服务商、平台电商及金融服务商等企业加入建设运营，广泛集聚多种涉农信息服务资源，提供集便民服务、公益服务、电子商务及培训体验服务于一体的综合信息服务，试点范围延伸至 26 个省份 116 个县。目前，益农信息社覆盖行政村已达 2.4 万个，开展 1.1 亿人次便民服务，涉及金额达 39 亿元，为全面推开试点积累了宝贵经验、创造了有利条件。

在江苏，绝大多数县、市、区已完成农业综合信息服务平台的建设，农业网站、村级信息服务站、微博微信、惠农短信及热线等信息化服务平台不断完善。为推进信息进村入户工作，江苏省重点建设了一批可持续发展能力强、资源配置好的村级示范社，2016 年出台了益农信息社、农村金融服务站合作共建意见，与包括中国银行在内的多家金融机构联合撬动村级站金融服务功能。在盐城，村级"益农信息社"多达 247 家，不仅数量全省最多，而且与农业银行、中华保险、邮政快递、农村淘宝等企业实现共享资源，建成 65 个"益农信息社—村邮站"合作点，32 个"益农信息社—农村淘宝"合作点，将"益农信息社"打造成为农服务的"万能超市"。在常熟，建立农业专家队伍以及值班制度，及时接听并解答农民的求助问题，将信息进村入

---

① 金慧英：《让现代农业展开信息化双翼》，2017 年 2 月 13 日，见 http：//www. e - gov. org. cn/article - 162963. html。

户与"网上村委会"、便民生活服务平台、农业科技书屋等有效对接，完成了农业信息与医疗、社保、惠农补贴等信息一站式查询。

北京开通的12316农业信息综合服务平台，在全市13个区、400多个乡镇、700多个生产经营主体进行了推广应用，共提供农业信息技术咨询52.8万次，热线推广农业新技术60多项、累计发布各类服务信息26000多万条（次），辐射受众达到1600多万人，直接或间接获得经济效益累计2.8亿元，取得了良好的经济和社会效益[1]。

河南郑州市已初步建立起"市、县有信息服务中心，区域、乡镇有信息服务站，合作社、村组有信息服务点（员）"的农业信息服务体系，并逐渐扩展到农村中介组织、农业生产经营大户、龙头企业以及农民经纪人，带动实现农民增收、农业增效。全市培育信息员3000多名，辐射带动农民20万户。同时，建立手机彩信平台——《郑州农业手机报》，创办《郑州农业》期刊，开通微信平台——《郑州都市农业》，有效推进创新服务模式，提升服务效能。"十二五"期间，编发超过1270期《郑州农业手机报》，接收人次多达40万次，编发45期《郑州农业》。更新2890条微网站，群发800余条微信。全年共发布3962条郑州市农委微博信息，微博粉丝高达54642人。

赣州开通"12316"惠农热线，同时在全市农业系统开通"12316"短信服务平台，组建热线专家团队超过200人，涵盖农村经营管理、市场信息、养殖业、种植业等专业，各级农业系统利用"12316"短信平台发送种养技术、惠农政策、市场行情、病虫情报、灾情预报等信息，为农民、农业企业、种养大户、专业合作社提供有效信息超过60万条。如今，"12316"被当作"农民身边的致富专家"，是各级农业部门信息服务"三农"的最优窗口及手段。此外，赣州进一步推动益农信息社建设，2015年把会昌、安远列入益农信息社试点县，在昌县建成50个村级益农信息社点。2016年在全市推广这一试点经验，建成约200家益农信息社。

甘肃开通了甘肃农业农村综合信息智能化网络服务平台，自该平台正式运行以来，实现了信息服务智能化采集、分类、整合、发布与管理，解决信

---

① 《探索都市型农业信息服务新模式》，2016年3月19日，见http：//news. xinhuanet. com/politics/2016 - 03/19/c_ 128813751. htm。

息资源采集难题，实现农业农村信息智能化自动采集，形成农村智能化网络综合科技信息服务体系。

为维护广大农民合法权益，方便农民群众投诉举报和技术咨询，茶陵县开通"农情110"服务系统，在该县级农业主管部门选定10名专家"开堂坐诊"，并在茶陵县农业局设立农业行政执法、农资打假和农产品质量安全投诉电话和农业政策法规咨询服务电话，以及在各乡镇农技站设立信息咨询服务窗口，急群众之所急。2016年，该县农业专家接待咨询服务（来人来电）200余人次，农技人员现场指导服务、科技示范户对接等500余人次，帮助解决实际问题50余个；受理农资打假和农产品质量安全投诉10余起，联合工商行政管理部门及时处理，为农民挽回直接经济损失10多万元。

在山东临沂农村，通过移动"美丽乡村"综合信息化服务平台，向农民提供农业信息服务，平台涵盖农业专家超过200人以及新型职业农民2000余人。从种植时间、施肥配比以及地膜蒙盖时间等方面，通过智能手机向农民提供"手把手"指导。

上海浦东积极思考惠农服务领域的新办法、新功能，联手市农信公司，以"农民一点通"服务功能为起点，开发"浦东惠农通"微信公众号平台，旨在通过手机号的实名绑定，实现本村新闻资讯的了解、本人涉农补贴的查询、本村"三资"情况的查询、就业平台信息的共享等等，让农民从原先足不出村到现在足不出户，只需通过一部手机，就可以查询农业信息，体验信息服务，真正感受互联网时代下信息服务的快速与便捷。

第五节　"互联网＋农产品质量安全"建设加强

地方各级农业部门及涉农部门充分利用互联网资源，打造农产品质量安全追溯管理平台，全面提高农产品质量安全水平。截至目前，郑州农产品网络监控检测点在农贸、超市、批发、基地的覆盖率已经达到90%。据统计，网络监控点已建和在建共140个，其中农贸市场47个，批发市场9个，超市63个，县区、基地14个，乡镇7个。未来将建设郑州市农产品质量安全追溯体系，实现郑州市蔬菜集中种植区域内47个乡（镇、办）255个行政村农产品质量安全可追溯。现已完成 190 个追溯网点专线架设工作，占总数的 75%，实现全市蔬菜超过 80% 质量安全可追溯。德江积极构建统一的农产品质量安全追溯管理平台，应用一套契合实情的农产品质量安全监管软件系统，涵盖多种子系统与功能模块，如农产品生产加工管理、农产品流通管理、农牧业生产及种植养殖管理、信息交流平台、消费者查询平台等，同时将包装条形码编码系统嵌入其中，授权相关部门与消费者分别开展相应操作及应用。此外，对农产品供应链各个环节完成信息化管理。石狮市全面启用了农资监管平台和农产品质量安全可追溯管理信息平台建设，以进一步提升农产品质量安全监管水平，保障市民"舌尖上的安全"。一方面，通过农资监管平台，开展农药产品入市经销备案审核，确保入市经销农药产品通过平台完成统一登记；另一方面开展平台线上监督检查，进一步强化农药经销动态监控，及时处理农药购销的异常状况，形成农药信息化监管网络。江门市运用云计算、大数据、物联网等技术，构建了集基于 GIS 的农产品农田地理信息系统、农产品质量安全溯源公共服务平台和农资投入品追溯公共服务平台三大功能于一体的"农产品质量安全监管 + 互联网"平台。其中，基于 GIS 的农产品农田地理信息系统实现了对农业生产环境的管控，涵盖农业资源与环境管理、农情、气象、生产布局、环境监测、质量安全监督检测及农作物动态监测模块于一体的应用系统。"农资产品追溯系统"实现了农资投入品的信息化控制。农产品质量安全溯源公共服务平台实现了农产品生产过程信息化监管，优化完善农产品质量安全溯源体系。辽宁省沈阳市运用物联网技术、信息技术以及声讯技术等，搭建农产品质量安全综合监管信息化服务平台，实现农产品"主体责任可溯源、产品流向可追踪、责任主体有备案、生产过程有记录、监管信息可共享、风险隐患可防范、危害程度可评估"，建立了农产品质量安全全过程、多层次、信息化的"智慧监管"模式。沈阳市农产品质量安全综合监管信息化服务平台实现监管功能多样化，重点解决了全程追溯"知得详细"，语音通话"听得明白"，远程视频监控"看得清楚"，检测结果"查得及时"，收贮运无缝链接"管住盲点"，舆情监控"维护社会稳定"，农药备案"把住源头"，培训系统"解决技术推广"，举报投诉"满足个体需求"等实际问题，确保农业部门在各方面起到积极的作用。目前广东省在农产品的质量监管上，从省到市、县、乡镇建立了四级监督网络进行例行检查以及第三方抽检，抽检量一年达到两百多万次。目前，四级监管网络已经实现全覆盖，农产品检测也实现了制度化、规范化。广东省正在惠州、江门、湛江等地试点对农资店进行信息化监管。通过让农民持信息卡记录购买的种子和农药，相关信息通过 POS 机被传送到信息平台，变成可溯源的资料。通过信息化手段推广，真正实现对农民使用肥料、种子进行大数据统计和综合管理，实现对农民使用农药、肥料等方面的监管。哈尔滨市农委拟用 3—5 年时间，建立起以哈尔滨农业云计算综合支撑服务系统、哈尔滨市"互联网＋农业"运营服务中心和"互联网＋农业"综合监管与指挥调度中心为主的"哈尔滨市农业信息化平台"。从而实现农业生产信息化、农业管理信息化、农业经营信息化以及农业服务信息化，全产业链规划，全价值链考虑，融通城乡，达到提升增强政府部门的监管与决策效率及面向"三农"的服务能力、提升强化农业企业生产经营管理能力、提升农民获取知识信息达到科学种养加的能力。广元市朝天区加强农产品质量安全"三入三化、智慧监管"体系建设，并取得初步成效，为全区农产品质量安全的把关增设了一道"慧眼"，提供了安全保障。区农业部门在农产品质量安全检验检测中心和平溪现代农业（蔬菜）示范园区建成两个 3×4×49 英寸监控大平台，对 20 余个农产品经营主体、基地安装 70 余监控点位，将其监控影像数据全时段在线传输；在27 个兽药、农资销售门店安装条码（二维码）扫描销售终端设备，实现农资（兽药）购销情况及购货人头像资料实时记录、在线查询；27 个乡镇监管站和村级协管站配备移动巡检箱，实现监管、协管人员监管任务下达、现场检查等智能化、网格化；四川天冠、广元金田等 25 个农产品生产经营企业 60余个农产品入驻省农产品质量安全追溯系统；25 个乡镇搭建农产品质量安全风险监测数据协作平台，实现省、市、区农产品质量安全监测任务网上下达，区、乡镇监测数据入网运行，风险管理、数据分析自动化。

内蒙古自 2011 年起投资建设农畜产品质量安全追溯信息平台以来，已有70 余家企业入驻追溯系统，录入信息量万余条。平台模块主要包含六大功能，政府监管功能、检测数据采集及分析预警功能、企业生产管理功能、质量安全追溯功能、监督执法功能、农资监管功能。企业按照实际生产情况选择相应生产管理软件进行数据录入，在产品收获后打印出唯一条码，张贴在包装上，用于消费者查询。消费者可通过扫描二维码，或者通过网络查询一维码等方式，对产品生产者、生产档案、生产图投入品等信息进行全面了解[①]。

剑阁县深入完善农产品质量安全信息化监管体系，目前，全县农产品安全信息化监管平台已收录了全县 300 余家农业经营主体，为全县农产品质量安全监管打下了坚实基础。

---

① 《赤峰市：实现农产品追溯信息化，迈向农产品行业信息化》，2016 年 6 月 22 日，见 http：// www. nmagri. gov. cn/zxq/msxxlb/cf/580563. shtml。

第十三章　2016 年中国新型智慧城市发展情况

新型智慧城市是新一代信息技术与城市现代化发展深度融合的产物，也是我国城镇化转型升级的重要途径。2016 年，新型智慧城市建设受到党中央、国务院和各级政府的高度重视，成为优化服务、改善民生、促进信息经济发展的关键抓手。各地在推进新型智慧城市建设的过程中，紧密结合地方实际、突出地方特色，强调大数据、人工智能等先进信息技术与城市发展的融合，将以大数据应用为关键抓手，以数据为核心要素的理念深刻融入新型智慧城市顶层设计、项目建设和运营管理过程中。积极调动企业和社会资源，创新政企合作模式，各类智慧应用项目建设取得显著成效。

第一节　新型智慧城市建设受到空前重视

党中央、国务院对新型智慧城市建设给予了空前重视，把发展新型智慧城市作为让最广大人民群众共享互联网发展成果的重要落脚点。2016 年习近平总书记两次就推进新型智慧城市建设作出指示，4 月 19 日，在全国网络安全和信息化工作座谈会上，习近平总书记讲话指出，要"统筹发展电子政务，构建一体化在线服务平台，分级分类推进新型智慧城市建设"，10 月 9 日，在中央政治局第三十六次集体学习时，习近平总书记再次强调"以推行电子政务、建设新型智慧城市等为抓手，以数据集中和共享为途径，建设全国一体化的国家大数据中心，推进技术融合、业务融合、数据融合，实现跨层级、跨地域、跨系统、跨部门、跨业务的协同管理和服务"。国务院《关于加快推进"互联网＋政务服务"工作的指导意见》将加快新型智慧城市建设作为推进"互联网＋政务服务"的基础支撑，提出："创新应用互联网、物联网、云计算和大数据等技术，加强统筹，注重实效，分级分类推进新型智慧城市建设，打造透明高效的服务型政府。汇聚城市人口、建筑、街道、管网、环境、交通等数据信息，建立大数据辅助决策的城市治理新方式。构建多元普惠的民生信息服务体系，在教育文化、医疗卫生、社会保障等领域，积极发展民生服务智慧应用，向城市居民、农民工及其随迁家属提供更加方便、及时、高效的公共服务。提升电力、燃气、交通、水务、物流等公用基础设施智能化水平，实行精细化运行管理。做好分级分类新型智慧城市试点示范工作，及时评估工作成效，发挥创新引领作用。"[1]《"十三五"国家信息化规划》提出，到2018年，将分级分类建设100个新型示范性智慧城市；到2020年，新型智慧城市建设要取得显著成效，形成无处不在的惠民服务、透明高效的在线政府、融合创新的信息经济、精准精细的城市治理、安全可靠的运行体系[2]。

第二节　优化服务改善民生成为新型智慧城市建设关注的焦点

2016年11月22日，国家发展改革委、中央网信办、国家标准委联合发布《关于组织开展新型智慧城市评价工作务实推动新型智慧城市健康快速发展的通知》，同时下发了《新型智慧城市评价指标（2016年）》。在《新型智慧城市评价指标（2016年）》中提出了惠民服务、精准治理、生态宜居、智能设施、信息资源、网络安全、改革创新、市民体验八大一级指标，其中惠民服务占比37%，生态宜居占比8%，市民体验占比20%，与服务和民生相关的指标占比高达65%，优化服务改善民生成为新型智慧城市评价的主要内容。在惠民服务中，政务、交通、社保、医疗、教育、就业等均被纳入评价体系，成为重要的评价指标。

各地在新型智慧城市建设实践和未来规划中也普遍对优化服务、改善民

---

① 国务院：《国务院关于加快推进"互联网＋政务服务"工作的指导意见》，2016年9月29日，见 http：//www. gov. cn/zhengce/content/2016 –09/29/content_ 5113369. htm。

② 国务院：《国务院关于印发"十三五"国家信息化规划的通知》，2016年12月27日，见 ht-tp：//www. gov. cn/zhengce/content/2016 –12/27/content_ 5153411. htm。

生给予了重点关注。北京市把构建信息惠民体系作为"十三五"期间信息化发展的重要任务，将从政务服务、社区信息服务、农村信息服务和特定人群信息服务等方面推进公共服务便捷化，通过发展智慧教育教学、健康医疗、旅游文化等服务推进民生服务智慧化。2016年，北京市在城六区的30余家社区卫生服务中心试点"家医e站"，首批试点的社区卫生服务中心有150名全科医生对3万名社区签约慢病管理患者开展专病管理，后端有300多名专科专家团队提供远程技术支持；2016年5月，北京市第一个智能急救站落户通州，需要急救服务的市民可通过APP一键获取急救站内的药品、器械，还可一键求助；朝阳区幸福里、西城区大栅栏等社区分别推出了针对老年人的智能穿戴设备和具有多种功能的便携式对讲设备，向老年人提供全天候、实时贴身服务。北京市朝阳区在《朝阳区"十三五"时期信息化发展规划》中将"民生和公共服务更加便捷智慧"作为具体目标之一，将"大力推进智慧社区建设"作为主要任务，提出"依托智慧社区安居工程，推进智慧社区信息化管理体系的建设完善"，"加快对传统老旧社区的智慧化改造，加快便民服务终端网络的统筹和公共服务系统建设，推进社区公共服务综合信息平台建设"。① 上海实现了3000多万市民健康档案的电子化，建成了以市、区两级卫生综合管理平台为主干的卫生信息化应用框架，居民的健康档案信息可动态采集并在联网医疗机构共享；由上海市学习型社会建设与终身教育促进委员会主管，上海开放大学承建的"上海学习网"注册用户超过180万，开设在线课程超过1.5万门。由上海远程教育集团②建设的"上海教育资源库"网站，免费向市民提供从学前教育到高等教育、继续教育覆盖整个教育生命周期的学习资源。《上海市推进智慧城市建设"十三五"规划》部署的第一项任务就是"营造智慧生活，构筑宜居之城"，计划通过智慧城市建设，提升市民的生活品质、满足市民个体发展需求、优化城市的人文环境、改善便捷交通，还将打造智慧社区、智慧农村示范，促进市民服务便捷化、缩小城乡差

---

① 北京市朝阳区发展与改革委员会：《朝阳区"十三五"时期信息化发展规划》，2016年11月24日，见http://fagaiwei.bjchy.gov.cn/2016/1124/2798.html。

② 上海远程教育集团经上海市人民政府批准，于2000年在上海电视大学、上海教育电视台、上海市电化教育馆、上海市电视中等专业学校的基础上组建，由上海市教委领导，是向市民提供远程教育服务的局级事业单位。

距。《天津市智慧城市建设"十三五"规划》将"打造惠民服务便捷贴心的特色城市"作为重要目标，提出"整合公共信息服务资源，深入推进智慧社保、智慧医疗、智慧教育等建设，构建完备的公共信息服务体系。加快发展基于互联网的健康、养老、旅游等新兴服务，不断满足城乡居民日益增长的个性化、多样化需求"①。2016年11月，深圳市原则通过了《深圳市新型智慧城市建设工作方案（2016—2020年）》，该方案把"注重公众体验，推进全程全时的民生服务"作为主要工作任务，提出在公共服务方面将着力建成全市统一的"互联网＋政务服务"体系，基于互联网的智慧化医疗、教育、社保、社区等服务基本涵盖全体市民②。《杭州信息经济智慧应用总体规划（2015—2020年）》将"大力提升智慧公共服务水平"作为总目标之一，并从智慧城市治理、民生服务和环境保护三个方面对智慧公共服务进行了分解，提出了具体的目标和任务。枣庄市的智慧城市发展规划将"打造普惠共享的智慧服务体系，提升在线为民服务效能"作为枣庄智慧城市建设的主要任务，并在智慧城市建设行动计划中提出了"互联网与公共服务融合创新行动"，计划在2019年形成功能丰富、覆盖城乡的市民综合服务平台，教育、医疗、人社、扶贫、社区等公共服务实现与互联网的深度融合，市民卡覆盖率达到90%以上。泸州市在城市创新发展规划的主要任务中提出创新公共服务模式，发展智慧健康养老，鼓励开展网络化教育、优化医疗服务等具体任务。

第三节 促进信息经济发展激发新动能成为新型智慧城市建设的重要方向

当前，我国正面临经济发展新常态，发展信息经济已成为激发新动能，应对新常态的重要抓手，很多城市在智慧城市建设的相关政策规划中，将促进信息经济发展作为一个重要方向，力图通过智慧城市建设带动信息经济发

---

① 天津市工信委：《天津市智慧城市"十三五"规划解读》，2016年11月24日，见http：//www.tjec.gov.cn/fzgh/59586.htm。

② 人民网：《深圳制定新型智慧城市建设目标任务》，2016年11月9日，见http：//sz.people.com.cn/n2/2016/1109/c202846-29277272.html。

展，激发新动能，促进区域经济转型发展。

杭州出台了《杭州信息经济智慧应用总体规划（2015—2020 年)》，将发展智慧产业作为优先任务，规划了包括电子商务、软件与信息服务、文化创意、云计算和大数据、物联网、智慧物流等 12 个重点发展的智慧产业，提出到 2020 年，杭州市信息经济的产业增加值要达到 3805 亿元，规模以上企业主营业务收入规模达到 1 万亿元①。《天津市智慧城市建设"十三五"规划》提出了"打造智慧产业融合创新的先行城市"的目标，提出"壮大云计算、大数据、智能终端等新一代信息技术产业，着力推动信息技术与制造业深度融合，提升制造业数字化、网络化、智能化水平，推动产业智能转型，重点企业信息技术综合集成应用达到 60%"，并将"大力发展信息经济，推动产业智能转型"作为主要任务，要从发展新一代信息技术产业、实施"互联网＋"协同制造、"互联网＋"新兴服务、"互联网＋"现代农业等六个方面入手，切实推动信息经济发展②。《上海市推进智慧城市建设"十三五"规划》将"发展智慧经济，构筑创新之城"作为一项主要任务，提出了"培育分享服务经济""促进信息消费新业态"和"发展智能制造新模式"等具体任务。《北京市"十三五"时期信息化发展规划》将构建融合创新生态作为重点任务，通过促进创业创新、推动产业融合升级和推进信息产业发展提振信息经济。《"十三五"智慧南京发展规划》提出了"智慧产业位列全国第一方阵，到 2020 年，全市软件与信息服务业收入年均增幅超过全国水平 2—3 个百分点"的目标，并在重点任务中提出"发挥融合互动作用，推动智慧产业快速发展"。③ 青岛市将促进"互联网＋"传统产业融合创新和构建创新驱动的现代信息技术产业体系作为"十三五"时期信息化发展的重点任务，提出到 2020 年，青岛市电子信息制造与软件和信息服务业产值超 6000 亿元，形成信息技术产业新高地的目标。

---

① 杭州市经济和信息化委员会：《杭州信息经济智慧应用总体规划（2015—2020 年)》。
② 天津市经济和信息化委员会： 《天津市智慧城市建设"十三五"规划》，见 http: // www. tjec. gov. cn/fzgh/59538. htm。
③ 南京市人民政府： 《"十三五"智慧南京发展规划》，2017 年 2 月 2 日，见 http: // www. nanjing. gov. cn/xxgk/szf/201702/t20170215_ 4363549. html。

第四节　大数据成为新型智慧城市建设的核心要素

随着信息基础设施的不断完善和各类应用的不断深化，新型智慧城市建设开始从强基础、推应用转向以海量数据为特征的新阶段，大数据成为新型智慧城市建设的核心要素。很多城市在新型智慧城市建设实践或规划中强调挖掘数据资源价值、释放数据资源红利，以大数据应用为提升城市智慧化水平的关键抓手，以数据为核心要素的理念深刻融入新型智慧城市顶层设计、项目建设和运营管理过程中。

《宁波市智慧城市发展"十三五"规划》将"建设智慧城市运营中心，形成城市大数据生态体系"作为重点任务，提出"完善信息资源采集机制，加快信息资源整合共享，实施政务数据的社会化利用，支持业务协同和政府决策，加快形成城市大数据生态体系"。《上海市推进智慧城市建设"十三五"规划》将"基本形成广泛汇聚、共享开放、深度应用的数据资源利用体系"作为"十三五"上海智慧城市建设的主要目标之一，将"深化数据资源共享开放，提升智慧城市的信息资源采集和利用能力"作为智慧城市的重要支撑，提出"以提升治理能力、改善民生、经济转型和创新创业为导向，推动数据资源共享开放，促进大数据应用，加快大数据产业发展，提升大数据发展水平和能级"。《北京市"十三五"时期信息化发展规划》以建设新型"智慧北京"为主线，在发展目标中提出到2020年要让北京成为"大数据综合试验区和智慧城市建设示范区"，"大数据基础设施更加完善"，公共数据开放单位超过90%，在城市智能管理方面要"基本形成基于大数据的监测预警和决策支撑体系"，并在基础设施建设、信息惠民、城市智慧管理等主要任务中都强调了大数据的建设和应用。《天津市智慧城市建设"十三五"规划》在智慧政务任务中提出"统筹政务数据资源和社会数据资源，建设全市大数据平台"，还在推进信息惠民、发展信息经济、提升信息基础设施等任务中就大数据基础设施建设、医疗大数据以及大数据产业发展做出了具体规划。《沈阳市智慧城市总体规划（2016—2020年）》明确提出"以释放数据红利为核心，以数据流引领技术流、物质流、资金流、人才流，构建'智基、智心、智脑、智惠、智理、智业、智引’的智慧沈阳体系”。《青岛市信息化“十三五”发展规划》将“推动基于大数据的精细化建设”作为一个重点方向，提出“在生产、流通、分配活动以及经济运行、社会生活、城市治理等各个方面，用数据说话、用数据决策、用数据管理、用数据创新”。杭州“城市数据大脑”运用人工智能技术对城市数据进行深度利用，已经开始在城市交通治理中发挥作用，在杭州市区试验区域，通过对交通大数据进行分析，智能调控红绿灯，车辆通行速度有超过10%的提升。中国电科为深圳、福州、嘉兴等地打造新型智慧城市运营中心，通过城市数据深度挖掘、数据融合和数据价值发现，实现城市智慧治理。一批智慧城市解决方案提供商纷纷探索利用互联网和大数据思维推动智慧城市建设与运营。

第五节　发挥地方特色成为新型智慧城市建设的立足点

各地在推进新型智慧城市建设的实践中，虽然普遍都从固基础、惠民生、抓管理、强经济等角度着手，但在具体目标和措施上，更加注重地方实际情况，力图通过智慧城市发展凸显地方特色、破解本地问题。

上海市紧扣2020年基本建成“四个中心”和社会主义现代化国际大都市、形成具有全球影响力的科技创新中心基本框架的城市发展战略，将智慧城市建设作为推进上海改革开放和创新发展的重要举措，强调激活市场、发挥市场主体的作用，并将目光向全球扩展，提出要成为亚太地区重要的数据交易市场和全球“数据经济”枢纽城市，通过智慧城市建设提升上海在未来信息时代的国际竞争力。北京市牢牢把握当前面临的京津冀协同发展、承办2020年冬奥会以及北京城市副中心建设等重大任务，在规划中提出了京津冀信息化协同发展专项，全面推进与天津、河北在基础设施、信息资源、服务体系上的对接，提出将城市副中心建设成高标准的智慧城市示范区。宁波市在《宁波市智慧城市发展“十三五”规划》中，利用被列入首批国家信息消费试点城市、信息惠民国家试点城市、中欧绿色智慧城市合作试点城市、“智慧浙江”综合试点城市、国家电子商务示范城市等多个试点的机遇和宁波地处东部沿海，拥有我国最大的宁波—舟山港等区位特征，将新型智慧城市建设作为宁波市推进港口经济圈和制造业创新中心、经贸合作交流中心、港航物流服务"一圈三中心"建设战略的抓手，在信息基础设施建设方面，提出完善"海天地"一体化信息基础设施，突出强调了卫星导航基础设施建设和海洋信息基础设施建设，支撑海港、陆港、空港、信息港一体化发展。

第六节　新型智慧城市建设中的政企合作模式不断创新

各地在推进新型智慧城市建设过程中普遍重视发挥企业和社会力量，通过合作模式创新，让企业成为新型智慧城市建设主力军，极大加快了新型智慧城市建设进度。

杭州的"城市数据大脑"项目吸纳了13家企业参与，阿里云提供计算、大数据和人工智能技术，中国移动和中国联通提供网络通信保障，海康威视提供图像视频捕捉能力等，各方企业的技术优势在智慧城市运营中得到有效整合，提高了建设水平和运营水平。上海将"政府引导、企业主体""激活市场、鼓励众创"作为上海新型智慧城市建设的原则，《上海市推进智慧城市建设"十三五"规划》提出在智慧城市建设投融资保障上要"推进PPP（政府与社会资本合作）和政府购买服务等模式的应用，鼓励社会资本和专业机构探索市场化经营，提升智慧城市投资、建设和运营效能。发挥政府产业引导基金的先导作用，有效衔接多层次资本市场及其相关配套服务体系，促进面向智慧城市及相关产业建设的一体化金融服务链的形成"。在智慧城市应用体系建设上，重视激发社会和企业的创新活力，在上海开展的智慧城市建设成果评选中，十大创新应用有四个是民营企业开发运营的，捷停智慧停车、31会议、途虎养车、凹凸共享租车等企业开发和运营的项目切实发挥了信息惠民的积极作用。北京市提出"推动信息基础设施及共性平台集约建设、开放共享，以购买服务和政企合作方式吸引更多市场主体参与，推动公共数据和社会数据融合利用"。南京市计划在"十三五"期间"打造智慧城市政产学研用联盟，通过数据开放、政府采购、设计竞赛等方式，激发创新应用，创造智慧城市技术和市场需求，扩大有效供给"。《沈阳市智慧城市总体规划

（2016—2020 年）》提出要"探索市场化运作的智慧城市建设及运营模式，在公共领域大力推广特许经营、PPP 等模式。积极和国内知名互联网企业、IT 企业和大数据企业合作，通过组建大数据运营公司、研究院、投资基金等，稳步推进项目外包和政府购买服务，形成政府、市场共同参与智慧城市建设的良好局面"。企业的积极参与为新型智慧城市发展注入了创新活力、扩大了资金来源、提升了发展质量，同时也为企业扩大了市场、增加了效益。

第十四章 2016 年中国电子商务发展情况

电子商务是我国经济发展新动能的重要内容，经过多年发展，我国电子商务的整体水平有了显著提高。2016 年，在供给侧结构性改革战略的引导和电子商务发展自身规律的作用下，我国电子商务进入了提质换挡调结构的新阶段，线上企业加速向线下布局，电子商务与其他产业的垂直融合更加紧密，对实体经济的促进作用更加凸显；农村和中西部成为电子商务增长的新空间，为精准扶贫提供了有效途径；电子商务监管的法律法规日趋完善，政府监管和电商平台的自律自查更加严格，市场整体运转更加规范有序。

第一节 在线零售进入提质换挡发展新阶段

2016 年我国在线零售爆发式增长态势开始有所调整，逐步转向稳定、中高速发展。根据商务部发布的数据，2016 年我国在线零售增长率为 26.2%，增速同比下降了 9.5 个百分点，整体增速明显放缓。从网络购物人数增长情况来看，截至 2016 年 12 月底，全国网络购物人数规模为 4.67 亿，占网民总数的 63.8%[①]，网络购物的渗透率已经处于高位。同时，随着监管的进一步收紧，以及市场竞争的日趋激烈，过去依靠低价吸引消费者的竞争方式逐步退出，改善服务、提升体验成为在线零售竞争的主要手段，市场整体发展质量得到优化，在线零售进入提升服务质量、优化市场结构的新阶段。

一是在线零售市场主体进一步优化。随着消费水平的不断升级和主管部门对电子商务监管的日趋严格，B2C 模式的优势逐步增强。2015 年，B2C 占全国在线零售总额的比重就已超过一半，达到 51.2%，2016 年 B2C 占比继续

---

① CNNIC：《第 39 次中国互联网络发展状况统计报告》。

134

扩大，超过 55%。

二是在线零售市场环境得到明显改善。主管部门加强了网络购物的监管力度，电商平台企业也加大了对产品和服务质量的管理。根据中国消费者协会发布的数据，消费者对在线零售的投诉量出现一定幅度的下降。2015 年上半年，全国消协组织共受理远程购物服务投诉案件 11214 件，而 2016 年上半年下降为 8801 件，降幅达 21.5%。

三是优化服务、提升体验成为重要竞争手段。主要的电商平台纷纷发力，通过新技术或新的营销模式来优化服务质量，提升用户体验。2016 年 3 月，阿里巴巴全面启动"Buy +"，成立 VR 实验室，通过虚拟现实提升未来购物体验。2016 年 9 月，京东也发布了自己的 VR 战略，计划成立联盟、创造 VR 电商应用。与此同时，通过网络直播等新颖的方式进行推广也成了很多电商企业的选择，跨境电商波罗蜜、洋码头，国内美妆在线销售平台聚美优品先后在购物 APP 上推出了直播销售应用，手机淘宝也推出了淘宝直播平台，淘宝直播平台还支持"边播边买"，让用户在不退出直播的条件下，直接下单购买，引来用户追捧。

第二节　电商企业开始加速向线下布局

电子商务的快速发展催生了一批电商平台和专攻线上市场的品牌，近年来，随着线上市场竞争的日趋激烈，一些在电子商务发展浪潮中成长起来的线上品牌开始加速向线下扩展，主要的在线零售平台也布局线下，线上线下联动效应愈发凸显。

2016 年 7 月，定位于纯互联网食品品牌的三只松鼠首家线下体验店在安徽芜湖开业。根据该公司的数据，线下体验店首月销售额达到 240 万元，且线下销售毛利润要高出线上销售 10 个百分点。该公司计划 2017 年在全国大规模向线下渗透，开设 100 家实体店。连续数年夺得腌腊肉制品在线销售额第一的线上腌腊肉制品品牌松桂坊，线上销售的增长开始进入平稳期，为了进一步扩大市场影响力和市场规模，该公司将目光投向线下市场。2015 年，松桂坊成立了餐饮管理子公司，利用松桂坊腊肉快餐为消费者提供产品体验。

2015年试水第一家快餐店取得成功后，2016年，该公司新开了22家餐饮店，并计划于2017年走向全国，新开55家体验店。线上服装品牌茵曼的线下布局也取得了非常突出的成绩。2015年茵曼启动了"茵曼＋千城万店"计划，至2016年9月，茵曼已建成实体店近300家。根据该公司的介绍，2017年1月，线下销售额就突破2800万元。知名线上化妆品公司御泥坊也开展了大规模的线下扩展，根据从该公司了解到的数据，御泥坊已开设直营店近20家，加盟专营店5000多家，还进入了屈臣氏在全国的3000多家店铺。当当网第一家线下书店于2016年9月在长沙正式营业，开业当天图书营业额20.56万元，销售10373册，当当网计划在未来三年开设100家实体书店，并将把实体书店打造成线上线下融合的文化综合体。阿里巴巴投资银泰、苏宁、三江购物和百联等零售企业，并提出了"新零售"概念，意图通过向线下布局，打造线上线下融合的新零售体系。京东在推出线下"京东帮服务店"后，于2016年正式宣布要建立基于村镇市场的实体京东家电专卖店，计划至2017年开2万家店、覆盖40万个行政村。随着流量红利可挖掘空间的日趋枯竭，将会有更多的线上品牌往线下布局，走线上线下相互融合、相互促进的发展道路。

第三节　电子商务与其他产业融合更紧密

随着我国生产领域及生产性服务业领域的互联网应用发展不断增速，电子商务与制造业、物流业等相关产业的融合也更加紧密。

在制造业领域，制造业与互联网的深度融合，带动电子商务加速向制造业全流程渗透。在制造企业的上游采购环节，电子商务应用指数2010—2014年从51.7增长至76.83，增长了25.13个点，年均复合增长8.24%。在中间制造环节，制造能力在分享经济新模式下成为制造企业交易的内容，沈阳机床研制了智能互联的i5智能机床，并与神州数码、光大金控等公司合作，推出了按需使用的服务模式，用户购买机床的加工能力，按时间或加工零件的类型、数量计价。在下游销售环节，制造业企业电子商务应用指数从57.15增长至84.64，增长了27.49个点，年均复合增长8.17%。截至2015年底，浙江省工业企业直接开设天猫店 2.04 万家，销售额超过 2000 亿元。江苏很多汽车零部件企业利用天猫、京东等第三方平台开展易损易耗品的网络销售，借助网上整车销售平台，对接个性化需求，开展个性化产品研发，开展整车线上改装等新兴服务模式。一些制造企业根据消费者的信息反馈改进产品设计和生产，积极发展电子商务模式下的需求导向型生产模式。还有的制造企业探索建立在线定制、网络预售、众筹团购等个性化、定制化销售和生产模式，传统的 B2C 运作方式发生重大转变。

在物流业领域，物流服务的在线交易蓬勃发展，物流信息服务平台的交易服务实现了物流服务链信息流、资金流、货物流的"三流合一"。中国（太原）煤炭交易中心公路物流服务平台将煤炭生产企业、贸易企业、物流企业以及消费企业的资源有效对接，提供需求发布、在途管理、资金结算、金融服务、增值服务、运价参考、信用体系、税收服务等全流程物流电商服务。山西焦煤"物流在线"平台整合"线上交易，线下服务，金融支撑，第三方支付"等功能，将焦煤在线交易和物流服务在线交易紧密结合，向客服提供覆盖物贸、物流、结算、跟踪全流程的一体化在线交易服务。货车帮针对货运车辆空载率高，市场上大量存在车找货、货找车的情况，向承运人和货主提供车货匹配和在线交易服务，迅速成长为物流电商领域独角兽企业。

第四节　农村电子商务发展开始提速

农村电子商务政策扶持力度逐步增大。加快农村电商发展受到党中央、国务院高度重视，从 2014 年起，中央一号文件连续 4 年提出发展农村电子商务。2015 年 11 月，国务院办公厅印发《关于促进农村电子商务加快发展的指导意见》，提出"到 2020 年，初步建成统一开放、竞争有序、诚信守法、安全可靠、绿色环保的农村电子商务市场体系"。2017 年中央一号文件《关于深入推进农业供给侧结构性改革加快培育农业农村发展新动能的若干意见》将推进农村电商发展单列，进行了全面部署。为贯彻落实中央一号文件精神，商务部表示将会同有关部门在推动农村电商公共服务体系建设，提升农村产品电子商务发展水平，深化电商精准扶贫等方面推出一系列措施，并加强经验总结和推广。

农村信息基础设施逐步完善。在"宽带中国""'互联网＋'行动""信息进村入户工程"等一系列政策措施的推动下，农村信息基础设施得到了显著改善，目前行政村宽带网接入率已超过90%。按照国务院提出的目标，到2017年底，80%以上的行政村要实现光纤到村，4G网络全面覆盖城市和农村。

农村电子商务潜力巨大，吸引电商积极布局。2016年上半年我国农村网购规模达到3160亿元，预计全年将突破6400亿元，农村网络零售额在全国网络零售额的占比持续提升，2016年上半年已经占到14.14%[①]。除了农村网购，还有1500亿元农产品电商、2800亿元的农资电商规模，农村电商已形成万亿元的大市场。根据《第39次中国互联网网络发展状况统计报告》，我国农村网民在网购、支付、旅游预订类应用上的使用率比城市网民低20%[②]，表明农村电商尚有巨大的流量红利有待挖掘。相比之下城市电商渗透率已近饱和，流量红利已接近枯竭。在政策利好引导、基础设施优化推动、市场空间吸引等多重因素的驱动下，阿里巴巴、京东、苏宁等电商巨头纷纷布局农村。阿里巴巴计划在三至五年内投资100亿元，建立1000个县级服务中心和10万个村级服务站；2016年5月，菜鸟启动"县域智慧物流＋"计划，目前已在全国所有省份落地，覆盖了530个县城，3万个村点，在2017年将覆盖全国三分之二以上的县城。京东农村电商采用县级服务中心和京东帮两种模式进行推广，至2016年初，京东县级服务中心超过1100家，京东帮服务店布局超过1300家，京东乡村推广员人数达15万，服务15万个行政村。苏宁在2016年已建设苏宁易购直营店2000多家，并计划于2020年完成10000个直营店的目标，覆盖全国绝大部分农村市场。2016年9月，顺丰速运与中国供销电子商务股份有限公司签署战略合作协议，在农产品物流服务、县域物流体系、仓储物流建设与管理输出、特色农产品电商销售、农村电商物流能力培训、物流金融服务等方面展开全面合作。

农村电商物流迅猛发展。根据中国物流与采购联合会发布的数据，2016年物流业农村业务量指数平均为191.5点，即农村物流业务量增长速度接近

---

① 中国国际电子商务中心研究院：《中国农村电子商务发展报告》，2016年10月26日。

② CNNIC：《中国互联网网络发展状况统计报告》，2017年1月。

200%，比同期总业务量指数高出 35.4 点，即农村物流业务量增速比总业务量高出 30 个百分点以上。分地区来看，农村业务量指数东部地区 180.1 点、中部地区 209.7 点、西部地区 202.3 点、东北地区 212 点，业务量与 2015 年相比均保持了一倍以上甚至两倍的增速①。

第五节　电子商务成为精准扶贫重要途径

精准扶贫是全面建成小康社会的重要抓手，电子商务为扶持贫困人群创业创新，拉动网络创业和网络消费，推动贫困地区特色产品销售，斩断穷根、摆脱贫困提供了重要机遇。2016 年，国务院扶贫办、国家发改委等 17 个部门联合下发了《关于促进电商精准扶贫的指导意见》，就将电商扶贫纳入脱贫攻坚总体部署和工作体系，实施电商扶贫工程，推动互联网创新成果与扶贫工作深度融合做出了详细部署，提出"到 2020 年在贫困村建设电商扶贫站点 6 万个以上，约占全国贫困村 50% 左右；扶持电商扶贫示范网店 4 万家以上；贫困县农村电商年销售额比 2016 年翻两番以上"的发展目标。

很多地方也就利用电子商务推动贫困人口创业就业，提高贫困人口脱贫致富能力做出了积极探索。据商务部的数据，目前我国移动网购消费增幅最大的 100 个县中有 75% 位于中西部，亿元淘宝县中有 21 个国家级贫困县，电商已成为经济欠发达地区快速发展、弯道超车的重要途径。广东省扶贫开发重点县龙川县推出了"扶贫超市"平台，以互联网连接贫困户、扶贫单位和社会人士，农户通过"扶贫超市"平台直接进行农产品交易，为各帮扶村打开了产业扶贫的突破口。目前该县电子商务产业园已成功建立镇级电商服务站 4 个，村级电商服务站 46 个，举行农村电商培训 62 场次，带动电商就业约 320 人。"扶贫超市"试运行期间，累计受益人次约 300 人次②。甘肃省陇南市武都区就依托网店、带贫企业或村级活动室建立电商扶贫服务点开展了试

---

① 中国物流与采购联合会：《2016 年电商物流运行分析和 2017 年展望》，2017 年 2 月 15 日，见 http：//www.chinawuliu.com.cn/lhhkx/201702/15/319121.shtml？from＝groupmessage。

② 南方日报：《河源龙川开启"互联网＋电商"扶贫模式》，2017 年 3 月 1 日，见 http：//hy.southcn.com/content/2017－03/01/content_166151369.htm。

点，2016 年建成建档立卡贫困村电商扶贫村级服务点 160 个，初步形成"一店（企、社）带多户""一店（企、社）带一村"的电商扶贫模式①。贵州省惠水县好花红镇将农村电子商务培育成新的经济增长点，创建了"好花红电子商务村"，已经形成了覆盖电商主题培育、电商产品开发、电商技术支持、电商物流仓储等环节的电子商务产业链，2016 年，全镇农特产品网络销售额已超过 867 万元②。广西壮族自治区罗成县建成了 67 个贫困村电子商务服务站，通过互联网为农产品打开销路，2016 年产销无公害蔬菜、水果等农产品 1000 多吨，销售额 1000 多万元，带动贫困户脱贫 800 余户③。湖南省绥宁县推进电商扶贫工程，政府投资 260 万元建设了电商创业孵化基地，在 25 个贫困村建立了电商村级服务站，推动当地特色农产品上网销售，目前已整合和开发适合网销的农特产品 70 个品种。四川省遂宁市船山区在全区 33 个贫困村均建设了电商站点，2016 年实现农产品上行 560 余万元，帮助农村贫困户销售农产品 80 余万元，参与项目的贫困户月均增收 1500 元。

第六节　电子商务市场运转更加规范有序

主管部门加大了对电子商务市场的依法监管力度。2016 年 7 月，全国网络交易平台监管服务系统正式上线运行，在 3—5 月的试运行中，各地通过平台共检查 22766 个网店，认定违法网店 8165 个，对存在严重违法行为的网店进行了立案查处④。国家发改委联合中国人民银行、中央网信办等部门发布了《关于全面加强电子商务领域诚信建设的指导意见》，将建立电子商务领域的诚信体系，通过信息共享、联合监管、联合惩戒等方式，加大电子商务领域

---

① 人民网：《武都区建成 160 个村级电商扶贫服务点助农脱贫》，2017 年 3 月 1 日，见 http://gs. people. com. cn/n2/2017/0301/c340281 − 29787284. html。

② 中国日报中文网：《"淘宝村"见闻：电商扶贫点"食"成金》，2017 年 3 月 1 日，见 http://cnews. chinadaily. com. cn/2017 − 03/01/content_ 28390659_ 2. htm。

③ 新华网：《广西罗城打造电商扶贫新模式》，2017 年 1 月 17 日，见 http://www. gx. xinhuanet. com/2017 −01/10/c_ 1120281246. htm。

④ 中国网：《全国网络交易平台监管服务系统七月一日全面上线运行》，2016 年 6 月 30 日，见 http：//finance. china. com. cn/roll/20160630/3792233. shtml。

诚信监管力度。

电子商务监管制度体系正在逐步完善。国家工商总局先后出台了《互联网广告管理暂行办法》《网络购买商品七日无理由退货暂行办法》，针对消费者投诉较多的互联网虚假广告、竞价排名、退货换货等问题进行了详细规范，此外《网络交易违法失信惩戒暂行办法》和《网络交易数据信息报送规定》等系列制度也即将发布实施。此前，《网络交易管理办法》已于2014年发布，商务部制定的《网络零售第三方平台交易规则制定程序规定（试行）》也于2015年正式施行。2016年12月19日，全国人大常委会第25次会议初次审议了《中华人民共和国电子商务法（草案）》（以下简称"草案"），这是我国第一部电商领域的综合性法律。草案对电商交易各主体的权利和义务、电商交易流程、信息保护、征税、物流服务等作出了详细规定。这一系列法律、规章正式出台后，我国电子商务监管的制度体系将基本完善，监管的法律依据将更加充分。

多方协同的监管新模式正在形成。政府主管部门与主要电商平台在电商市场监管方面开展了深入合作。根据阿里巴巴的数据，2016年，阿里巴巴共协助公安机关破获案件469起，抓获涉假嫌疑人880名，捣毁涉假窝点1419个，涉案案值按照正品约30.67亿元；2016年2月至2017年2月，阿里巴巴通过大数据风控体系识别并清退全球购涉假卖家高达3万家。

第十五章 2016年中国信息消费发展情况

2016年，我国信息消费保持高速增长态势，对经济增长带动作用也显著增强。人工智能、虚拟现实、区块链等新兴技术快速演进和融合应用，推动信息消费产品和服务向更泛在、更智能、更交互、更可信方向发展。众创众筹、共享分享等新兴平台的崛起使得共享消费、精准消费等新模式、新形态不断涌现。大数据应用不断融入各行业各领域，催生出数据画像、数据信用、数据营销等新产品、新服务，有效推动了信息消费的发展。信息消费环境不断优化，以信息消费试点示范城市建设为重点，以点及面推动全国信息消费迅速发展，在完善发展环境、加强统筹协调、建设试点项目、推动业态创新、强化宣传培训等方面取得显著进展。

第一节 信息消费市场呈现高速增长

2016年，我国信息消费持续保持高速增长态势，消费层级不断提升，消费结构加速转型，信息消费对经济增长的贡献不断取得新突破。

全年信息消费规模突破3.8万亿元，年均增速高达18%。信息消费成为2016年消费的最大亮点及消费增长的主要推动力，其增速超过社会消费品零售总额的平均增速，并远远超过传统消费的增速。信息消费增长主要表现为两个方面：一是消费电子产品更新换代加速，智能家电、智能手机及与新兴智能硬件相关的产品消费快速增长。2016年我国智能手机销售5.1亿部、智能电视销售3800万台，分别比2011年增长超过4倍和11倍，新兴智能硬件销售规模超过552亿元。二是电子商务、大数据、搜索引擎、云计算、物联网等平台类应用集中爆发，基于移动互联网的信息服务消费高速增长。2016年，随着移动互联网应用不断普及、4G移动电话用户持续增加，我国移动互联网接入流量消费高达93.6亿G，同比增长123.7%。全年月户均移动互联网接入流量为772M，同比增长 98.3%。其中，通过手机上网的流量为 84.2 亿 G，同比增长 124.1%，在总流量中所占的比重达 90.0%①。移动电商交易额从 2013 年的 315 亿元增加到 2016 年的超过万亿元。网络约车日均订单从 2014 年的一百万上升至目前的千万级。微信日发送信息量从 2013 年的 30 亿条增加到目前百亿条。

表 15 - 1　2011—2016 年信息消费规模

年份	2011	2012	2013	2014	2015	2016
信息消费规模（万亿）	1.3	1.7	2.4	2.8	3.2	3.8
信息消费增长率		29%	41%	17%	14.3%	18%
智能手机销量（万部）	1200	2800	4000	4400	4700	5100
智能电视销量（万台）	329	850	2151	3110	3412	3864

资料来源：赛迪智库整理。

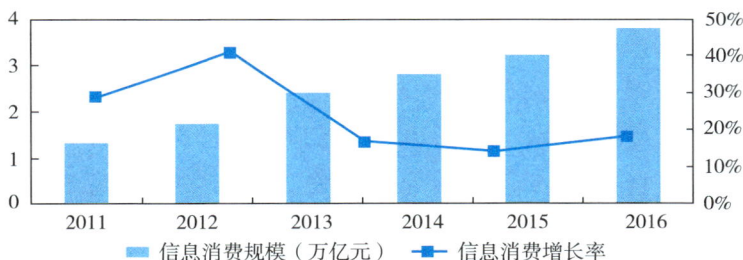

图 15 - 1　2011—2016 年信息消费规模情况

资料来源：赛迪智库整理。

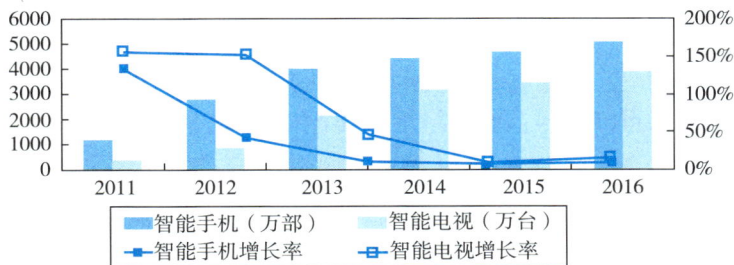

图 15 - 2　2011—2016 年智能手机和智能电视销量

资料来源：赛迪智库整理。

---

①　工信部运行监测协调局：《2016 年通信运营业统计公报》，2017 年 1 月，http://www.miit.gov.cn/n1146312/n1146904/n1648372/c5471508/content.html。

各类信息消费中，信息服务消费起主导作用，成为带动信息消费整体增长的关键动力。2016年全年信息服务消费规模超过2万亿元，同比增长28%，高于信息产品消费增速7个百分点。从对信息消费整体规模的贡献看，信息产品消费对信息消费整体规模增长贡献最高值为2013年的88%。这一趋势在2015年、2016年出现了根本逆转，2015年信息服务消费贡献首次突破50%，2016年信息服务消费贡献持续增长，平均贡献达53%，高出信息产品消费贡献6个百分点。信息消费增长结构变化的原因主要体现在三个方面：一是语音通信服务消费规模增长趋缓，占比逐年下降。2010—2016年语音业务收入占通信服务收入的比重从57.1%下降到25.5%。二是移动用户爆发式增长，带动移动互联网消费快速发展。截至2016年，全国移动电话用户总数达到13.2亿户，用户普及率达96.2部/百人，4G用户数达到7.7亿户，在移动电话用户中的渗透率达到58.2%[1]。三是信息内容和应用服务消费年均增速超过27%，消费规模由2011年的2342亿元增长到2016年的3200亿元，特别是电子商务、网上票务、移动APP、位置服务增长迅猛。2016年预计我国电子商务交易规模达22万亿元，占社会消费品零售总额的比重超过10%。

信息消费正成为带动最终消费整体规模增长的首要动力。2016年，信息消费在最终消费中的比重接近10%，对最终消费整体规模增长的贡献率达到26%。信息消费在最终消费中的比重不断攀升，主要原因表现在：一是信息消费对传统消费替代升级效果明显。例如，电子商务、O2O等对传统零售业的替代，电子图书对传统出版印刷行业的替代、网络约车对传统出租车行业的替代。2016年1—9月，全国社会消费品零售总额238482亿元，同比增长10.4%。商务部重点监测企业网络零售同比增长25.3%，增速较超市、百货店、购物中心相比，分别高出18.5个、24.3个、17.8个百分点。二是居民信息消费意愿强烈，信息消费水平持续提升，2016年我国人均信息消费支出达2763元。

---

[1] 工信部运行监测协调局：《2016年通信运营业统计公报》，2017年1月，http://www.miit.gov.cn/n1146312/n1146904/n1648372/c5471508/content.html。

表 15－2　2011—2016 年信息消费规模及其占最终消费支出的比重

	2011	2012	2013	2014	2015	2016
信息消费支出（万亿）	1.3	1.7	2.4	2.8	3.2	3.8
人均信息消费支出（元）	965	1256	1764	2047	2328	2763
总消费支出（亿元）	241022	271113	300338	328313	359516	383604
信息消费占总消费的比重	5.4%	6.3%	8.0%	8.5%	8.9%	9.9%

资料来源：赛迪智库整理。

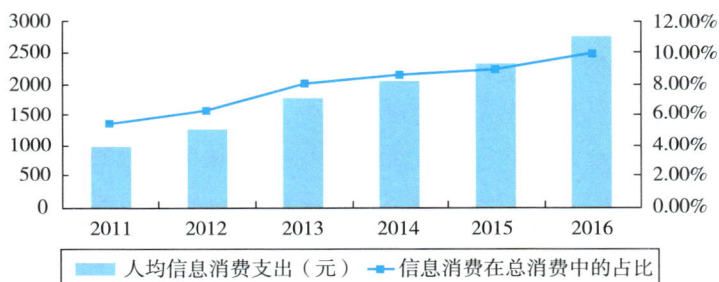

图 15－3　2011—2016 年人均信息消费支出及其占比

资料来源：赛迪智库整理。

信息消费对经济增长的带动作用显著增强。在新增产出效应方面，2016年信息消费拉动新增产出的贡献超过 2 万亿元。在经济增长贡献方面，2011—2015 年信息消费对 GDP 增长的直接贡献率保持在 0.6%—1.2% 之间，除 2013 年有较大波动外，总体呈现上升态势，2016 年全年信息消费对 GDP 增长的直接贡献率将达到 0.83%。信息消费对经济增长的带动作用主要表现在两个方面：一是信息消费牵引信息技术领域大规模投资需求。基础电信固定资产投资规模达 4350 亿元，其中移动通信投资为 2355 亿元。互联网数据中心（IDC）建设步伐加快，2016 年将超过 650 亿元。2016 年 1—2 季度云计算、大数据领域分别获得 6.2 亿美元和 9278 万美元投资，分别比 2015 年同期增长 97.6% 和 33.5%。加上工业领域智能化改造进程加快，引致工业互联网、工业物联网、工控安全系统等领域的投资不断加大。二是信息消费拉动信息产业中间产品快速增长。以电子元器件为例，电子元器件行业整体景气度要高于全行业，业务收入和净利润在近两年均保持增长态势，资料显示，

2016 年前三季度电子元器件增长创新高，172 家上市公司实现营业收入 1.8 万亿元，同比增长 28.95%，实现净利润 125.59 亿元，同比增长 48.72%。预计 2016 年全年电子元器件行业营收和净利润增长将持续向好。

第二节　新兴技术引领信息消费产品和服务加快变革

　　第五代移动通信（5G）、人工智能、虚拟现实、区块链等新兴技术的快速演进和融合应用，释放出巨大的赋能效应，推动信息消费产品和服务向更泛在、更智能、更交互、更可信方向发展。5G 技术实现信息传输从"即时"到"实时"的跃升，增强型通信能力保障了随时随地的社交、购物、娱乐等网络接入服务，超毫秒级传输效率满足了智能制造、无人驾驶等低时延信息处理需求。人工智能赋予机器思考的能力，建立了良性交互的人机关系，实现从辅助消费决策到主导消费决策的转变。虚拟现实营造了现实世界与赛博空间映射交融的沉浸式场景，打造了全方位、立体化、直观生动的消费体验，增强了消费黏性。区块链通过对信息消费的支付、清算和交易流程的重构，塑造了全新的消费信用机制，确保了信息消费的完整性和安全性。

　　新兴技术从专用领域向通用领域的拓展，加快与个人穿戴、家居生活、交通出行等领域集成融合，催生了一大批应用亮点和新型供给，推动了信息产品和服务的迭代升级和创新发展。智能手环、手表、眼镜等可穿戴设备突破手机终端的固有形态，拓宽了用户获取信息的来源及方式。智能家居、服务机器人等促使家居产品实现智能交互功能，为用户带来舒适便捷的家居生活体验。智能网联汽车、智能车载设备在基于位置的出行信息服务支撑下，与智能、绿色、安全的交通出行要求高度契合。智能医疗设备、智能单车、无人机等智能硬件产品和服务正迅速崛起，引爆海量信息消费需求。增强现实技术、虚拟现实的发展促进虚实交融沉浸式场景的实现，同时通过电子商务、娱乐、游戏、搭载视频、本地信息服务等多元化应用，营造立体化和全方位的感官体验及消费服务，激发更多的信息消费潜力。

第三节　信息消费新模式、新形态正在孕育

众创众筹、共享分享等新兴平台的崛起，促使碎片资源实现随时随地随需配置，推动以"大众广泛参与、碎片资源共享、生产消费一体化"为核心价值的共享消费模式广泛普及。海尔 HOPE 众创平台支持、引导消费者积极参与产品的设计及生产，以集众智、汇众力的形式创造、引领产品的消费需求。京东众筹、点名时间等平台通过高效整合并连接碎片化社会资本与创新创意产品开发者，促进开发者产品创意与投资者闲置资金实现双向共享、互动，孕育出一批具有广泛市场前景的新产品、新服务。沈阳 i5 机床拓展了共享装备模式，基于数控机床发展按需租赁，完成同中小制造商、硬件供应商、解决方案提供商、消费者以及设计师的价值共享和分工协作。蚂蚁搬家、小猪短租、途家等共享平台充分利用闲置的房屋资源，深入挖掘旅游短租市场，其增长速度远远超过酒店住宿业的同期水平，产生了积极有效的示范效应。生活服务、成长教育、医疗健康、金融理财、艺术设计等领域涌现出大量的自由职业者，越来越多个体的创新能力、供给能力、消费能力正逐渐被挖掘，深度探索个性化、高端化需求，不断细化和完善信息消费品种。

新一代信息技术环境条件下，企业通过交互平台对市场特征、特定需求、用户习性进行深度挖掘，并运用线上线下融合（O2O）服务体系实现与用户的近距离贴近以及服务的无缝传递，推动消费形态由粗放向个性化精准消费的深层次转变。索菲亚、尚品宅配等家装企业在线上构建定制设计平台，对用户需求进行准确感知和分析，同时在线下不断完善各种交付服务，包括家装设计、产品安装、送货上门、全生命周期维护等，向用户提供制造与服务相结合的一站式消费体验。"发现旅行"集住宿、交通、景区、餐饮等线下旅游资源于一体，基于微信开放平台为用户提供一站式自由行定制服务，包括提前规划行程线路、预订酒店票务等。基于位置信息的智能管家服务可以为用户出游提供完善的服务、指导，极大地改善了用户在途旅游体验感。京东到家针对生鲜食品无法即刻送达的弊端，开展即时采购、即时配送的社区网购服务，联合便利店及社区超市资源，去库存、去仓储，极大增强了用户

黏性。

大数据作为提升新能力、发现新知识、创造新价值的主要来源，已经成为挖掘信息技术潜能、激发数字经济活力的重要渠道。大数据应用不断融入各行业各领域，催生出更多的新服务、新产品、新业态，有效推动了信息消费的发展。在智能可穿戴设备、智能网联汽车以及智能家居的功能开发中，大数据有效推进信息产品及服务实现跨越式创新；在金融、医疗以及电子商务的业务中，大数据完善了以数据画像和数据信用为核心的精准服务，促使新型信息消费服务如精准营销、个人健康管理、信用借贷等焕发活力；在环境保护、交通出行以及社会保障的管理中，大数据推动管理决策形成数据驱动，向社会公众提供具有针对性、个性化的服务。

第四节　信息消费示范城市建设持续完善

2016 年，国家信息消费试点示范城市继续加强组织领导，不断探索新思路、发展新模式，积累了丰富的经验，在完善发展环境、加强统筹协调、推动业态创新等方面取得进展，有力地推动了当地信息消费城市的建设升级。

各地依据具体情况，加大了信息消费工作的协调统筹力度。多个试点示范城市构建了工作领导小组。北京市建立了责任明确、协同配合的四级组织领导体系，形成了以市领导作为牵头统筹的工作体系，市经信委等七部门负责协调落实，各区县组织主管信息消费特色区县的建设，依托企业负责建立信息消费服务平台、服务保障。厦门创立了"创建国家信息消费示范城市领导小组"，由省委常委、市委书记亲自担任小组组长。南京、徐州、苏州、佛山、南宁等多个地市成立市长为组长的信息消费工作领导小组，统筹推进信息消费试点城市建设。

全国主要省、市出台了促进信息消费的方案，各地纷纷颁布相关的政策措施，同时加强组织落实，保障信息消费试点以及相关工作的顺利进行。31个省份全部制定实施了宽带网络建设的指导意见。福建、浙江等 6 个省份制定并组织实施信息经济、"互联网＋"等指导意见和实施方案。南宁、威海、马鞍山等市围绕电子商务、信息资源共享、产品供给等方面出台了多个支持消费发展的指导意见，进一步营造了良好的发展环境。克拉玛依加强社会信用体系建设，通过诚信体系综合管理平台征集企业和个人信用数据近 140 万条，入库数据近 80 万条，可依法提供查询以及出具信用报告服务，参加政府采购招投标的企业均要在"诚信网"进行注册和确认身份，最终由市政府采购中心出具《企业信用报告》。

围绕发展信息消费，各地强化创新意识，实施了适应本地特色的信息消费发展模式和路径。上海着力培育面向个人的信息产品和创新服务，支持发展网络约租车、顺风车、智能公交、智能单车等交通出行新模式，摩拜单车在杨浦、徐汇等区试点打造基于单车共享的城市慢行交通系统深受民众欢迎，快递配送众筹众包模式迅速兴起。江苏着力提升企业级信息消费供给能力，推进大中型企业电子商务普及应用，积极鼓励大中型企业充分利用互联网开展产品购销及各类生产要素资源交易，重点支持大中型企业自建平台在网上购销、供应链管理和服务等环节开展应用；推动钢铁、化工、船舶、医药、有色金属等行业重点龙头企业建设特色交易平台，促进行业特色 B2B 电子交易平台、大宗商品电子交易平台发展壮大。银川着力增强信息消费公共服务能力，依托智慧城市建设，组建行政审批服务局，推行"一站式"审批、网上审批，实现政府审批效率平均提高 75%，500 余事项"一站式"审批；上线运行"移动审批"手机 APP，实现实体政务大厅和网上办事大厅、线上与线下、网上到掌上的多种形式相结合的审批服务方式，极大提升审批效率；推行"一表通"便捷审批模式，对审批申请中须提交的各类表册、材料进行修改、合并、优化，实现 229 个具体审批业务只提交"一张表格"即可办理。成都着力加强电子商务体系建设，鼓励食品、女鞋、家具等传统优势产业发展订单驱动的个性化定制业务，推进电子商务和供应链管理协同发展，建立中药材天地网、1919 酒类直供平台、咕咚网等行业第三方电子商务垂直平台，配套建设菜鸟中国智能骨干网、京东现代服务业产业园、跨境电商公共服务平台系统（含海关、检验检疫监管系统）等电商服务支撑项目，深入推进农村综合示范县（镇、村）、县域农村电子商务基地、农村电子商务综合服务站点建设，实现成都电商用户规模持续扩大、行业应用范围持续拓展，促进了信息消费规模化发展。

加快培育信息消费新热点，在重点区域、重点领域开展信息消费示范工程，建设试点项目。北京、厦门、咸阳、大连等市积极创立新产品、新技术、新业态，开展了电子商务发展、智慧民生、智能信息、产品升级、信息资源开放共享等示范工程。嘉兴创建交通出行示范工程，完善智慧交通综合数据库、综合交通指挥中心、数据交换平台建设，开展市区道路停车收费与诱导服务系统、道路交通拥堵指数发布系统、公共交通信息服务系统建设，推广手机交通软件"禾行通"，发展公众出行的全程全时功能。

各地纷纷将政策支持着力点落实在新一代信息技术产业上，围绕重点产业、重点产品及重点领域发布激励措施，并利用重点项目来拓展信息消费。合肥以可穿戴设备、智能家居、无人驾驶汽车、虚拟现实、3D 打印等新技术、新产品为重点，参与省级信息消费创新产品和体验中心评选，共创建 20 个省级信息消费体验中心，31 个产品获得省级信息消费创新产品称号，对每个获奖产品一次性给予 20 万元奖励补助。武汉抓住集成电路的发展机遇，举全市之力积极培育武汉新芯、高德红外、烽火微电子等企业，正成为我国集成电路产业发展的重镇。

围绕发展信息消费产业、产品、服务等，积极打造创新孵化器、众创空间等"双创"载体，推动创业创新，激发释放信息消费的潜能和活力。成都搭建了"菁蓉汇"创新创业平台，推进"创业天府"云孵化体系建设，汇集了 20913 个创新创业团队和企业、1623 项科技成果等信息资源，技术交易额达 1780 亿元。北京支持成立了众创空间联盟，横向打通众创空间的优质服务资源，纵向打通创新创业的全链条，调动全社会力量支持"双创"发展。大连成立了"大连市众创空间孵化联盟"和市级创业公共实训中心，并推动区政府和企业搭建了各级众创空间、创业孵化基地，对创新型孵化器和创业企业给予引导支持。徐州组织举办"赢在徐州——中国徐州创新创业大赛"，着力打造徐州"双创"的政策高地和品牌特色。

各地以新业态、新技术、新模式为核心，不断加强创新意识，逐步深化改革发展，全力探讨促进信息消费的新机制。苏州创建多元化投融资机制，鼓励苏州市新兴产业创业投资引导基金、苏州市服务业引导基金、各区县财政引导基金及其发起参股的创投基金，国家、江苏省、苏州市联合设立的苏州融联创投基金，重点关注并积极投向信息消费类产品研发和产业化项目；依托国发、元禾、苏高新三个国有创投平台以及各县级市国有创投平台，发起设立信息消费创业投资基金，集中投资信息消费产业领域。北京加快推动国家电子商务示范城市建设，京东、小米等企业率先试点推广电子发票。2015 年 7 月 31 日，全国首张增值税发票系统升级版电子发票在京东总部开出。厦门出台了《厦门市政务信息资源共享管理暂行办法》，制定了《厦门市政务信息共享协同平台接入规范》，加强政务信息的安全管理，破除信息孤岛。

促进信息消费是一项富有开创性与探索性的工作，各地运用多种方式强化宣传、培训，加强信息消费发展的活力。上海持续举办"国际信息消费节"，通过主题展览、高峰论坛、城市互动、创新比赛等形式，邀请国内外产业界专家参与各类主题演讲、专题研讨，搭建互联网企业和产品展销平台，形成上海信息消费品牌效应。北京、成都举办了全国信息消费示范应用城市行活动，展示信息消费的优秀成果，有效推进信息消费优秀解决方案供需双方推介对接，推广可复制的信息消费示范项目。福建省大力开展各类数字家庭体验中心建设，覆盖全省 9 个区市，进行信息产品及解决方案体验和展示。

第五节　信息消费环境不断优化

结合国务院发布《关于深化制造业与互联网融合发展的指导意见》（国发〔2016〕28 号）契机，围绕贯彻落实 32 号文、66 号文，工信部从推动供给侧结构性改革战略层面谋划部署，以信息消费试点示范城市建设为重点，以点及面推动全国信息消费迅速发展。

创新工作机制，全力推动国家信息消费试点市（县、区）建设。一是分两个批次对全国信息消费试点城市进行遴选，对选出的 108 个城市进行项目支持、政策指导、宣传推广，推进试点城市的发展与建设。同时对试点城市进行评估，根据基础设施、产品供给、创新能力、消费环境等方面综合评选出 25 个城市进行示范城市的建设。出台《2016 年国家信息消费示范城市建设指南》，引导示范城市结合本地优势及信息消费试点工作经验深入推进示范建设，进一步强化示范效应和引领带动作用。二是持续与国开行联合支持信息消费重点项目建设。为鼓励和支持国家信息消费试点城市拓宽融资渠道，与国家开发银行签订了《推进信息消费试点城市建设的金融合作协议》，成立了联合工作机制，支撑信息消费试点城市的建设，并在信息产品供给、信息基础设施、公共信息服务、新型信息服务创新等方面遴选出 100 个符合政策且发展前景较好的信息消费重点建设项目拟进行金融支持。截至目前，国开行共发放优惠贷款 2 亿元。三是组织开展信息消费创新应用项目示范。围绕公共服务信息化、数字文化、公共数据开放、电子商务智能物流、智慧家庭、互联网金融以及信息消费环境等领域，在国家信息消费试点市（县、区）范围内遴选出 60 个信息消费创新应用项目，充分发挥示范带动作用，促进各试点城市加快培育信息消费新业态、新模式，有效激发信息消费潜力，形成新的消费增长点。开展成都、上海等地调研，全面掌握信息消费的发展现状以及潜在的问题，摸清信息消费创新实践的路径，为制定完善相关政策提供依据。

推动制造业与互联网融合发展，培育新型信息消费需求。一是落实《两化深度融合创新推进 2016 专项行动》，开展两化融合管理体系贯标，实施两化融合管理对标、评估及诊断；促进企业全面开展两化融合的自诊断、自对标，支持地方工信部门进行试点工作，加快两化融合市场化机制的建立以及两化融合标准体系的完善。二是开展工业云服务创新试点工作，推进生产制造、研发设计、营销服务、测试验证等资源的共享、开放，打造工业云生态系统；在广东、北京等 9 省市开展云计算综合标准化宣贯会；结合第三方测评机构开展云服务能力测评；推动组建云计算开源产业联盟，组织编写《开源产业发展白皮书》。三是贯彻落实《促进大数据发展行动纲要》，与中央网信办及国家发改委等部门共同制定实施《促进大数据发展三年工作方案（2016—2018 年）》，批复建设贵阳·贵安大数据产业集聚区，同意贵州、京津冀、沈阳、内蒙古、珠三角（广东、深圳）、河南等地创建国家大数据综合试验区，推进大数据标准体系的建设。四是组织开展制造业与互联网试点示范工作，支持制造企业开展基于互联网的协同研发、个性化定制、众包设计、在线监控诊断、全生命周期管理等融合新模式，推进工业电子商务的发展。

增强发展活力，释放"大众创业、万众创新"潜能。汇聚各方力量，打造线上、线下互动、专业化与市场化相结合、孵化与投资完美衔接的创新载体，构建新型创业扶持体系，推进"大众创业、万众创新"。一是积极开展大企业尤其是大型制造企业"双创"工作，联合国资委召开全国大企业"双创"典型经验交流电视电话会议，组织撰写《大企业"双创"典型案例集》等成果，在合肥召开的全国大企业"双创"现场交流会上提交相关工作报告，上报国务院后获得李克强总理的肯定。二是加强创业载体建设。鼓励和支持各大型企业建设基于互联网的"双创"平台，开放"双创"平台聚集的各类资源，强化同各类众创空间、创业创新基地开展合作，推动产学研"双创"资源深度整合和开放共享，深化工业云、大数据等技术的集成应用。

强化行业监管，增强信息消费保障的能力。一是努力推动全光纤网络城市及4G网络建设，进一步开展网络宽带降费提速的行动，推动工业互联网创新应用。二是加快推进国产自主可控替代计划，推动5G、高端服务器、操作系统、云存储、量子通信、高性能计算机、移动通信、核心芯片等重点领域关键技术的研发和应用，建立安全可控的信息技术体系。三是提升网络与信息安全监管水平，基本实现手机号实名制登记，定期进行通信网络安全防护检查，开展打击治理互联网恶意服务专项行动，提高网络信息的安全监管能力，强化措施保护用户的个人隐私安全。编撰并实施《工业控制系统信息安全防护指南》，深化信息安全防护措施，提升对工业控制系统信息安全的检测评估和监测预警能力。四是依法加强信息产品和服务的检测和认证。完善了移动智能终端安全能力技术要求和测试方法两项通信行业标准，加强对移动智能终端进网管理，移动互联网应用软件服务平台等第三方安全评估与检测机构逐步开展业务。

第十六章　2016 年中国分享经济发展情况

2016 年，我国分享经济风生水起，新的形式和市场参与者不断涌现，涉及领域由消费服务领域逐渐向生产制造、公共服务领域拓展，有力促进实现经济与社会价值创新。一方面，分享经济彰显社群价值，不仅促进个人 IP 价值大量释放，而且通过二手闲置物品分享等形式创造新兴消费市场。另一方面，分享经济促进经济社会效益多方面提升，在支撑实体经济发展、创造出新型零工经济效益、平衡资源分配、促进社会协作高效运行等方面发挥重要作用。同时应该看到，分享经济也面临法规政策滞后、保障体系建设不完善、新应用受传统行业规则制约、大量低价竞争等亟待解决的难题。

第一节　分享模式正逐步向全行业加速渗透

2016 年，分享经济不断涌现出新的形式和市场参与者，并由消费服务领域逐渐向生产制造、公共服务领域拓展。交通工具分享、资金分享、居住空间分享、家政服务分享、创意分享、众包物流分享、通信设施分享、教育资源分享、饮食制作分享等模式创新不断涌现。旅游资源分享、劳动技能分享、医疗资源分享、工作空间分享、公共设施分享等细分领域创新快速兴起。

面向民生服务、解决"最后一公里"交通难点的小型交通工具分享大潮来临。摩拜单车、ofo 单车、Hellobike、小鸣等品牌纷纷抢占市场。摩拜单车主攻一线大城市，已开通北上广深蓉等地，在 2016 年 9 月底完成了红杉中国、高瓴资本等投资的 1 亿美元的 C 轮融资；ofo 以高校学生用车需求为切入点，首先开通 200 所高校，并逐步拓展城市市场，在 9 月完成了滴滴出行数千万美元的 C1 轮战略投资后，又获得了 C2 轮融资，总计获得 1.3 亿美元的 C 轮融资；后入局的小鸣在上海、广州试点，在 10 月获得了 1 亿元 A 轮融资；Hellobike 目前以准一线或二线为主，投放在苏州、宁波、厦门；骑呗投放在杭州；11 月，野兽骑行宣布完成 1.5 亿元 B 轮融资，并设立独立品牌 Bluegogo（小蓝单车）全面开拓共享单车市场，并优先投放在深圳、广州；优拜只看到了车型，暂不知道投放城市。除此之外，还有小型汽车分享已在市场出现，如首汽新能源汽车分时租赁 Gofun 出行正式上线运营，奔驰旗下分享汽车 car2go 正式进军中国，在重庆投放数百辆 smart 汽车。

旅游分享平台深入发展定制旅游服务。旅游分享平台简化了信息传递、旅游服务需求搜索和交易的中间环节，整合了旅游目的地的闲置资源，供游客进行选择和消费，完成了旅游产品的大规模业余化生产和服务的高效供给。如"发现旅游"集餐饮、住宿、交通、景点等旅游资源于一体，通过微信开放平台形成一站式自由行定制服务，实现旅游线路规划、酒店票务预订及定位智能管家的服务体系，大大提升了用户在途旅游经验的体验。丸子地球为出境游自由行用户提供地接服务，打破全职导游、旅行社控制的服务市场，汇集对当地人文风情更为了解的海外华人资源，以新的形式为中国出境游旅游消费者提供当地私人导游服务。此外，旅游住宿分享平台形成多足鼎力格局，2016 年市场交易规模接近 90 亿元，相比 2015 年交易额增长超过 80%，CR4（Concentration Ratio 4）企业市场份额预计达 70.5%，高集中寡头竞争态势明显。CR4 企业整体交易中，仅途家网就占据了 47.6% 的份额，表明旅游分享住宿行市场集中度较高。竞争中的旅游分享住宿企业在市场定位方面差异显著，如：途家致力于 B2C 及 C2C 房屋度假租赁，Airbnb、木鸟短租、小猪短租、蚂蚁短租专注于 C2C 特色民宿，住百家、一家民宿、大鱼等则深耕境外目的地民宿市场。根据劲旅咨询统计，在线旅游分享平台可分为三大梯队，第一梯队企业为 Airbnb、住百家、小猪、蚂蚁短租以及途家；第二梯队企业为一家民宿、大鱼、一呆网以及木鸟，第三梯队企业为自在客、第六感别墅度假、游天下、安途短租以及去呼呼等。

生产制造业领域正兴起分享经济模式。如航天二院通过云制造平台整合所属 600 余家生产企业的制造资源，通过在线共享及优化配置，解决了空载和过载运行的共存的问题。沈阳机床与神州数码、光大金控等公司合作，实现 i5 智能机床按需使用的服务模式。根据数控机床的按需租赁进行制造能力与时间的分享，实现与消费者、设计师、中小制造商、硬件供应商、解决方案提供商之间分工协作、价值共享。硬蛋科技凭借电子制造业的优势，整合珠江三角洲地区电子产品制造能力，以智能硬件为切入点，运用"硬件＋软件＋云服务"模式为下游客户和企业提供围绕供应链的分享服务，分别在智能家居、机器人生态、智能汽车、大健康医疗、新材料等五大行业建立从生产设计制造、品牌营销、推广销售到融投资的 B2B2C 产业生态。

第二节　分享经济彰显社群价值

分享经济促进个人 IP 价值大量释放。分享平台赋予了每个人平等机遇，特别是创造了大量个人通过知识分享、性格分享、体验分享等途径实现价值变现的机遇，从而催生了各种类型的 IP。IP 价值之所以能够得到共鸣，是因为它体现了一种社群影响力，受到一群具有共同爱好、具有相同价值观的粉丝流量大力追捧，通过载体或具体的事物，依赖社群、互联网的互动平台进行 IP 社交、交互价值与变现盈利。如：在映客、斗鱼、熊猫等直播平台上，孵化出不少"新奇特"的主播，通过直播、交互，有的进行一对一或一对多的内容输出，有的通过线下行为输出，包括图文、语音或私聊等方式，从而实现增值、变现，成为超级的个人 IP。同时，行行、在行、商刻专＋、领路、靠我、问咖、名门等越来越多的互联网交互平台，为更多类型的优质 IP 定制适合他们的场景和用户体验，帮助粉丝更多维度地"感受" IP 的温度，促使他们愿意付费购买 IP 的"知识、价值观或某个行为"，实现精准高效的 IP 社交，形成品牌增值与变现服务，以优质、精准 IP 为核心竞争力的付费经济将成为下一波用户的机遇。如："在行"平台上汇集了各个领域的专业人士，对某一方面、某一特定领域的知识非常精通和了解，有需求的用户可以通过该平台上提出自己想要了解的问题，预约相关领域的行家，进行一对一的面谈，预约行家线下聊天费用约为 200—500 元/小时。

二手闲置物品分享创造新兴消费市场。据第一财经商业数据中心发布的《2016 分享经济发展报告》数据，参照 2013 年美国闲置市场对总零售的渗透率为 0.8% 左右，2016 年我国二手物品闲置市场规模达 1462 亿元，主要集中在鞋服配饰、家居日用品、数码产品、母婴用品、影音家电等领域。二手闲置平台以"分享""共鸣"等为情感纽带，以地理位置、网友兴趣、认知，或价值观认同打造闲置物品交易或分享社区空间，以"社群"连接用户，创造了新兴绿色消费观念，特别是伴随着分享概念成长起来的年轻人，更愿意将分享当成一种生活方式，通过分享闲置物品、旅行、知识等来提升自我在虚拟社群中的价值。从京东、阿里巴巴、58、赶集等行业巨头，到创业平台旧爱、回收宝，以及许多初创新军，相继进军二手闲置市场。如阿里巴巴旗下闲置物品交易平台"闲鱼""拍卖"正式合并，依托其兄弟平台——淘宝，为容易"冲动消费"的淘宝用户设置了一键转卖功能，帮助用户转卖个人淘宝中"已买到物品"，使得转卖物品出手效率更高，"损失"更小；手机数码回收平台"回收宝"获得 A 轮融资 1 亿元左右；闲置物品交易平台"旧爱"获乐视领投的天使轮融资达 3000 万元；百姓网旗下的乐空空、京东的"拍拍二手"以及 58 赶集二手业务独立出来成立的"转转"等都反映了二手闲置物品电商交易市场的爆发性增长。

第三节　分享经济促进经济社会效益多方面提升

分享经济有力支撑实体经济发展。经济效益的提升只是整个经济社会的发展的一部分，一味追求 GDP 的增长未必能实现经济社会的可持续发展。联合国开发计划署曾指出，没有就业机会增加的经济增长、仅使富裕人群受惠以及导致贫富差距扩大的经济增长、缺少民众认同的不稳定经济增长、过度破坏环境和浪费资源的经济增长都是不可取的经济增长模式。分享经济代表了一种全新的可持续的经济社会发展方式，不仅作为新的经济增长点，而且直接令一国制度及社会获益，因此发展分享经济不能唯 GDP 论。在没有纳入经济统计体系的情形下，分享经济短期内可能会制约 GDP 的增长，但也仅仅是原因之一，金融周期、劳动人口减少和贫富分化都会造成影响。从长远来看，分享经济能够实现新技术下经济增长理念的创新，重塑经济发展的价值内涵及衡量标准，改变传统经济发展与社会发展的关系，有利于供给侧改革和实体经济发展结构的优化，是实体经济可持续发展的有力支撑。

分享经济创造出新型零工经济效益。与传统的零工经济体系相比，分享经济不仅可以为企业带来更多的经济效益，而且能够使工薪阶层、失业群体乃至生态环境获益，极大提升了该经济形态发展的社会效益与价值。一是分享经济提高了经济形势严峻时期工薪阶层的收入水平。Airbnb 的研究表明，工薪阶层通过将自己的房屋出租给旅行者，每年可以带来平均约 7350 美元的额外收入，占家庭年收入的 14%。二是分享经济带来了更多的就业机会。根据美国行动论坛研究报告《独立承包商与新兴零工经济》，Uber、Airbnb 所代表的交通、住宿领域的新型零工经济对美国就业起到极大的推动作用。2002—2014 年，美国从事零工经济的人口增长了 8.8%—14.4%，而同一时期总体就业的增长仅为 7.2%；2009—2013 年，仅交通分享行业就为美国创造了 22000 个就业岗位。三是分享经济有效缓解生态环境承载的压力。美国麻省理工学院的研究表明，拼车服务可以减少 55% 的交通拥堵。德国不来梅市通过分享经济每年减少的二氧化碳排放量达 1600 吨。

分享经济利于本土企业加快国际合作。由于市场潜力大、进入门槛低，抢占市场占有率而引发的补贴、优惠大战已经在出行、外卖等行业出现，分享经济领域的竞争愈发激烈。网络经济具有赢家通吃的特点，经过领域内的兼并与收购，中国已出现 16 家估值超过 10 亿美元的分享经济独角兽企业和 30 多家准独角兽企业，垄断现象在出行领域出现端倪。分享经济成为互联网巨头的新角力点，BAT 等企业也已经广泛布局在交通出行、短租住宿、餐饮外卖、二手交易、P2P 网贷、自媒体、教育、专业/个人服务以及众包物流等各个领域。以出行分享领域为例，百度已布局于 Lyft、滴滴出行；而阿里不仅入局这两家出行企业，还投资"接我"云班车；百度则入局 Uber 中国、51 用车、天天用车等企业。国外分享经济企业加快抢占国内市场步伐，力图攫取更大的用户资源。滴滴出行和 Uber 全球将相互持股，成为对方的少数股权股东，形成出行分享行业巨无霸。Airbnb 已与中国宽带产业基金及红杉中国建立合作关系，正式进军中国市场。WeWork 和远洋集团凭借双方在各自领域的优势，采用了合作运营的方式。WeWork 主要提供品牌、设计、数据信息、全球会员网络资源、社区建设和运营支持，远洋集团则负责地产物业、本地化运营和资金支持，双方携手共同推动 WeWork 打入京沪市场。

分享经济在平衡资源分配上发挥重要作用。由于个人和社会禀赋差异，资源分布长期存在不均一性，资本充足是传统经济占据发展优势的关键因素。

随着互联网的发展应用，信息流动逐步畅通，中小型零售活动的买卖双方通过互联网平台进行快速对接，有效地服务了长尾用户，平衡了部分资源的配置。移动互联网的兴起使得随时随地部署剩余资源成为可能，在此基础上衍生出大量基于个人的共享经济，使得富余资源获得更为广泛的调配，基础设施、劳动、时间、技能以及衣食住行均能够通过平台共享服务于缺少资源的用户，也使得原本闲置过剩的资源产生价值。滴滴、Uber、Airbnb、Wework、e家洁、众筹网、猪八戒网等都是分享经济的典型代表，实现了对私家车、出租车、司机、房间（床位）、家政、股权及公益项目、设计等有形或无形资源的共享。未来伴随互联网新一代信息技术的广泛深入，用户和生产需求将被不断挖掘，实现无处不在的资源调配及高效的生产服务。

分享经济促进社会协作高效运行。传统经济的模式以企业为主。关注的核心是生产和服务的规模化、标准化、模式化以及层次化。单个个体则作为企业雇佣者，与消费者产生交易。消费者的交易行为不会对单个个体产生直接的价值，社会化协作生产服务在企业之间发生。与传统经济模式不同，分享经济中的企业仅作为第三方平台的提供者，赚取附加价值，单个个体既是直接生产者，同时也可能成为直接消费者，与平台提供企业为合作伙伴关系，与消费者直接交易同时产生价值，社会化协作生产服务发生在个体与个体之间生。因此，分享经济已经改变了传统经济运行模式，形成了新的网状运作模式。这种模式使得生产者和消费者之间的互动更加频繁，协作更为灵活，价值产生更为高效。随着平台规模的日益增长，生产者与消费者数量的不断增多，大规模社会化协作成为可能，分享经济规模也将大规模增长。

第四节　面向分享经济的监管难题亟待解决

分享模式为经济和社会带来了新的发展机遇，同时也存在一些不可小觑的问题。相关法规政策略显滞后，征信、劳动、知识产权等方面的保障体系建设不完善，难以符合新业态、新模式的发展需要，互联网新应用受到传统行业规则的制约。

法规与监管政策尚不适应分享经济发展需要。与分享经济大规模快速发展相比，法规政策出现一定的滞后性，相关法规迟迟未出台。虽然网约车、拼车服务合法化，但北京、上海等地发布的网络预约出租汽车经营服务管理规定对分享出行进行了严苛管束，整个行业热度持续下降；互联网租房等领域一直游走在灰色地带，对分享经济下的服务运营模式具有极大的不适用性。此外，监管"一刀切"现象极大制约了新业态的发展，市场秩序混乱、税费问题、安全隐患等的确存在，但必须对症下药才能治病，在政策和制度的不断修改完善中最大限度地发挥分享经济的积极作用，"一刀切"只会将新业态的正面力量连带扼杀。

分享模式造成大量低价竞争。分享经济吸引了大量用户、丰富了服务形式与内容，可能对传统线下渠道需求量造成一定的打击。同时，在更大需求量尚未被挖掘的情形下，分享经济加大了服务供给量，导致短时间内供给过剩，一般服务有可能走向低价竞争模式，造成整个实体经济交易规模大量减少。如打车市场存在两种竞争，分别为互联网出行企业与传统出租车公司之间的竞争和互联网出行企业之间的竞争。就互联网出行企业和传统租车公司的竞争而言，互联网出行企业运行成本低则定价低，在正常的市场机制下，传统出租车公司必须降低车费参与价格竞争，传统打车市场交易规模可能因此降低；就互联网出行企业之间的竞争而言，由于进入门槛低以及无排他性的特点，众多互联网出行企业的加入提高了在线打车市场供给，不得不通过降低价格和补贴等方式赢取市场份额，在线租车市场规模也可能因此降低。

限制分享经济发展的因素主要是由征信体系、劳动保障以及知识产权保护等方面的不完善造成的。征信体系方面，征信体系的欠缺导致企业在服务提供者资质的审核方面出现漏洞，比如，租车市场很容易被不法分子所利用进而导致犯罪滋生。劳动保障方面，分享模式中平台提供者与服务提供者的关系如何界定，服务提供者是否在劳动保障范畴之内，这些问题都需要确定以防止群体诉讼事件的发生。知识产权保护方面，知识、技术、创意等方面的分享也需要明确产权所属，以保护创新的延续性。

政策篇

第十七章　2016年国家信息化发展政策环境

科学、有效的政策体系是信息化健康可持续发展的重要保障，党中央、国务院和国家信息化主管部门一直高度重视信息化发展政策环境建设。2016年，在把握信息技术和经济社会信息化发展趋势的基础上，国家围绕网络安全、基础设施、信息资源、信息技术、信息技术应用等领域相继发布了一批重要的法律法规、标准规范、发展规划等政策文件，信息化发展的政策环境得到进一步优化。

第一节　网络安全

网络安全一直是我国网信事业发展的核心要务。习近平总书记多次强调保障网络安全的重要性，就维护我国网络空间主权、打造清朗网络空间、维护网络安全提出了一系列具体要求。2016年4月19日，习近平总书记在全国网络安全和信息化工作座谈会上指出，安全是发展的前提，发展是安全的保障，安全和发展要同步推进。10月9日，在中央政治局第三十六次集体学习时，他再次提到网络安全问题，指出要加快增强网络空间安全防御能力，要理直气壮维护我国网络空间主权。2016年，国家发布的信息化相关政策都对网络安全问题给予了高度重视。2016年4月14日发布的《推进"互联网＋政务服务"开展信息惠民试点实施方案》提出，要"落实国家信息安全等级保护制度要求，加强数据安全管理"，"采取必要的管理和技术手段，切实保护国家信息安全及公民个人隐私。"《国家信息化发展战略纲要》（以下简称《纲要》）用一个完整的小节就维护网络空间安全的战略进行了详细阐述。《纲要》提出，要"树立正确的网络安全观，坚持积极防御、有效应对，增强网络安全防御能力和威慑能力，切实维护国家网络空间主权、安全、发展利益"。《"十三五"国家信息化规划》把"坚持安全与发展并重"作为基本原则，把"关键信息基础设施得到有效防护，网络安全保障能力显著提升"作为"十三五"国家信息化发展的一项重要目标，将"防范安全风险，夯实发展新基石"作为主攻方向，并将"健全网络安全保障体系"作为一项重大任务，部署了"网络安全监测预警和应急处置工程"。2016年8月12日，中央网信办发布《关于加强国家网络安全标准化工作的若干意见》，提出"深化标准化工作改革，构建统一权威、科学高效的网络安全标准体系和标准化工作机制，支撑网络安全和信息化发展"。2016年9月25日发布的《国务院关于加快推进"互联网＋政务服务"工作的指导意见》提出："按照国家信息安全等级保护制度要求，加强各级政府网站信息安全建设，健全'互联网＋政务服务'安全保障体系。"

在行业网络信息安全保障方面，《国务院关于深化制造业与互联网融合发展的指导意见》提出要实施工业控制系统安全保障能力提升工程，制定政策法规，健全标准体系，建立风险信息采集汇总和分析通报机制，组织开展安全检查和风险评估，以提升工业信息系统安全。2016年10月19日，工业和信息化部印发《工业控制系统信息安全防护指南》，这是工业控制系统领域的专项安全防护指导性文件，旨在提升工业企业工业控制系统信息安全防护水平，保障工业控制系统安全。《"十三五"全国农业农村信息化发展规划》对农业农村信息系统网络安全保障能力建设进行了规划，从农业系统关键信息基础设施安全保障、重要信息系统和数据资源安全保护、网络信息安全设备和安全产品配备、增强网络安全防御能力等方面提出了具体任务。《"互联网＋"高效物流实施意见》提出要"按照国家网络和信息安全等级保护制度要求，加强'互联网＋'高效物流重要信息系统的安全保障"，切实维护网络和数据安全。

2016年11月7日，《中华人民共和国网络安全法》（以下简称《网络安全法》）正式发布，该法一经发布就引起各方广泛关注。《网络安全法》全文共七章七十九条，确立了网络空间主权的原则，明确了政府各部门的监管职责和网络空间各参与者的安全义务和责任，对网络运行安全、网络信息安全和预警监测与应急处置进行了详细规定，建立了关键信息基础设施安全保护制度，进一步完善了个人信息保护规则。《网络安全法》是我国第一部全面规范网络安全问题的国家法律，是依法治网、化解网络风险的法律重器，也是让互联网在法治轨道上健康运行的重要保障，对依法维护网络安全具有十分重要的里程碑意义。

第二节　基础设施

基础设施既是信息化发展的基本前提，也是信息化建设的重要内容。我国一直非常重视信息基础设施建设，近年来，先后启动了"宽带中国""网络强国"等重大战略，就加快信息基础设施建设部署了大量工作，也取得了非常显著的成效，全光网、4G 无线宽带等高速网络基础设施覆盖率大幅提升。

2016 年 12 月，国家发改委和工信部联合发布《信息基础设施重大工程建设三年行动方案》，就未来三年我国信息基础设施重大工程作出了具体部署。《方案》以"到 2018 基本建成覆盖城乡、服务便捷、高速畅通、技术先进、安全可控的宽带网络基础设施"为总目标，提出了"完善新一代高速光纤网络、加快建设先进移动宽带网、积极构建全球化网络设施、强化应用支撑能力建设"4 项重点任务，到 2018 年要实现高速光线网络建设"新增干线光缆9 万公里，新增光纤到户端口 2 亿个，城镇地区实现光网覆盖，提供 1000 兆比特每秒以上接入服务能力，大中城市家庭宽带用户提供 100 兆比特每秒以上灵活选择，行政村通光纤比例由 75% 提升到 90%"；先进移动宽带网"新增 4G 基站 200 万个，实现乡镇及人口密集的行政村 4G 网络全面深度覆盖，移动宽带用户普及率超过 75%"；全球化网络设施方面，"我国国际陆海缆通达方向和带宽容量大幅增加；海外 POP 点新增 40 个，总数达到 120 个"；应用基础设施"初步形成技术先进、结构合理、规模适度、绿色集约的数据中心新格局；CDN 网络延伸到所有地级市；互联网应用广泛支持 IPv6 协议"。为了保障任务目标的实现，未来三年将重点推进信息基础设施建设项目 92 项，涉及总投资 9022 亿元。2016 年 12 月，国家发改委还印发了《国家发展改革委办公厅关于组织实施 2017 年新一代信息基础设施建设工程和"互联网＋"重大工程的通知》，计划在 2017 年组织实施新一代信息基础设施建设工程和"互联网＋"重大工程。在"新一代信息基础设施建设工程"中，提出了"'百兆'乡村示范工程""农村宽带覆盖新技术应用示范工程"和"'宽带乡村'配套支撑工程",重点支持农村信息基础设施建设。《国家信息化发展战略纲要》提出"要加快构建陆地、海洋、天空、太空立体覆盖的国家信息基础设施",并从统筹规划基础设施布局、增强空间设施能力和优化升级宽带网络等方面,提出了夯实基础设施的具体途径。《"十三五"国家信息化规划》在基础设施方面提出了信息基础设施达到全球领先水平的宏大目标。按照规划要求,到"十三五"末,"宽带中国"战略目标要全面实现,我国大中城市家庭用户带宽实现 100Mbps 以上灵活选择,98% 的行政村实现光纤通达,有条件的地区提供 100Mbps 以上接入服务能力;互联网国际出口带宽达到 20 太比特/秒(Tbps),通达全球主要国家和地区的高速信息网络基本建成。

此外,2016 年出台的其他信息化相关政策文件也包括了加强信息基础设施建设的内容。《国务院关于加快推进"互联网 + 政务服务"工作的指导意见》在"夯实支撑基础"中提出"建设高速畅通、覆盖城乡、质优价廉、服务便捷的网络基础设施",并要求"第四代移动通信(4G)网络全面覆盖城市和乡村,80% 以上的行政村实现光纤到村"。《"十三五"国家战略性新兴产业发展规划》从"大力推进高速光纤网络建设""加快构建新一代无线宽带网""加快构建下一代广播电视网""统筹发展应用基础设施""加强国际合作"五个方面勾画了构建网络强国基础设施的具体途径。

第三节　信息资源

信息资源是指人类社会信息活动中积累起来的以信息为核心的各类信息活动要素,如信息技术、设备、设施、信息生产者等的集合。信息资源对人们工作、生活至关重要,是国民经济和社会发展的重要战略资源。它的开发和利用是整个信息化体系的核心内容。

《"十三五"国家信息化规划》《国家信息化发展战略纲要》等信息化重大政策文件都对信息资源建设和开发利用进行了专门部署。《"十三五"国家信息化规划》将建立统一开放的大数据体系作为"十三五"期间国家信息化建设的一项重点任务，提出了"加强数据资源规划建设、推动数据资源应用、强化数据资源管理、注重数据安全保护"等子任务，并规划了"国家大数据发展工程"和"国家互联网大数据平台建设工程"，"国家大数据发展工程"将对国家基础数据资源建设进行统筹，建立国家治理大数据中心，加强大数据关键技术和产品的研发，提升大数据产业支撑能力，深化大数据应用。"国家互联网大数据平台建设工程"将建立互联网大数据的采集机制，建设覆盖全国、链接通畅的数据中心，并对互联网数据进行展示和应用。《国家信息化发展战略纲要》将"开发信息资源，释放数字红利"作为一项战略，提出要"加强信息资源规划、建设和管理""提高信息资源利用水平""建立信息资源基本制度体系"。2016 年 6 月发布的《国务院办公厅关于促进和规范健康医疗大数据应用发展的指导意见》提出了"到 2017 年底，实现国家和省级人口健康信息平台以及全国药品招标采购业务应用平台互联互通，基本形成跨部门健康医疗数据资源共享共用格局。到 2020 年，建成国家医疗卫生信息分级开放应用平台，实现与人口、法人、空间地理等基础数据资源跨部门、跨区域共享"的目标，并就健康医疗大数据应用发展从"夯实健康医疗大数据应用基础""全面深化健康医疗大数据应用""规范和推动'互联网＋健康医疗'服务"以及"加强健康医疗大数据保障体系建设"四个方面提出了 14 项重大任务。

在政务信息资源领域，《推进"互联网＋政务服务"开展信息惠民试点实施方案》和《国务院关于加快推进"互联网＋政务服务"工作的指导意见》都对政务信息资源建设和共享利用提出了明确要求。《推进"互联网＋政务服务"开展信息惠民试点实施方案》围绕"互联网＋政务服务"的"一号申请"需求，部署了"建立居民电子证照目录、建设电子证照库、建立跨区域电子证照互认共享机制和研究制定电子证照法规与相关标准"等具体工作。《国务院关于加快推进"互联网＋政务服务"工作的指导意见》将推进政务信息共享作为推进"互联网＋政务服务"的重要基础进行了强调，提出"打通数据壁垒，实现各部门、各层级数据信息互联互通、充分共享"。2016 年 9月《政务信息资源共享管理暂行办法》正式发布，这是我国政务信息资源管理领域的重要里程碑事件，标志着长期困扰我国电子政务的信息资源难共享问题开始破冰。《暂行办法》明确了政务信息资源的概念和范围，确定了共享为原则、不共享为例外等原则，对资源目录体系建设、共享平台建设、资源分类、共享机制、工作监督等作出了明确规定。

第四节　信息技术

加快新一代信息技术发展，掌握核心关键技术是我国网信事业发展的重要基石。长期以来，我国一直十分重视信息技术发展。习近平总书记在 2016 年 4 月 19 日全国网络安全和信息化工作座谈会讲话、10 月 19 日中央政治局第 36 次集体学习讲话等多个场合反复强调掌握核心技术的重要性，他指出，"要紧紧牵住核心技术自主创新这个'牛鼻子'，抓紧突破网络发展的前沿技术和具有国际竞争力的关键核心技术，加快推进国产自主可控替代计划，构建安全可控的信息技术体系"。2016 年以来，国家连续出台多项政策文件，对加快新一代信息技术发展做出了具体部署。

2016 年 7 月，国务院印发《"十三五"国家科技创新规划》，其中信息技术是"十三五"国家科技创新的重要领域，在关系国家全局和长远的重大科技项目中，持续攻克"核高基"（核心电子器件、高端通用芯片、基础软件）、集成电路装备、宽带移动通信、数控机床等信息技术瓶颈是重中之重。《"十三五"国家科技创新规划》提出了"微纳电子与系统集成技术""光电子器件及集成""高性能计算"等 10 个新一代信息技术创新重点领域。2016 年 11 月，《"十三五"国家战略性新兴产业发展规划》正式印发，将新一代信息技术作为未来产值超过 10 万亿的国民经济的新支柱之一。《"十三五"国家战略性新兴产业发展规划》提出："实施网络强国战略，加快建设'数字中国'，推动物联网、云计算和人工智能等技术向各行业全面融合渗透，构建万物互联、融合创新、智能协同、安全可控的新一代信息技术产业体系。到 2020 年，力争在新一代信息技术产业薄弱环节实现系统性突破，总产值规模超过 12 万亿元。"《"十三五"国家信息化规划》的重点任务和工程第一项就是"构建现代信息技术和产业生态体系"，提出要打造自主先进的技术体系、强化战略性前沿技术超前布局，并规划了"核心技术超越工程"，要"攻克高端通用芯片、集成电路装备、基础软件、宽带移动通信等方面的关键核心技术，形成若干战略性先导技术和产品"。《国家信息化发展战略纲要》将"发展核心技术，做强信息产业"作为"大力增强信息化发展能力"的首要措施进行了强调，提出了"构建先进技术体系""加强前沿和基础研究""打造协同发展的产业生态""培育壮大龙头企业""支持中小微企业创新"等具体措施。《产业技术创新能力发展规划（2016—2020 年）》将"发展新一代信息技术产业，抢占科技创新制高点"作为 2016—2020 年我国产业技术创新能力发展的重要方向，提出了加快推进电子信息制造业、通信业和软件与信息技术服务业的技术创新的具体部署。

在人工智能领域，国家发改委、工业和信息化部等部门联合发布了《"互联网＋"人工智能三年行动实施方案》，根据该方案的目标，到 2018 年，我国人工智能要实现"基础核心技术有所突破，总体技术和产业发展与国际同步，应用及系统级技术局部领先"的目标。《"互联网＋"人工智能三年行动实施方案》将实施核心技术研发与产业化工程，提出加强产学研用合作，共同推动人工智能基础理论、共性技术、应用技术研究，开展深度学习技术研发、类脑智能领域的前沿理论和技术研究、基础软硬件技术开发，以及加强前沿技术布局，构造未来融合创新技术基础等措施。《国家发展改革委办公厅关于请组织申报"互联网＋"领域创新能力建设专项的通知》规划了"促进人工智能技术发展"专项，重点支持"深度学习技术及应用国家工程实验室""类脑智能技术及应用国家工程实验室"和"虚拟现实/增强现实技术及应用国家工程实验室"建设。

在工业信息技术领域，《信息化和工业化融合发展规划（2016—2020）》提出"推动低功耗 CPU、高精度传感器、新型显示器件、轻量级操作系统等智能产业共性关键技术攻关"，"突破工业控制系统中核心芯片、伺服电机、驱动器、现场总线、工业以太网等关键器件和技术的发展瓶颈"，"突破虚拟仿真、人机交互、系统自治等关键共性技术发展瓶颈，夯实核心驱动控制软件、实时数据库、嵌入式系统等产业基础"，"突破通信协议、数据接口、数据分析等关键技术，提升工业云平台系统解决方案供给能力"等系列具体要求，并规划了核心技术研发和产业化工程，对信息化和工业化融合发展关键技术发展进行重点支持。《机器人产业发展规划（2016—2020 年）》提出"聚焦智能生产、智能物流，攻克工业机器人关键技术，提升可操作性和可维护性，重点发展弧焊机器人、真空（洁净）机器人、全自主编程智能工业机器人、人机协作机器人、双臂机器人、重载 AGV 等六种标志性工业机器人产品，引导我国工业机器人向中高端发展"。

在云计算和大数据技术领域，《国家发展改革委办公厅关于请组织申报大数据领域创新能力建设专项的通知》提出"未来 2—3 年，建成一批大数据领域创新平台，为大数据领域相关技术创新提供支撑和服务"的目标，并将重点支持"提升大数据基础技术支撑能力"和"提高大数据应用技术水平"两个方面的 13 类国家工程实验室建设。《产业技术创新能力发展规划（2016—2020 年)》把云计算和大数据技术作为软件和信息技术服务业的重点发展方向，计划在未来大力推动硬件资源虚拟化及服务化技术，大数据相关技术，基于认知机理的智能技术发展。《软件和信息技术服务业发展规划（2016—2020 年)》规划了云计算能力提升工程和大数据技术研发和应用示范工程，提出"发展面向智能制造的安全可信云计算""开展云计算应用示范""提高公共云服务能力"和"加强大数据关键技术产品研发和产业化""布局推进大数据应用示范"等技术研发和产业化支持措施。

在集成电路领域，《产业技术创新能力发展规划（2016—2020 年)》提出"着力提升集成电路设计水平，发展高端芯片，不断丰富知识产权 IP 核和设计工具，推动先进制造和特色制造工艺发展，提升封装测试产业的发展水平，形成关键制造装备和关键材料供货能力，加紧布局超越摩尔相关领域"。

第五节　信息技术应用

信息技术应用体现了信息技术的重要作用，彰显信息化发展的成果，是信息化建设的主要目的之一。2016 年，我国政府、产业、社会各领域信息技术应用不断创新，取得了显著成效。

在电子政务领域，信息技术应用成为政府改革的重要驱动。《推进"互联网＋政务服务"开展信息惠民试点实施方案》要求"运用大数据技术，开展跨领域、跨渠道的综合分析，了解政务服务需求，不断优化资源配置，丰富服务内容，做好个性化精准推送服务，变被动服务为主动服务，有效提升政务服务质量和效率"。《国务院关于加快推进"互联网＋政务服务"工作的指导意见》提出"创新应用互联网、物联网、云计算和大数据等技术，加强统筹，注重实效，分级分类推进新型智慧城市建设，打造透明高效的服务型政府。汇聚城市人口、建筑、街道、管网、环境、交通等数据信息，建立大数据辅助决策的城市治理新方式"。《工商行政管理信息化发展"十三五"规划》提出构建"大监管共治、大系统融合、大数据慧治、大服务惠民、大平台支撑"的工商信息化创新格局，要"建立统一的工商大数据体系，提高对市场主体整体服务和监管能力；建立统一的工商信息化基础支撑平台，为工商履职尽责和改革发展提供技术保障"。

在产业领域，信息技术应用成为产业升级发展的重要支撑。《国务院关于深化制造业与互联网融合发展的指导意见》提出"深化工业云、大数据等技术的集成应用"，"强化制造业自动化、数字化、智能化基础技术和产业支撑能力，加快构筑自动控制与感知、工业云与智能服务平台、工业互联网等制造新基础"。《物流业降本增效专项行动方案（2016—2018 年)》将推广应用先进技术和管理手段作为物流业降本增效的支撑，提出"加强物流运行监测、安全监管等大数据平台建设，通过数据收集、分析和管理，加强事中事后监管，提高物流运行监测、预测预警、公共服务能力"，"开展物流大数据应用示范，鼓励政府、企业间的物流大数据共享协作，为提高物流资源配置效率提供基础支撑"。《全国农业现代化规划（2016—2020 年)》要求："加强物联网、智能装备的推广应用，推进信息进村入户，提升农民手机应用技能，力争到 2020 年农业物联网等信息技术应用比例达到 17%、农村互联网普及率达到 52%、信息进村入户村级信息服务站覆盖率达到 80%。建设全球农业数据调查分析系统，定期发布重要农产品供需信息，基本建成集数据监测、分析、发布和服务于一体的国家数据云平台。"

在社会信息化领域，信息技术创新应用成为提高社会公共服务和治理水平的重要途径。《教育信息化"十三五"规划》以"充分发挥信息技术对教育的革命性影响作用"为指导思想，提出"将信息技术融入到教学和管理模式创新的过程中"，在目标中要求"基本实现各级各类学校宽带网络全覆盖与网络教学环境全覆盖"，"信息技术与教育教学融合进一步深入，教师信息化教学能力、学生信息素养显著提升"，"积极利用云计算、大数据等新技术，创新资源平台、管理平台的建设、应用模式"。《"十三五"卫生与健康规划》提出"促进云计算、大数据、物联网、移动互联网、虚拟现实等信息技术与健康服务的深度融合，提升健康信息服务能力"，"全面深化健康医疗大数据应用。推进健康医疗行业治理、临床和科研、公共卫生大数据应用"，"积极应用物联网技术、可穿戴设备等，探索健康服务新模式"。《民政事业第十三个五年规划》在"提升防灾抗灾救灾能力部分"提出"提升信息共享水平和辅助决策能力，强化信息发布和服务能力"，"推广乡镇网络报灾，开展手机移动报灾 APP 应用"；在"发展养老服务"部分提出"支持企业和机构运用移动互联网、云计算、大数据、物联网等技术手段与养老服务深度融合，创新居家智慧养老服务提供方式"；在提升"社会治理能力和水平"部分，提出"加快构建纵向贯通、横向集成、共享共用、标准统一的街道（乡镇）综合服务管理信息平台，推行'前台一口受理、后台协同办理'，实现街道（乡镇）服务管理的数字化、精细化和智慧化"，"整合社区公共服务信息资源，加快推进社区公共服务综合信息平台建设"，"加快推进智慧社区建设"。

第十八章　2016年地方信息化发展政策环境

伴随着国家信息化战略、信息化"十三五"规划的出台，2016年，各地方对信息化工作的重视明显提升。在信息基础设施方面，各地方加强宽带网络、移动互联网、大数据中心、各类云平台等部署。在网络安全方面，各省市高度重视，加大治理监管力度，努力营造安全有序的网络环境。在信息资源方面，各地方纷纷出台政策法规，建立信息资源体系和共享开放办法，但政策实施有待进一步深入。在信息技术及应用领域，一线城市和东部发达地区产业基础和研发实力较强，政策制定也走在前面，引导资金、人才等要素向关键技术领域和环节聚集。

第一节　网络安全

2016年，各省市高度重视网络安全，主要在治理监管、政策法规和网络安全培训等方面加大工作力度，努力营造安全有序的良好环境。

在治理监管方面，不断加大行政执法力度、规范行政执法行为，依法查处典型案件，打击电信诈骗等方面取得明显成效。广东省在网络安全宣传主题日上披露，2016年在打击网络安全犯罪专项行动中，破获网络犯罪案件4125起，缴获被泄露、窃取、买卖的公民个人信息累计达到6.2亿条，抓获嫌疑人1.5万名，打掉犯罪团伙892个。警方还进行了网络安全大清查工作，对发现的网络安全风险隐患实行"清零行动"。对全省近1万个关键信息基础设施和重点网站均进行滚动技术排查和执法检查，整改安全隐患9371处；督促400多家网站落实安全整改措施，关闭网站51个，关闭栏目板块423个。广东省网络安全应急响应平台和7×24小时网络安全应急响应工作机制正式启动，主要面向社会提供网络安全风险漏洞预警预防、网络安全事件响应处置、网络安全动态资讯公开发布等服务①。针对临沂市罗庄区徐玉玉电信诈骗案，山东省公安厅要求全省各级公安机关进一步完善受立案机制，接到电信诈骗警情和群众报案，要第一时间录入信息，经初步审查后，一律立为刑事案件侦办。要加大电信诈骗案件侦办力度，多警种合成作战，重大案件局长挂帅，集中优势警力，尽快侦破。要加强案件串并分析，拓展大数据信息技术在打击治理工作中的广度、深度应用，加大对侵犯公民个人信息、伪基站、黑广播等关联犯罪打击力度和追赃、返赃力度，实施全链条打击，最大限度减少群众损失。山东还将深入推进社会化宣传，及时向群众通报新型诈骗犯罪手法，并针对学生、中老年人等开展专项防范知识培训，减少案件发生②。

政策法规方面，各地加紧制订和出台网络安全制度和应急预案，强化网络安全保障政策体系。内蒙古自治区为加强网络安全的管理工作，保证计算机信息系统快捷、安全运行，结合本单位的工作实际，特制定自治区经济和信息化委计算机网络安全制度。为切实提高网络突发事件的防范和应急处理能力，减轻或消除突发事件的危害和影响，确保网络与信息安全，内蒙古自治区经济和信息化委结合本委实际工作，制定网络安全及应急预案。新疆召开网络安全和信息化领导小组会议，强调要强化源头安全风险防范，建立健全网络安全应急预案，落实网络安全检查和风险评估；要加大技术研发和攻关，争取在关键核心技术上有所突破；要建立网络安全责任制，解决好守土有责、守土尽责的问题；要加快构建关键信息基础设施安全保障体系，增强网络安全防御能力和震慑能力③。上海市人民政府关于印发《上海市推进"互联网＋"行动实施意见》，提出落实风险评估、等级保护、安全测评、应急管理等监管制度和相关国家标准，强化"互联网＋"关键领域重要信息系统的安全保障；建立覆盖数据采集、处理、流通、应用等环节的安全评估和审查机制，强化用户个人信息保护，确保数据安全；组织开展网络安全应用

---

① 新华社：《广东 2016 年破获网络犯罪案件 4125 起》，2016 年 12 月 25 日，见 http：//www. cac. gov. cn/2016－12/25/c_ 1120183760. htm。

② 新华社：《山东广东等地三起学生遭电信网络诈骗案告破》，2016 年 9 月 9 日，见 http：//www. cac. gov. cn/2016－09/09/c_ 1119542365. htm。

③ 新疆日报：《让互联网发展成果更多惠及各族群众》，2016 年 4 月 28 日，见 http：//cpc. people. com. cn/n1/2016/0428/c64094－28312220. html。

示范，提高"互联网＋"安全核心技术、产品和服务水平；进一步提高全民网络安全意识，积极营造安全可信、文明守法的网络社会环境。

在网络安全培训方面，各地增强网民防范电信诈骗意识和辨识能力，加强网络安全教育培训和人才培养。成都在"电信日"主题活动开展期间，各大运营商向全市手机用户推送网络安全公益短信，13 家大型营业厅集中组织专题宣传活动，滚动播放网络安全宣传片，发放《个人信息安全防护宣传册》等宣传资料，向市民展示电脑病毒木马入侵、钓鱼网站、电信诈骗等常见网络安全病症和防护措施，并免费提供手机安全投诉受理、恶意程序检测、病毒查杀与防护等安全服务。同时，在成都市级机关集中办公区开展"电信安全进机关"宣传活动，以增强机关干部的安全意识和防范能力。为扩大市民参与面、提升市民参与积极性，活动设置了专门的奖品兑换台。市民在此可以领取一张"寻宝图"，进入会场展开"冒险"。寻宝集章完毕后即可参与轮盘抽奖，冲击 VR 眼镜、随身 Wi－Fi、熊猫公仔等奖品①。重庆市为增强广大网民安全意识、提升基础防护技能、营造安全健康文明环境、保障人民群众在网络空间的合法权益、切实维护国家网络安全，市委网信办牵头，市教委、市经信委、市通信管理局、市公安局、人行重庆营管部、市文化委、团市委共同承办，开展青少年网络安全教育示范学校授牌和"网络安全战车中国行—重庆站"等活动。授予人民小学首个"青少年网络安全教育示范学校"，长期开展网络安全教育课程研发、活动设计、教师培训等活动，提升学校网络安全教育水平，培养广大青少年绿色上网、文明上网意识和良好习惯，提高广大师生安全上网的技能，并把网络安全教育的优质资源辐射到周边中小学。校内还将积极组织开展青少年安全上网防护软件的下载安装，以学校为单位，定期收集反馈试用意见等②。

---

① 中央网信办：《增强安全意识防范电信诈骗》，2016 年 12 月 26 日，见 http：//www. cac. gov. cn/2016－12/26/c_ 1120189260. htm。
② 中央网信办：《重庆首个青少年网络安全教育示范学校授牌》，2016 年 9 月 12 日，见 http：//www. cac. gov. cn/2016－09/12/c_ 1119554388. htm。

第二节　基础设施

2016 年是"十三五"规划开局之年，很多省市和地区都对信息基础设施建设进行了专门部署，部分地方还制订了信息基础设施专项规划。江苏省出台"十三五"信息基础设施建设发展规划，加强工业信息基础设施建设。推进工业网络设施建设。贯彻落实《中国制造 2025 江苏行动纲要》，着力实施《江苏省企业互联网化提升计划》，全面推动全省工业信息基础设施建设发展。实施"企企通"工程，全面促进工业园区和工业企业的工业宽带及无线网络建设，企业车间局域网建设，全面推进工业网络建设。推动公共服务平台建设。以工业行业全产业链的信息资源综合开发利用为抓手，以实现企业、设备、产品、用户之间的全流程信息互通为目标，加强统筹协调，全面推进企业云、工业云、e 企云、工业信息安全服务平台等公共服务平台建设。加快工业智能终端普及。以实现生产全流程的互联互通为目标，以推动工业智能终端的网络接入为切入点，加快工业机器人、手持终端、智能仪器仪表等智能终端的普及。支持工业企业、生产车间、工业设备、商务终端接入数据采集、监测、加工、处理系统界面，实现数据发布、智能控制、商务领航。加强综合应用试点示范。以试点示范建设应用为牵引，全力推动企业充分利用公共服务平台资源，实现柔性制造、协同制造、云制造等先进制造模式，全面提升工业信息基础设施综合利用水平。完善工业信息基础设施支撑体系。完成工业信息基础设施建设和应用相关标准和规范制定，以标准化推动工业信息基础设施相关产品、技术、服务的互通融合。构建产学研协同创新和发展推进机构，以协会、联盟等多类组织助推工业信息基础设施生态圈发展。

上海在《上海市推进"互联网+"行动实施意见》中提出，深化宽带城市、无线城市、通信枢纽建设，实施下一代互联网（IPv6）升级、软件定义网络（SDN）、网络功能虚拟化（NFV），提供更加面向终端用户，异构、泛在、灵活的网络接入，为"互联网＋"提供高速可靠的基础网络支撑①。四川省也提出推进网络提速降费。持续推进光纤到户，城市宽带网络得到进一步提升，加快移动 4G 网络建设，基本实现乡镇、重点景区全覆盖。加快下一代广播电视网建设。大力实施电信普遍服务补偿试点，深入推进省委、省政府民生工程相关部署，加大对农村及边远地区尤其是四川省"四大片区"宽带网络建设支持力度，新增 2500 个行政村通宽带，着力缩小"数字鸿沟"。推动基础电信企业有效降低网络资费，持续提升服务水平②。

北京市发布了"十三五"时期信息化发展规划，提出在网络基础设施、物联网、大数据和云计算基础设施等方面加快建设。首先是，提升公共网络服务水平。建设城乡一体、快速高效的全光纤网络，具备全网千兆接入扩展能力，实现用户签约带宽最低 50 兆、普及 100 兆。推动电信企业进一步提速降费，第四代移动通信实现有效面积全覆盖，并在北京城市副中心、2022 年冬奥会场馆、2019 年世园会园区等重点区域开展第五代移动通信（5G）商用示范。持续推进有线电视高清交互网络系统优化扩容，构建融合智能的下一代广播电视网络。升级改造政务服务网络。对市级有线政务专网和 800 兆无线政务专网进行网络布局调整，提高专网设备国产化率，提升网络服务保障能力。研究 800 兆无线政务专网与物联数据传输专网在宽带数字集群业务方面的融合方案，确保实现业务互通和安全可控。二是优化物联网感知设施，完善智能运行感知设施。优化地下管线智能感知监测体系和城市公用设施、建筑、重点公共场所等的视频监控设备布局，加快建设城市环境感知和自动监测设施，加强对大气、水、噪声、辐射、土壤等生态环境要素的物联网监测。推进智能停车场、多功能路灯杆、综合管廊等新型物联网集成载体建设，推进以北斗为主体的导航和位置服务终端布局。建设完善公共和政务物联网应用支撑平台，加强对物联管理对象和感知设备的规范管理，实现各类感知数据的共享汇聚和整合应用。建设智慧生活感知设施。整合公共事业、政务、便民生活等服务资源，推动基于数字电视的智慧生活综合服务云平台和终端

---

① 上海市经信委：《上海市人民政府关于印发〈上海市推进"互联网＋"行动实施意见〉的通知》，2016 年 2 月 1 日，见 http：//www. sheitc. gov. cn/bsxgzcwj/669542. htm。

② 四川省政府办公厅：《四川省人民政府办公厅关于印发 2016 年全省电子商务工作要点的通知》，2016 年 3 月 18 日，见 http：//www. gov. cn/zhengce/2016－03/28/content_ 5059038. htm。

设施建设。推动基于互联网和智能硬件的智慧生活服务设施建设，支持在社区、公共场所、办公楼等区域部署智能服务终端和可穿戴设备应用环境，支持智能机器人、智能支付、虚拟现实等智能化应用。三是建设大数据和云计算基础设施，统筹建设全市统一的电子政务云平台和电子政务内网云服务平台，推动全市各部门应用系统迁移上云。统筹建设政务数据中心体系，形成以北京城市副中心、市政务服务中心、市信息安全容灾备份中心、数字北京大厦为核心节点，以若干重点领域数据中心和区级数据中心为支撑的电子政务发展格局。推动建设交通、医疗、教育、文化等重点行业的战略性公有云服务平台，在养老、健康医疗、家政服务、旅游休闲等民生领域鼓励发展公有云服务。

第三节　信息资源

　　各地对于信息资源的开发利用，尤其是政务数据开放共享迈出了坚实步伐。上海市发布了《上海市政务数据资源共享管理办法》，明确了数据资源共享的目标依据、适用范围、职能分工等，并对资源管理平台、数据资源目录、数据采集、共享使用、安全保障等作了较为详细的规定。出台了《上海市大数据发展实施意见》，制订了政务数据共享开放工程，提出推动政务数据资源共享。制定完善本市电子政务和大数据采集、处理、存储、利用等标准规范，加强数据资源质量管理和交叉检验，提升政务数据资源的一致性和准确性。开展政务数据资源共享开放绩效评估，建立评估结果与信息化项目资金预算相衔接的工作机制。加快市区两级政务数据资源的交换与共享，引导规范行业基础数据库发展，构建跨领域、跨部门、跨层级的政务数据资源池。同时，深化政务数据资源开放利用。实施政务数据资源清单管理，制定开放目录和数据采集标准，研究出台政务数据资源开放的制度规范。进一步完善上海市政府数据服务网建设，审慎合理、逐步推进经济、交通、教育、卫生、就业、社保、文化、科技、农业、环境、安监、统计、信用、气象、海洋、市场监管等领域的民生服务、行政执法类政务数据集向社会开放。根据经济社会发展需求，动态调整政务数据资源开放计划，鼓励各方在保障公共利益和个人隐私前提下的公共数据增值利用，探索构建互联互通的分布式开放数据体系。另外，也提出要鼓励社会数据共享共用，开拓数据采集渠道，形成由政府、社会、企业等多方参与，行政收集、网络搜集、有偿购买、无偿捐赠、传感采集等多种方式构成的数据资源采集体系。支持公益性数据服务机构发展，鼓励社会组织、企业、个人参与公益性数据资源开放项目[①]。

北京市提出构建数据资源体系，梳理政务信息资源目录，健全数据采集机制，统筹建设市、区两级大数据汇聚中心，完善各级业务数据库和人口、法人、空间地理、电子证照、社会信用等基础信息库，并实现与国家基础信息库对接。建设完善重点领域主题数据库，实现信用、交通、环保、医疗、教育、旅游、养老等重点领域的数据汇聚和交叉检验。整合房屋建筑、道路交通、城管执法、园林绿化、公共安全、应急指挥、社会管理等行业数据，建立综合性城市管理数据库和市情综合数据库。推动数据资源开放共享，升级市大数据交易服务平台，建设大数据交易中心，建立公共数据资源开放共享清单，明确公共数据共享范围和方式，健全数据资源开放共享机制，推动政务部门和事业单位间数据共享和公共数据开放。制定公共机构数据开放计划，优先开放信用、交通、医疗、卫生、地理、文化、养老、教育、环保、旅游、农业、统计、气象、市场监管等领域的政府数据，推动公共数据资源集中开放。引导企业、行业协会、科研机构、社会组织等主动采集并开放共享数据，加强公共数据与社会数据融合汇聚[②]。

广东省《关于推进"互联网＋政务服务"开展信息惠民试点的实施意见》中提出构建统一的数据共享交换平台。建设基于云计算架构、与国家大数据中心紧密对接、全省统一、逻辑清晰的政府大数据库，完善各级数据共享交换平台，建立健全信息采集、归类、储存、维护机制，推动省、市、县三级共享交换体系建设。建立健全全省政务信息交换、使用和管理机制，统一管理政务信息资源目录，实现与人口、法人、空间地理、电子证照、社会信用等基础信息库和业务信息库的联通，逐步推进各级共享交换平台对接，

---

① 上海市政府：《市政府关于印发〈上海市大数据发展实施意见〉的通知》，2016 年 9 月 15 日，见 http：//www. shanghai. gov. cn/nw2/nw2314/nw2319/nw12344/u26aw50056. html。

② 北京市经信委：《北京市人民政府关于印发〈北京市"十三五"时期信息化发展规划〉的通知》，2016 年 12 月 27 日，见 http：//www. bjeit. gov. cn/zcjd/ghjh/bjsjh/242838. htm。

实现各系统、各环节、各时段行政许可和服务数据的互联互通。修订完善《广东省政务信息资源共享管理试行办法》及有关实施细则，推进各级政府、部门之间的跨部门、跨区域、跨层级信息资源共享①。

第四节　信息技术

2016 年，全国各地对信息技术自主化的需求逐渐增强，尤其是东部发达省份更加注重发挥优势，加快信息技术创新。江苏发布了《江苏省信息化和工业化深度融合发展规划（2016—2020 年)》，强调技术支撑自主化，主要在信息化解决方案、信息服务和工业互联网等领域的技术突破。一是研究信息化解决方案。支持制造企业、软件和信息服务企业、互联网企业、系统集成企业建立协作机制，开展智能芯片、工控软件、工业大数据、系统集成、协同制造等联合攻关，形成一批企业互联网化关键核心技术。支持面向船舶、航空等行业的知识库、模型库、工具集等基础资源建设，提高虚拟设计、仿真验证能力，探索建立集系统工程、综合设计于一体的精益研发服务。鼓励石化、钢铁等行业发展面向智能工厂的关键设备、数据接口、网络协议、系统软件等集成技术，增强行业智能工厂解决方案能力，提升制造企业全面感知、设备互联、数据集成、智能管控水平。二是提升信息服务支撑能力。夯实自动控制与感知技术基础，发展核心工业软硬件，推动软件和信息服务企业深度参与工业企业研发设计和生产制造过程，提供工业咨询设计、数据挖掘分析、流程优化重组、设备能源管理等服务。推进电商服务企业能力提升，支持省内重点电商平台为企业提供电商应用解决方案，选择行业龙头或应用成熟度较高的企业开展试点示范。加快重点行业工业大数据、工业云平台的推广应用，提升"云计算 + 大数据"综合支撑能力。三是推进工业互联网发展。加快智能车间、智能工厂等领域标准化建设，引导企业开展工业互联网、

---

① 广东省经信委：《广东省人民政府办公厅关于推进"互联网 + 政务服务"开展信息惠民试点的实施意见》，2016 年 12 月 30 日，见 http：//www.gdei.gov.cn/ywfl/zcgh/201612/t20161230＿125493.htm。

工业大数据、工业软件和信息物理系统（CPS）等技术标准的研制、评估、试点及推广。推进工业互联网技术研发及产业化，建立企业主导的产学研协同创新体系，组织开展工业互联网关键资源管理平台和关键技术试验验证平台建设，攻关解决智能控制、系统自治、人机交互、物理仿真等共性关键技术。加快基于 IPv6、5G、软件定义网络（SDN）等新型技术的工业互联网部署，支持有条件的大中型企业开展工业互联网创新应用示范[①]。为深入实施创新驱动战略，江苏省还专门编制了《江苏省"十三五"企业技术进步规划》，以企业制造装备升级和"互联网＋"行动为重要抓手，以智能化绿色化为主攻方向，加快推进企业技术进步。围绕信息技术网络化、泛在化、智能化的发展方向，重点研发未来网络、宽带移动通信、高速光通信网络、异构网络融合、协同感知与人机交互等前沿技术，研究开发海量数据收集储存处理技术、核心设备以及智能终端技术，大功率器件、系统级封装测试技术，面向特种需求的特色工艺平台，重点研发高端芯片设计技术、工业异构异质网络融合和终端协同技术、移动互联网以及工业互联网体系架构技术、低耗高能新型传感技术及其传感器网络技术。加强曲面显示、量子点显示、柔性显示及触控技术、LTPS 技术研发，推进 Oxide 技术在中小尺寸的应用，提升Oxide－TFT 技术产业化水平。以提升光伏电池、组件及系统效率，降低光伏产品生产及发电成本为目标，支持关键技术研发，提升生产工艺水平，实现关键环节和设备国产化替代[②]。

湖北省政府印发《关于加快促进云计算创新发展培育信息产业新业态的实施意见》，提升云计算大数据领域技术创新能力。首先是创新自主技术研发路径。以开源技术与自主技术协同创新为路径，支持湖北省企业及科研机构利用全球开源软件技术和开发者资源，积极参与云计算、大数据领域开源项目发展，形成包含开源软件创新、自主核心技术研发和行业应用开发的技术产品研发体系。鼓励企业和科研机构在云安全、云服务全生命周期管理、云资源管理和运维、云计算和大数据服务等方面，形成具有自主知识产权的技

---

① 江苏省经信委：《江苏省信息化和工业化深度融合发展规划（2016—2020 年）》，2016 年 9 月 24 日，见 http：//www. jseic. gov. cn/jsjg/sswgh/201609/t20160924_ 198340. html。

② 江苏省经信委：《江苏省"十三五"企业技术进步规划》，2016 年 9 月 24 日，见 http：//www. jseic. gov. cn/jsjg/sswgh/201609/t20160924_ 198336. html。

术标准和应用标准，支持企业及相关机构参与国家及国际标准制定。完善技术转化和应用机制，推动科研成果的市场化和产业化。二是推动产学研用协同创新。支持企业与高等院校开展合作，设立联合技术研发中心、工程中心和技术实验室。支持全省信息技术服务骨干企业、科研机构联合国内外知名高校及厂商，开展关键技术、解决方案、密码应用等创新研究。引导建立云计算大数据产业创新发展联盟，汇聚产学研用等多方资源，共同推进云计算和大数据相关理论研究、技术研发和应用推广，形成开放合作、协同发展的生态体系。支持企业机构联合承担国家和省云计算技术攻关、试点示范应用等项目，组织企业交流合作与培训学习，发挥联盟在建设云计算行业技术标准和应用标准方面的重要作用。三是加大支持力度，支持重点技术研发项目。充分发挥国家科技计划、现有科技专项资金的作用，支持云计算共性理论、关键技术、高性能密码产品研发。鼓励云计算大数据相关企业申报国家战略性新兴产业、技术创新示范的重大专项①。

福建省在《"十三五"工业转型升级专项规划》中重点关注集成电路相关技术和产业发展，提出了以应用为先导，开发设计具有自主知识产权的集成电路产品；推动12英寸集成电路规模生产，形成28纳米工艺技术的加工能力；积极引进先进封装/测试生产线，促进设计业、制造业和封装/测试业协调互动发展，打造东南沿海集成电路产业集聚区。以整机需求为牵引，重点开发数字音视频芯片、移动通信终端基带芯片、信息安全芯片等量大面广的产品，支持计算机及网络、通信、数字对讲机 SOC 芯片设计，推动集成电路产品差异化发展。发挥闽台产业合作优势，重点发展12英寸集成电路生产线、6英寸Ⅲ—Ⅴ族化合物集成电路生产线、存储芯片（DRAM）生产线等，形成高端芯片和特色功率芯片规模制造和封装/测试能力，促进先进工艺和特色工艺协同发展。支持集成电路公共服务平台建设，在 EDA 设计工具、知识产权保护、产品评测等方面提供公共服务。鼓励集成电路设计、制造和整机厂商之间形成产业联盟，开展联合技术创新，缩短研发周期，探索形成上下

---

① 湖北省经信委：《省人民政府办公厅关于加快促进云计算创新发展培育信息产业新业态的实施意见》，2016 年 9 月 14 日，见 http://www.hbeitc.gov.cn/gk/gfwj/gfxwj/72042.htm。

游产业链虚拟一体化模式，实现产业链良性互动发展①。

湖南省在《"十三五"新型工业化发展规划》中规划中也强调做大做强新一代信息技术产业。紧抓新一轮信息消费和产业转移机遇，实施"宽带中国"战略，全面推进信息消费工程建设，着力夯实产业发展基础，提高产业协作配套水平，引导产业向价值链高端延伸，促进产业链上下游企业有效对接配套，促进新一代信息技术产业与汽车、先进装备、家居用品、现代服务等产业融合发展，加快构建"芯片—软件—整机—系统—信息服务"的新一代信息技术产业链。在智能终端方面，重点发展智能手机、智能穿戴设备、平板电脑、数字家庭终端等智能终端产品，以及电子功能玻璃、触控面板、新型功率电子器件、离子注入机、二代光纤、机顶盒等配套产业，大力发展计算机整机、北斗导航、固态存储等自主可控信息安全产业，加快壮大汽车电子、金融电子、医疗电子等应用电子产业，加快培育智能应用、工业控制系统等工业智能终端产业。依托富士康集团、蓝思科技等龙头企业，以长株潭城市群为核心产业基地，强化产品创新与拓展应用领域，做大做强智能终端产业链。在集成电路领域，重点发展与省内整机联动的 CPU/GPU、高速 AD/DA、存储器控制器、无线 Wi－Fi 等集成电路设计业，以 IGBT、Sic 器件等为主的集成电路特色制造业，以承接产业转移为手段延伸发展封装测试业，培育发展集成电路关键装备及材料国产化。依托国科微电子、景嘉微电子等骨干企业，支持核心技术攻关和自主知识产权产品创新，加快形成以设计业为龙头、特色制造业为核心、配套产业为支撑的格局，努力建成我国集成电路产业特色集聚区。在移动互联网领域，重点发展移动娱乐、移动支付、移动阅读、移动资讯、移动位置服务、移动电子商务、移动教育、移动医疗等平台及应用服务等移动生活服务；高性价比的导航、授时、精密测量、测姿定向、终端应用设备等北斗卫星导航应用产品，以及车载导航、板卡、电子地图、接收机、天线等终端应用设备；地理信息应用、大数据服务平台、大数据分析应用、云计算应用服务等大数据服务。依托拓维信息、长城信息、

---

① 福建省经信委：《福建省人民政府办公厅关于印发福建省"十三五"工业转型升级专项规划的通知》，2016 年 4 月 20 日，见 http：//www.fjetc.gov.cn/zfxxgk/newsInfo.aspx？columnID=6&newsID=101710。

湘邮科技等企业，强化自主创新和应用创新，积极推进"互联网＋"的跨界融合创新，支持长沙打造"移动生活之都"，把湖南打造成移动互联网产业新高地。加快推进省移动互联网产业集聚区（长沙高新区）及长沙中电软件园等省移动互联网产业园区、长沙高新区信息产业园北斗卫星导航产业基地、湖南（岳阳）北斗卫星导航示范城市建设①。

第五节　信息技术应用

2016年，信息技术应用领域不断拓宽，各地重点在电子政务、智能制造、智慧城市等方面不断深入。

上海市出台《电子政务"十三五"发展规划》，全面建成网上政务大厅"单一窗口"。加强顶层规划，按照市区联动、统一标准，推进市级网上政务大厅、市政府各部门网上办事平台、区级网上政务大厅的系统对接。继续拓展网上政务大厅服务功能，全力推进单部门审批和服务事项统一上网，强化信息资源整合共享和跨部门协同应用。探索网上办事在线支付、递送服务功能。加强网上政务大厅与实体政务大厅有效联动，推进分布式、网格化、线上服务与线下服务相结合的新型政府服务模式。全面建成事中事后综合监管平台。建立以综合监管为基础、以专业监管为支撑、信息化平台为保障的事中事后监管体系框架，依托法人库、人口库、空间地理信息库等基础数据库，进一步加强部门监管信息互联共享，综合利用网上政务大厅、公共信用信息服务平台等已有资源，以集约化方式搭建集信息查询、协同监管、联合惩戒、行刑衔接、社会监督、决策分析等功能于一体的事中事后综合监管平台，逐步形成横向到边、纵向到底的监管网络和科学有效的监管机制，强化部门联动和联合惩戒，增强监管合力，提升综合监管水平。全面建成市政府系统电子政务办公平台，以市政府办公厅办公系统为核心，以目标管理为主线，搭建一个面向全市政府部门公务员和市政府领导的，规范、通用、便捷、高效

---

① 湖南省政府：《关于印发〈湖南省"十三五"新型工业化发展规划〉的通知》，2016年12月22日，见 http：//www.czt.gov.cn/Info.aspx? ModelId＝1&Id＝38618。

的办公平台。全面推进重点政务应用协同，加快构建项目全覆盖、审批全流程、监管全过程的投资项目在线审批监管平台上海分平台。探索建立以电子营业执照、公民网络身份认证和电子签名为支撑的全程电子化登记服务平台。全面推进公务人员统一身份认证体系，针对公务人员在身份认证、数据安全传输、单点登录等方面的共性需求，实现统一身份认证和统一服务管理，为相关跨部门、跨系统、跨市区的政务应用系统提供基础支撑①。

　　智能制造是基于新一代信息通信技术与先进制造技术深度融合，贯穿于设计、生产、管理、服务等制造活动的各个环节。北京市在《智能制造发展规划（2016—2020 年)》中提出加强关键共性技术创新，围绕感知、控制、决策和执行等智能功能的实现，针对智能制造关键技术装备、智能产品、重大成套装备、数字化车间/智能工厂的开发和应用，突破先进感知与测量、高精度运动控制、高可靠智能控制、建模与仿真、工业互联网安全等一批关键共性技术，研发智能制造相关的核心支撑软件，布局和积累一批核心知识产权，为实现制造装备和制造过程的智能化提供技术支撑。在此基础上明确了智能制造关键共性技术创新方向。一是建设若干智能制造领域的制造业创新中心，开展关键共性技术研发。整合现有各类创新资源，引导企业加大研发投入，突破新型传感技术、模块化/嵌入式控制系统设计技术、先进控制与优化技术、系统协同技术、故障诊断与健康维护技术、高可靠实时通信、功能安全技术、特种工艺与精密制造技术、识别技术、建模与仿真技术、工业互联网、人工智能等关键共性技术。引导企业、高校、科研院所、用户组建智能制造创新联盟，推动创新资源向企业集聚。二是加快研发智能制造支撑软件，突破计算机辅助类（CAX）软件、基于数据驱动的三维设计与建模软件、数值分析与可视化仿真软件等设计、工艺仿真软件，高安全高可信的嵌入式实时工业操作系统、嵌入式组态软件等工业控制软件，制造执行系统（MES）、企业资源管理软件（ERP）、供应链管理软件（SCM）等业务管理软件，嵌入式数据库系统与实时数据智能处理系统等数据管理软件②。

---

① 上海市经信委：《电子政务"十三五"发展规划》，2016 年 9 月 23 日，见 http：//wap. sh. gov. cn/nw2/nw2314/nw2319/nw12344/u26aw50068. html。

② 北京市经信委：《智能制造发展规划（2016—2020 年)》，2012 年 12 月 9 日，见 http：//www. bjeit. gov. cn/zcjd/zcwj/gjzc/241657. htm。

　　天津市编制了《智慧城市建设"十三五"规划》，深入推进智慧社保、智慧医疗、智慧教育等建设，构建完备的公共信息服务体系。加快发展基于互联网的健康、养老、旅游等新兴服务，不断满足城乡居民日益增长的个性化、多样化需求。在公共服务方面，打造惠民信息综合服务平台。整合便民信息服务资源，积极推广基于移动互联网入口的城市服务，搭建惠民服务平台，开发和推广惠民移动应用，为广大民众提供交通出行、户政、出入境、旅游等更丰富的便民公共服务。实施市民生活"一张卡"工程，深化社会保障卡应用，逐步实现民政补贴、医疗卫生、金融支付等公共服务领域的一卡多用。进一步整合完善"8890"便民服务专线电话，依托统一的便民专项服务平台，实现"一个号码管服务"。在智慧教育方面，完善教育资源及管理公共服务平台，推动教育基础数据的伴随式收集，建立各阶段适龄入学人口基础数据库、学生基础数据库和终身电子学籍档案，实现学生学籍档案在不同教育阶段的纵向贯通。整合全市优质教育资源，推动协同服务、全网互通的教育资源云服务体系，拓展"无线校园"建设范围，逐步实现无线联盟校际互认。鼓励学校与互联网企业合作，对接线上线下教育资源，探索教育公共服务提供新方式，积极建设各类在线教育学习平台，提供在线学习、终身教育服务。在智慧医疗领域，推进全市人口信息、居民电子健康档案和电子病历三大数据库融合，构建人口健康信息平台，统筹覆盖公共卫生、医疗服务、医疗保障、药品供应和综合管理业务的医疗健康管理和服务大数据应用体系，实现全市各级、各类人口健康信息互联互通。推进普及应用全国标准统一的"居民健康卡"，形成伴随终身、动态更新的个人健康档案。利用移动互联网提供在线预约诊疗、候诊提醒、划价缴费、诊疗报告查询等便捷服务，推广在线医疗新模式，发展基于互联网的医疗卫生服务。在人力社保信息服务方面，搭建统一的公众服务平台，巩固"一网一卡一号一厅"公共服务体系，推动服务向街道社区延伸，实现全流程协同管理、基层综合办理和网上一站式服务。整合社会保障、劳动就业、人事人才等数据资源，建立覆盖全业务领域的统一基础数据库，实现"同人同城同库"。推动人力社保全业务领域档案电子化，提升人力资源信息管理、分析决策能力，拓展就业信息服务渠道，完善人力资源市场供求分析、失业监测及失业预警机制。积极构建京津冀人力资源信息共享与服务对接平台，推动资质互认。在智慧社区建设方面，完善社区管理服务平台与社区综合数据库，加强对社区内人、事、物的动态采集与网格化管理，进一步完善社区服务功能，提升基层治理能力。整合各类社区公共服务资源，推动各项公共服务在街道实现"一口式"受理，优化办事流程。鼓励社会力量参与，积极引入第三方商业服务，发展社区经济、共享经济，在餐饮、娱乐、家政等领域培育线上线下结合的社区服务新模式。在智慧旅游发展方面，进一步整合旅游行业信息资源，接入旅游相关领域图像及视频信息，形成旅游云数据中心。搭建旅游行业运行监管平台，全面监测旅游行业运行状况，实现动态监控、统计分析、预警提示、诚信评价等功能。加强旅游信息服务功能建设，提升移动公共服务能力，及时发布景区景点、酒店食宿、交通气象等实时信息，方便游客出行、提升旅游服务水平。在智慧气象领域，拓展建设城市综合气象体征信息采集网，建设市、区两级集中部署、分级应用的气象数据中心，建立基于影响的气象风险预报预警系统和多灾种早期预警系统。构建行业气象服务平台，针对交通、农业、海洋等不同领域，开展气象研判、预测分析，为重点行业提供智能化服务。拓展气象信息发布渠道，为不同人群提供多样化、个性化、互动式气象服务和生活引导①。

---

① 天津市经信委：《天津市智慧城市建设"十三五"规划》，2016 年 11 月 23 日，见 http：// www. tjec. gov. cn/fzgh/59538. htm。

热 点 篇

第十九章 2016年中国分享经济热点事件

2016年，分享经济持续升温。引起社会广泛关注的主要集中在出行领域。滴滴和优步的合并，再一次呈现出互联网企业的"马太效应"。分享经济领域的政策法规也在出行领域破冰，多个城市先后出台网约车管理办法，尽管还有诸多限制，但网约车已不可避免地影响了城市出行。2016年下半年最火的是共享单车，打通出行"最后一公里"，为人们生活带来极大便利，政府总体报以支持态度。此外，分享经济从消费领域向生产领域渗透，制造业分享经济取得较快发展。

第一节 滴滴和优步正式合并

2016年8月1日下午，滴滴出行宣布与Uber全球达成战略协议，滴滴出行将收购优步中国的品牌、业务、数据等全部资产在中国大陆运营。双方达成战略协议后，滴滴出行和Uber全球将相互持股，成为对方的少数股权股东。Uber全球将持有滴滴5.89%的股权，相当于17.7%的经济权益，优步中国的其余中国股东将获得合计2.3%的经济权益。滴滴也因此成为了唯一一家腾讯、阿里巴巴和百度共同投资的企业。同时，滴滴出行创始人兼董事长程维将加入Uber全球董事会。Uber创始人特拉维斯·卡拉尼克（Travis Kalanick）也将加入滴滴出行董事会。滴滴的上市步伐将随着合并加速，合并有利于改善它的盈利状况和前景。优步已将出行服务扩展至中国主要的400余个大中城市。至此，东起威海，西至克拉玛依，南到三亚，北达齐齐哈尔，优步在主要省会城市均已设置了服务网点。

概括而言，滴滴和优步合并的原因主要有以下几条：一是投资人不愿继续烧钱。特拉维斯·卡拉尼克接受采访时曾表示，2015年优步在华亏损超过

10 亿美元。为了争夺中国市场，优步和滴滴长期肉搏，以几乎疯狂的姿态对每个出行订单进行补贴。但投资人入局是为了获利，在胜负暂时难分的背景下，停止烧钱、合并公司且谋求上市，似乎是最好的获利途径。二是出行行业格局已定，高增长已难持续。经过两年多的凶猛扩张，出行平台的整体渗透率已经不低，滴滴自称已有 3 亿注册用户，要知道中国移动互联网用户总数才 7 亿（2016 年 5 月数据，来自艾瑞）。考虑到出行平台并不可能覆盖所有的移动出行需求，所以过去飞速增长的行业发展势头必然会慢慢下降。之前投资人愿意为烧钱埋单，是因为看到了市场和订单在扩张，但当势头开始下降时，继续像以往一样烧钱必然不够明智。三是滴滴地位不可撼动，优步退出更加理性。尽管优步为中国市场付出了很高的代价，但其取得的市场份额并不理想。第三方数据研究机构中国 IT 研究中心（CNIT - Research）近日发布的《2016 年 Q1 中国专车市场研究报告》显示，一季度专车市场整体保持了高速增长，其中滴滴专车以 85.3% 的订单市场份额居行业之首，Uber、易到用车及神州专车则分别以 7.8%、3.3% 和 2.9% 位列二、三、四位。优步员工曾对此数据真实性表示存疑，不过也承认滴滴的市场份额确实远胜优步。并且在可见的未来，优步都难以赶超滴滴，倒不如在自己还值钱时选择退出更为理智。四是合并具备协同效应，有利于应对外部竞争。滴滴、优步之外，中国市场还有易到、神州专车等实力玩家。易到在被乐视收购后，依靠大肆补贴重新夺回了市场地位，神州专车则凭借"安全""高档"的定位获得了不错的口碑和用户群体。滴滴、优步合并，有利于减少彼此间的消耗，从而用规模优势遏制易到和神州专车的继续壮大。五是专车新规出台，合并有利于共同扩张。几天前，网约车新规公布，专车虽然合法了，但在各地落实时还要遵循地方规定。对于"外来和尚"优步而言，政府和媒体的公关一直是其弱项，专车新规出台后其劣势会进一步凸显。因此，选择和滴滴站到一起、共同开拓市场才是明智之举。

滴滴和优步合并，毫无疑问是一件震动行业的大事，将对用户、司机、竞争对手、出租车行业产生较大影响。第一，用户再无便宜专车可打。滴滴和优步的专车价格，一直远低于出租车和其他出行平台，这是建立在它们一起烧钱竞争的基础上的。价格是最有力的武器，滴滴和优步都深谙此道，所以一直陷在缠斗中不敢提价，并为此付出数十亿美元的代价。但在合并后，失去了外部竞争压力的滴滴＋优步，毫无疑问将会大幅提高专车价格，以改善自己的盈利状况。对用户而言，坐或者不坐之外，已别无选择。第二，专车司机的选择变少。过去，私家车司机可以同时安装滴滴、优步客户端，哪家补贴高、订单多跑哪家，以后恐怕是爱干不干、不干拉倒。因为有竞争对手存在，此前滴滴和优步在司机服务方面的竞争也很激烈，想尽办法拉拢司机群体，但以后恐怕司机们没有什么选择了。至于收入会不会降，要看滴滴的策略。第三，出租车行业加快衰落。两大对手合并成了一家，资金实力、用户规模都会叠加，出租车行业面临着一个比过去更强大的对手。当然，出租车行业能活多久，还要看管理部门和滴滴之间的博弈。第四，易到、神州的挑战和机遇。对易到和神州来说，滴滴、优步的合并既是好事又是坏事。好处在于，易到变身行业第二、神州变身行业第三，它们的想象空间比过去更大；坏处在于，对手更加强大，易到、神州面临的竞争威胁也会前所未有。

滴滴和优步中国的合并是否会被认为是垄断？2016年9月2日，商务部新闻发言人沈丹阳介绍，2016年8月1日，滴滴出行宣布与优步全球达成战略协议，将收购优步中国的全部资产。8月2日，交易双方履行股权变更登记手续，完成交割。此案此前未向商务部申报；在社会上引起广泛关注后，亦有举报人向商务部举报该交易当事方未依法申报。商务部正在根据《反垄断法》《国务院关于经营者集中申报标准的规定》《经营者集中申报办法》和《未依法申报经营者集中调查处理暂行办法》等有关法律法规对本案依法进行调查。截至目前，商务部反垄断局已经两次约谈滴滴出行，要求其说明交易情况、未申报的原因，并按商务部提出的问题清单提交有关文件、资料；与有关部门和企业座谈，了解网约车运营模式和相关市场竞争状况等。

第二节　全国多个城市出台网约车管理办法

2016年7月28日，国家出台了《关于深化改革推进出租汽车行业健康发展的指导意见》《网络预约出租汽车经营服务管理暂行办法》（以下分别简称《指导意见》《暂行办法》），网约车在我国的合法地位自此得以明确。网约车改善了市民出行，但也同时暴露出承运人责任主体不明确、乘客安全和驾驶员权益得不到保证，个人信息安全泄露风险较高等问题。交通运输部于2015年初开始联合有关部门启动了改革事宜。目前，国际上对网约车管理尚未形成一致意见，德国、法国、西班牙、日本、新加坡等大多数国家和城市禁止其发展，美国不同的州也实行不同的管理策略。我国出台了全球第一个国家层面的网约车监管法规。网约车监管不能简单地"一禁了之"，要因地制宜、因城施策。最大限度地适应新业态特点，创新制度设计，量身定制许可条件，简化许可程序，支持规范发展。在出租汽车定位、巡游出租汽车经营权等方面明确了大的方向，具体到各个城市，巡游车和网约车的数量规模如何管控、运价如何动态调整、网约车车辆条件如何确定，都留给了各城市人民政府决定。

随后北京、上海、广州、深圳、珠海、杭州、重庆、天津、成都等城市陆续发布网约车细则，针对网约车经营者、车辆和驾驶员、经营服务规范、监督检查、法律责任等方面进行了规定。其中，北京、上海、天津要求司机须为本地户籍，堪称"最严条例"。其余城市则对于司机户籍无硬性要求，但是对车辆牌照、牌号等具有明确限制规定。

北京市《网约预约出租车经营服务管理细则》于2016年12月21日正式对外发布。车辆准入方面，北京网约车细则要求车辆需在北京市登记，满足北京市公布实施的最新机动车排放标准，对车辆的排量、轴距也作了明确的规定。要求，5座三厢小客车排气量不小于1.8L，车辆轴距不小于2650毫米，含新能源车；驾驶员准入方面，北京网约车细则规定从事网约车的驾驶员需具有北京市户籍，也就是在车辆和司机准入方面，北京市依旧延续了此前"京车京人"的规定，此外细则还规定网约车司机的驾驶证件需为北京市核发，接入网约车平台的个人和车辆必须经过审核，具备相关资质后方可上路参与营运。

上海市发布了《上海市网络预约出租汽车经营服务管理若干规定（草案）》《关于本市深化改革推进出租汽车行业健康发展的实施意见（征求意见稿）》及《关于规范本市私人小客车合乘出行的实施意见（征求意见稿）》等三个文件，对驾驶员、车辆准入等作出了明确规定。参与运营的网约车需为沪牌，司机为沪籍，车辆需为价格18万元以上、2年以内的新车，且安装固定车载终端，并购买运营性保险。要求网约车平台公司必须具备相应的线上线下服务能力，本次《若干规定》增设了以下条件：一是非本市注册的企业法人应当在本市设立分支机构。二是网络服务平台应接入上海市交通行政主管部门行业管理平台。三是在上海市有注册车辆和驾驶员数量相适应的办公场所、服务网点和管理人员。四是应投保成年人责任险。

广州市发布了《广州市网络预约出租汽车经营服务管理暂行办法》等3份政策文件，要求，平台须申请《网络预约出租汽车经营许可证》。企业注册地在广州，且首次申请从事网约车经营的，应向市交通行政主管部门提出申请，并按照《暂行办法》提交材料，申请《网络预约出租汽车经营许可证》；企业注册地不在广州的，应当提交企业注册地出租汽车行政主管部门核发的《网络预约出租汽车经营许可证》复印件、线下服务能力材料。通过主管部门审核后，向平台发放《网络预约出租汽车经营许可证》，并在许可证中明确"本市经营""经营期限为8年"。而对于车辆的"硬件要求"包括：1.车身长度大于4.6米、宽大于1.7米，高大于1.42米；配置ABS防抱死制动系统、前排座位安全气囊和前后座安全带；采用自然吸气发动机的车辆，排量不小于1950毫升；采用增压发动机的车辆，排量不小于1750毫升且发动机功率不小于110千瓦；新能源车还应当配有EBD电子制动力分配系统；2.不得安装顶灯、空载灯，车的外观、颜色、标识应与巡游出租车有明显区别；3.车辆卫星定位装置相关数据，可直接接入政策监管平台，实现数据共享。对于司机的"软件要求"为：1.取得本市公安部门核发的车辆行驶证后1年内即提交申请。2.车辆若为私家车，车主应取得本市网络预约出租汽车驾驶员从业资格，且名下没有其他网约车同在经营期内；车辆若为企业车，该企业近1年内未发生重大安全生产责任事故。

深圳市关于网约车经营者的许可条件提出，网约车经营者申请经营许可需具有企业法人资格，其中非本市企业法人应当在本市设立分支机构；在本市有办公场所、管理机构、管理人员；具备供交通、通信、公安、税务、网信等相关监管部门依法调取查询相关网络数据信息的条件；平台服务器设置在中国内地，未设置在本市的，应当在本市设置数据备份系统；网络服务平台数据库接入本市政府监管平台等。网约车经营许可期限为5年，有效期届满可按规定申请延续。关于网约车车辆的申请条件，深圳提出，要是深圳市登记注册的5座以上7座以下乘用车；车辆行驶证载明的初次注册日期至申请时未满两年；燃油车辆轴距2700毫米以上、排量1950毫升以上、达到深圳市机动车污染物排放标准，或者车辆轴距2700毫米以上、排量1750毫升以上且发动机功率110千瓦以上、达到深圳市机动车污染物排放标准；纯电动车辆轴距2650毫米以上、续航里程250公里以上；插电式（含增程式）混合动力车辆轴距2650毫米以上、纯电驱动状态下续航里程50公里以上；车辆通过公安机关的营运载客汽车安全技术检验；安装符合国家、广东省、深圳市技术标准，具有行驶记录功能的车辆卫星定位装置、应急报警装置；不得违反规定安装顶灯、空载灯等巡游出租汽车服务专用设施设备。关于网约车驾驶员的许可条件，深圳市提出，网约车驾驶员要具有本市户籍或者持有有效的《深圳经济特区居住证》；持有有效的相应准驾车型机动车驾驶证，且至申请时具有3年以上驾驶经历；无交通肇事犯罪、危险驾驶犯罪记录，无吸毒记录，无饮酒后驾驶记录，最近连续3个记分周期内没有记满12分记录；无暴力犯罪记录；参加网约车驾驶员从业资格考试合格；申请之日前3年内无被吊销出租汽车驾驶员从业资格证件的记录等。

重庆发布《重庆市网络预约出租汽车经营服务管理暂行办法（征求意见稿）》，要求主城区网约车辆必须为"本地户籍"，主城区以外的各区县（自治县）可以另行制定标准，而网约车驾驶员可为外地人。网约车驾驶员应当依法取得《网络预约出租汽车驾驶员证》。驾驶员需有3年以上驾龄，且男性年龄不超过60周岁，女性年龄不超过55周岁。此外，还要求无暴力犯罪记录，无交通肇事犯罪、危险驾驶犯罪记录，无吸毒记录，无饮酒后驾驶记录，最近连续3个记分周期内没有记满12分记录。从事网约车经营的车辆必须有本市公安部门核发的机动车行驶证，为7座以下乘用车。车辆排量在1.6T（大于1550毫升）或2.0L（大于1950毫升）以上，车辆轴距不少于2650mm，新能源车辆、混合动力车辆发动机功率不低于90千瓦。车辆必须安装具有行驶记录功能的车辆卫星定位装置、应急报警装置；主城区以外的各区县（自治县）可以另行制定本地标准。网约车行驶里程达到60万千米时强制报废。行驶里程未达到60万千米但使用年限达到8年时，退出网约车经营。

第三节　摩拜单车和 ofo 共享单车上演争夺战

据不完全统计，仅 2016 年就有三十余家企业进军共享单车领域，这些单车包括领军者摩拜和 ofo，还有小白、小蓝、小鸣、优拜、酷骑、骑呗、hello-bike、快兔出行等。摩拜单车已进入北京、上海、济南、武汉等 15 座城市。而 ofo 共享单车也宣称覆盖了全国 33 座主要城市。至此，国内共享单车已达到数百万辆。共享单车的概念并不新鲜，多年前很多地铁口就有很多政府主导的共享自行车项目，但由于规划难度大、固定停车桩限制等问题，基本都处于废弃状态，美国纽约的类似项目 Citibike 运行了很长时间，也一度因为经营困难而难以维系。

摩拜单车（mobike）是由胡玮炜创办的北京摩拜科技有限公司研发的互联网短途出行解决方案，是无桩借还车模式的智能硬件。截至目前，摩拜单车已完成 D 轮 2.15 亿美元（约合人民币 15 亿元）的股权融资。摩拜单车和之前政府项目的最大区别就是不设固定停车桩和站点，用户通过 APP 可以实时查看身边的车辆，并且可以通过二维码扫码快速开锁，并在使用后停放在任意公共停车区域即可。商业模式方面，目前 mobike 费用为半小时 1 元，可通过微信或支付宝支付。我们不妨帮 mobike 简单算一笔账，mobike 的研发负责人 Jerry Yang 说过，mobike 的目标是四年免维修，那么基本可以理解为 depreciation 折旧时间是四年。如果一辆车一天之中被使用的有效时间是 1 小时，那么就是一天能够带来 2 元的收入，假设一年有 300 天有效使用天数，就是 600 元收入，四年就是 2400 元，也就是说，如果一辆车的固定投放成本在 2400 元以下（实际投入肯定远小于 2400 元，而实际使用时长相信也会高于 1 小时），不考虑其他支出的前提下，这就是一个赚钱的生意。另外，mobike 要求每个用户交付 299 元的押金，而大多正常使用 mobike 服务的用户是不会把押金取出的，这会给 mobike 带来极好的现金流和资本沉淀。

另一个共享单车 ofo 源起北大校园，创始人清一色为北大车协的同学，在戴威的带领下，他们创业最先尝试的是自行车骑行团的方向，这个方向不用多说，自然半道崩殂。之后在 2015 年 6 月，他们转型为校园共享单车，直至

2016 年 10 月，已来到全国 22 座城市、200 多所高校，累计提供超过 4000 万次共享单车出行服务，目前已成为中国规模最大的校园交通代步解决方案，注册用户超 80 万、日最高订单 20 万单，为广大高校师生提供便捷经济、绿色低碳、更高效率的校园共享单车服务。可以说，他们确实找到了自己的 PMF（产品市场契合点）。首先是切入角度好。校园中自行车是刚需，使用效率高，有明显潮汐效应。但是，如果有人通过更难的方式，从社会场景切入并且最终走通，那么这个切入角度最终可能反而是掣肘。如果当初饿了么刚诞生的时候，就有美团和百度这样的竞争对手，那么哪怕是从校园切入，恐怕也不可能存活下来。而 mobike 的团队则明显比 ofo 经验更丰富些。第二是财务模型。ofo 的单车成本在 270 元，每天每车单量为 10，客单价 0.5 元，所以 2 个月左右可以回本。但是，公开出来的运营数据的真实性受到质疑。廉价车辆和廉价机械锁的搭配所带来的维修和报废的折旧成本会更令人担心一些。但当然，如果真实数据如此，那么 ofo 确实是个蛮不错的生意。

摩拜单车和 ofo 共享单车的争夺战是否会吸引滴滴这个出行界的巨无霸？共享单车类型的公司核心壁垒在于：一是涉及车辆的软硬件研发，二是资本投入带来的单车布局和规模效应，三是市场宣传带来的网络效应和入口效应。对于滴滴来说，第一条和第二条都是通过资本可以直接实现的，第三条则是滴滴目前作为出行入口最大的优势，无人能及。滴滴会像在共享巴士领域一样，通过收购合并迅速推出滴滴巴士业务，直接拦截了资本方的投资，让共享巴士领域的其他创业者举步维艰①。

从整体市场来按，单车共享本质上是公共服务，高度依赖政府资源和输血，最现实的做法是通过"政府＋市场"的方式运作。很多人会用滴滴和 Uber 来看"橙黄大战"，但其量级却不可同日而语。据统计，中国会选择"最后一公里"骑行人口大约 0.85 亿，而对于想站住脚的互联网平台来讲，1 亿用户量仅仅是刚起步，更不要说不清晰的盈利模式。ofo、摩拜入局较早，最新一轮融资后估值直逼独角兽企业。据网络公开信息不完全统计，目前至少有 30 家共享单车品牌加入激战，这 30 多家累计城市单车投放量已超 30 万辆，主要集中在北京、

---

① 搜狐财经：《摩拜单车和 ofo 火拼单车共享，但滴滴又怎么会放过他们？》，2016 年 9 月 4 日，见 http：//business. sohu. com/20160904/n467598756. shtml。

上海、广州、深圳、成都等地，其中仅广州就有 10 多万辆。摩拜单车自 2015 年 10 月获愉悦资本的数百万美元的 A 轮融资后，又完成了 D 轮 2.15 亿美元的股权融资；ofo 共享单车则在 2016 年 10 月获得 C 轮 1.3 亿美元融资；从 2016 年至 2017 年初，整个共享单车行业融资总额已超过 40 亿元，且投资者多为明星机构，例如红杉、高瓴、金沙江、创新工场、腾讯、滴滴等。

　　如表 19-1 所示，一是市场参与主体较多。已披露融资消息的创业公司共 11 家。其中，仅 2016 下半年融资额超 30 亿元人民币，入局资本多达 30 家。二是巨大资金入局。半年内，ofo 完成了 5 次融资，摩拜完成了 4 轮融资；后来者小鸣单车在短短 24 天内完成 3 轮融资；优拜单车也在 3 个月内获得 3 轮融资。而在 2017 年第一周内，摩拜单车重磅宣布获得 2.15 亿美元 D 轮融资，ofo 随即发表声明表示已经准备好了充足的弹药。三是投资机构多元化。除了一般投资机构外，摩拜投资方出现了一批 PE 机构，比如高瓴、华平，同时站队腾讯等；同比 ofo 投资方，则是抱上了"滴滴系"大腿，小米也入局。四是中国模式出海。在强大资本的催促下，2016 年下半年，摩拜、ofo 开始出海进入国际市场进入国际市场。摩拜宣布进军新加坡，ofo 随后也宣布在伦敦、新加坡和硅谷提供共享单车服务。

表 19-1　2016 年共享单车融资表

共享单车融资表				投资界制表
企业	时间	轮次	资金	投资方
ofo	2015.3	天使轮	数百万元人民币	唯猎资本
	2015.12	Pre-A 轮	900 万元人民币	东方统道（弘合基金）、唯猎资本
	2016.2	A 轮	1500 万元人民币	金沙江创投、东方弘道（弘合基金）
	2016.8	A+轮	1000 万元人民币	真格基金、天使投资人王刚
	2016.9	B 轮	数千万美元	经纬中国、金沙江创投、唯猎资本
	2016.9	B+轮	数千万美元	滴滴出行
	2016.10	C 轮	1.3 亿美元	滴滴出行、Coatue Management、小米科技、顺为基金、中信产业基金、元瑾资本、经纬中国、金沙江创投、Yuri Milner

续表

企业	共享单车融资表			投资界制表
	时间	轮次	资金	投资方
摩拜	2015.10	A 轮	数百万美元	愉悦资本
	2016.8	B 轮	数千万美元	熊猫资本、愉悦资本、创新工场
	2016.8	B + 轮	数千万美元	祥峰投资、创新工场
	2016.9	C 轮	1 亿美元	红杉资本中国、高瓴资本
	2016.10	C + 轮	—	高瓴资本、华平投资、腾讯、红杉资本中国、启明创投、贝塔斯曼亚洲投资基金
	2017.1	D 轮	2 亿美元	腾讯、华平投资、携程、华住酒店集团 TPG 德太资本、红杉资本中国、启明创投愉悦资本、贝塔斯曼亚洲投资基金、熊猫资本、祥峰投资、Vertex、创新工场、鸿海集团、永伯资本
小鸣单车	2016.9	天使轮	数千万元人民币	联创永宣
	2016.10	A 轮	1 亿元人民币	凯路仕
	2016.10	B 轮	—	—
优拜单车	2016.9	天使轮	数千万元人民币	中路资本、初心资本、点亮资本、火橙资本
	2016.11	A 轮	1.5 亿元人民币	一村资本、黑洞投资、中路资本、点亮资本、火橙资本
	2016.12	A + 轮	1 亿元人民币	黑洞投资
小蓝单车	2016	在洽谈 A 轮	—	
HelloBike 哈罗单车	2016	天使轮	—	愉悦资本、纪源资本、贝塔斯曼亚洲投资基金、磐谷创投
		A 轮		纪源资本、磐谷创投
1 步单车	2016.9	天使轮	2000 万元	—
	2016	A 轮	2 亿元	—
1 步单车	2016.9	天使轮	2000 万元	—
	2016	A 轮	2 亿元	—

续表

	共享单车融资表			投资界制表
企业	时间	轮次	资金	投资方
骑贝单车	2016. 11	Pre – A 轮	—	—
	2017. 1	A 轮	1 亿元人民币	丰瑞投资、浑元投资
由你单车	2016	—	—	—
Joybike 悠悠单车	2016	—	—	—
永安行	2014. 8	A 轮	4000 万元人民币	深创投
Funbike	2016	—	—	—
CCbike	2016	天使轮	—	—
快兔出行	2016	—	—	—
奇奇出行	2016	—	—	—
小鹿单车	2016	在沿谈天使轮	—	—
海淀智享	2016. 8	—	—	—

此外，值得关注的投资方是腾讯。作为滴滴的重要战略投资人，在这次"单车大战"中，腾讯并没有与滴滴站在同一阵线，而是选择了 ofo 的竞争对手摩拜，背后颇耐人寻味。似乎在摩拜看来 ofo 已经不是他们的对手了，"真正的对手是滴滴"①。

第四节　i5 智能机床以创新开启制造业分享经济新模式

2016 年，沈阳机床 i5 产品获得超 1.5 万台订单，i5 数控机床销量劲增 10 倍。同年，沈阳机床集团在全国启动智能工厂建设，推出生产力租赁、融资租赁、再制造等一系列新商业"组合拳"，订单同比增 2.4 倍。"i5 战略"使沈阳机床跨入智能制造时代，提升了在线加工出精度与复杂度，改变了生产、

---

① 投资界：《共享单车这一年：半年融资 30 亿、30 家 VC/PE 入局》，2017 年 1 月 18 日，见 ht-tp：//www. p5w. net/weyt/201701/t20170118_ 1693864. htm。

技术、资本等资源的原始配置方式，催生了基于网络和平台的新型生产方式，成为我国制造企业在推进制造业与互联网融合方面的一次重大突破。

沈阳机床基于国家重大需求和世界市场定位研发高端产品，经过多年攻关研发，推出了智能、互联特征的数控系统——i5 智能控制系统，并在全球发布 i5 系列智能机床，突破技术垄断，给机床种下互联网基因。首先是打造智能、互联的数控机床。沈阳机床最初计划开发一个可用的数控系统，以摆脱长期依赖进口系统而不得不忍受薄利的被动发展状态。在开发过程中，其上海的开发团队摒弃了传统数控系统在专用的芯片和系统上进行开发系统的模式，创新性地选用基于 PC 平台的技术路线，打造全开放的系统架构。基于 PC 这一成熟的、应用广泛的硬件来开发系统，一方面省去了硬件开发的环节，绕开了外国领先企业在硬件研发上形成技术壁垒，有利于开发团队将精力全部放到软件的开发中。更重要的是，PC 平台相比于专用芯片拥有更高的计算能力和更大的存储容量，且硬件更新成本更低、扩展能力更强，为平台的智能化、网络化提供了有力的支撑。在智能化改造方面，研发团队根据用户的需求，加入了包括三维仿真、图形诊断、触屏功能、工艺支持和特征编程等智能化的功能。由于使用 PC 平台路线，PC 成熟网络系统自然地集成在 i5 机床中，这使得 i5 机床本身就可以联网。第二是进行全生命周期管理，智能工厂雏形初现。PC 平台和开放架构使得单台 i5 数控机床和个人电脑之间的界限变得模糊。接入网络的 i5 数控机床也能像电脑一样具备远程操作能力。基于这一点，沈阳机床集团与其上海团队打造了一个围绕"i5"产品生命周期的信息化服务平台（"i 平台"），通过此平台，拥有网络权限的管理人员可以在从远程的电脑终端或者是无线网络设备上实时地查看到车间内所有机床的运行状态，远程控制机床的操作，安排车间的生产计划或者排除机床故障。多台智能数控机床通过网络与 i 平台相连并统一由平台进行调配，一个智慧工厂的雏形便出现了。到 2015 年底，云平台已与 3000 多台 i5 数控机床实现了对接。沈阳机床的研发团队正尝试把物流、仓储和刀具管理纳入智能化体系，并与车间层面的计划调度管理相结合，使整个生产过程实现全透明、数字化，共同构成一个完整的工厂系统。

沈阳机床与神州数码公司、光大金控公司开展合作，推出 C2M2C（Customer to Manufactory to Customer）分享经济模式，形成阳机床发展的"i5 战略"。打造 iSESOL 平台，探索制造业分享经济发展。i5 数控机床互联的特性使其在虚拟网络空间的网络空间抽象为一个产生和接收数据的节点，突破了生产装备的物理空间限制——通过数据连接使得空间上离散分布的机床都可以被实时监控，闲散的机床资源可以快速被整合起来，因此，构筑在每个机床系统之上的"系统的系统"的概念便呼之欲出。2015 年 4 月，沈阳机床集团、神州数码公司和光大金控共同成立合资公司智能云科，打造智能工业工程与服务平台（Smart Engineering & Services Online），简称 iSESOL 平台。iSESOL 平台通过对所有 i5 机床的联网及其运行状态的实时监测、加工任务管理，在线发布闲置的加工能力，用户购买加工能力，按加工零部件的品种、数量、加工时间进行付费，形成了按需使用的 C2M2C 分享经济模式。这种分享经济的核心是生产能力的分享，提供方主要来自两个方面：一是来自购置机床的各个企业。同一段时间相同型号机床生产任务在不同企业之间的分布一定是不平均的，订单拥挤和机器闲置并存的现象难以避免。传统生产中，减少这种现象最有效的方式就是把机床生产置于大型纵向一体化企业的行政协调之下，这使得以机床加工业务为主的小型企业难以生存。iSESOL 云制造使分散式的或分级式的生产组织成为可能，每个机床作为独立的网络节点接受系统的调配可以解决规模经济与灵活生产之间的矛盾，降低了小型企业准入的门槛。二是来自沈阳机床。沈阳机床不断探索新的商业模式，由卖机器向卖服务方面转变，进一步降低机床加工业务（特别是一些需求量较小的业务）的成本。同时，以租代卖使得产品从设计阶段就考虑机床的功能、性能、寿命和可再制造率而不是通过牺牲质量来换取更低的售价，可以更好地提高沈阳机床的研发能力和制造水平。

沈阳机床加快转型发展，促进制造业与互联网融合模式创新。一方面，推进制造方式协同化变革。在 iSESOL 的基础上，沈阳机床继续探索协同制造新模式，研发了全球首款基于网络环境的工艺支持服务软件——在线计算机辅助制造系统"iCAM"。iCAM 与传统 CAM 相比最大的区别是能够在网络环境下运行，即 CAM 软件工艺信息的输入和 CAM 软件数控程序的输出都可以在网络上进行。用户只需在线提交加工零件模型至 iCAM，iCAM 会在工艺库中检索相应的数控程序以及三维仿真图返回给用户，用户可以直接将控制程序导入进行生产加工。通过引入 iCAM，iSESOL 云平台实现了"零件图纸—

数控程序—最终产品"的协同云制造。这种网络化制造将传统技术、工艺等隐形知识，显性化地集成在软件中，以系统解决方案的形式为用户提供各类制造服务，减少了传统数控机床生产中将相关部件的三维模型导入 CAM 软件的过程，提高了工作效率。用户可以直接从计算机库中获得零件加工的相关信息，降低了生产加工的学习成本。通过将工装、刀具等部件模型的标准化，使得上游刀具服务、工装设计服务等都需要配合 iCAM 的模型参数，整合了机床制造上下游的供应商，形成产业链环节紧密协同的云端制服务体系。同时，向个性化定制模式转型。随着市场、产品同质化竞争的加剧和消费文化的变革，打造满足消费者个性需求的产品将成为未来制造企业竞争力的核心。一方面通过 iSESOL 平台，沈阳机床可以将海量的、碎片化的闲置生产能力汇聚和在线发布以满足市场需求；另一方面，iCAM 的集成促进制造工艺和流程的数字化管理与产品个性化消费需求的柔性匹配。2015 年 10 月，沈阳机床与信泰集团、智能云科、金一科技、创慧投资等在深圳国际珠宝展览会举行了签约仪式，宣布成立珠宝梦工场公司，个性化定制黄金珠宝饰品的相关功能在 iSESOL 平台上线。消费者将自己对饰品的定制需求发布在 iSESOL 网络平台上，平台汇聚订单后交由专业设计师进行设计，形成设计图并编写相应的数控程序，然后平台通过网络将订单直接发送至闲置的数控机床，加工完成后产品直接通过快递送到消费者手中。珠宝梦工场公司作为智能云科在珠宝行业的样板基地，以智能数控设备为基础，以智能云制造为路径，创新商业模式，形成全新的黄金珠宝设计生产消费生态系统。

第二十章　2016年中国新兴技术热点事件

　　2016年，中国新兴技术呈现多点迸发态势。在人工智能领域，人机大战引发了机器学习和深度学习人潮，人工智能算法和大数据等技术和工具结合取得重要突破。虚拟现实和增强现实成为游戏领域最大热门，广受全球游戏公司巨头和国内游戏企业追捧。在机器人领域，多款服务机器人不断推陈出新，尤其是语音识别、图像识别、人机交互等技术在多款智能机器人上应用，开启了智能生活新时代。此外，区块链技术在金融领域应用不断探索尝试，并得到人民银行等官方认可。首个国家智能网联汽车试点示范区在上海建立，意味着中国的智能联网和无人驾驶汽车从国家战略高度走向实际操作阶段。

第一节　人机围棋大战引爆深度学习热潮

　　2016年3月9日到15日，阿尔法围棋程序挑战世界围棋冠军李世石的围棋人机大战五番棋在韩国首尔举行。比赛采用中国围棋规则，奖金是由Google提供的100万美元。最终阿尔法围棋以4比1的总比分取得了胜利[1]。这引起了社会各界对深度学习的追捧热潮。阿尔法围棋（AlphaGo）是一款围棋人工智能程序，由谷歌（Google）旗下DeepMind公司的戴密斯·哈萨比斯、大卫·席尔瓦、黄士杰与他们的团队开发。阿尔法围棋（AlphaGo）是一款围棋人工智能程序。其主要工作原理是"深度学习"。"深度学习"是指多层的人工神经网络和训练它的方法。一层神经网络会把大量矩阵数字作为输入，通过非线性激活方法取权重，再产生另一个数据集合作为输出。这就像

---

　　① 新华网：《人工智能取得新突破电脑程序首次击败围棋专业选手》，2016年1月28日，见 ht-tp：//news. xinhuanet. com/info/2016 - 01/28/c_ 135052535. htm。

生物神经大脑的工作机理一样，通过合适的矩阵数量，多层组织链接一起，形成神经网络"大脑"进行精准复杂的处理，就像人们识别物体标注图片一样。阿尔法围棋用到了很多新技术，如神经网络、深度学习、蒙特卡洛树搜索法等，使其实力有了实质性飞跃。美国脸谱公司"黑暗森林"围棋软件的开发者田渊栋在网上发表分析文章说："'阿尔法围棋'这个系统主要由几个部分组成：一、走棋网络（Policy Network），给定当前局面，预测/采样下一步的走棋；二、快速走子（Fast rollout），目标和走棋网络一样，但在适当牺牲走棋质量的条件下，速度要比走棋网络快1000倍；三、估值网络（Value Network），给定当前局面，估计是白胜还是黑胜；四、蒙特卡洛树搜索（Monte Carlo Tree Search），把以上这三个部分连起来，形成一个完整的系统。"

阿尔法围棋（AlphaGo）是通过两个不同神经网络"大脑"合作来改进下棋。这些大脑是多层神经网络跟那些Google图片搜索引擎识别图片在结构上是相似的。它们从多层启发式二维过滤器开始，去处理围棋棋盘的定位，就像图片分类器网络处理图片一样。经过过滤，13个完全连接的神经网络层产生对它们看到的局面判断。这些层能够做分类和逻辑推理。第一个神经网络大脑是"监督学习的策略网络（Policy Network）"，观察棋盘布局企图找到最佳的下一步。事实上，它预测每一个合法下一步的最佳概率，那么最前面猜测的就是那个概率最高的。这可以理解成"落子选择器"。阿尔法围棋（AlphaGo）的第二个大脑相对于落子选择器是回答另一个问题。不是去猜测具体下一步，它预测每一个棋手赢棋的可能，再给定棋子位置情况下。这"局面评估器"就是"价值网络（Value Network）"，通过整体局面判断来辅助落子选择器。这个判断仅仅是大概的，但对于阅读速度提高很有帮助。通过分类潜在的未来局面的"好"与"坏"，AlphaGo能够决定是否通过特殊变种去深入阅读。如果局面评估器说这个特殊变种不行，那么AI就跳过阅读①。

阿尔法围棋无论是与机器或者真人棋手的对战中都取得了傲人的成绩。对战机器人方面，阿尔法围棋和其他的围棋人工智能机器人进行了495局较

---

① 新华网：《"阿尔法围棋"再揭秘》，2017年1月6日，见http：//news. xinhuanet. com/2017 – 01/06/c_ 1120261302. htm。

量，只输了一局，胜率是 99.8%。它甚至尝试了让 4 子对阵 CrazyStone、Zen 和 Pachi 三个先进的人工智能机器人，胜率分别是 77%、86% 和 99%。在对战人类方面，2016 年 1 月 27 日，国际顶尖期刊《自然》封面文章报道，谷歌研究者开发的名为"阿尔法围棋"（AlphaGo）的人工智能机器人，在没有任何让子的情况下，以 5∶0 完胜欧洲围棋冠军、职业二段选手樊麾。在围棋人工智能领域，实现了一次史无前例的突破。计算机程序能在不让子的情况下，在完整的围棋竞技中击败专业选手，这是第一次。2016 年末 2017 年初，该程序在中国棋类网站上以"大师"（Master）为注册账号与中日韩数十位围棋高手进行快棋对决，连续 60 局无一败绩。不少职业围棋手认为，阿尔法围棋的棋力已经达到甚至超过围棋职业九段水平，在世界职业围棋排名中，其等级分曾经超过排名人类第一的棋手柯洁。2016 年 7 月 18 日，世界职业围棋排名网站 GoRatings 公布最新世界排名，谷歌旗下 DeepMind 的人工智能系统 AlphaGo 以 3612 分，超越 3608 分的柯洁成为新的世界第一。虽然这次 Master 在网络快棋上"完胜"人类高手，但很多棋迷依然对柯洁和"阿尔法狗"的新一轮人机大战颇为期待，也有不少棋迷认为人类应该由数名顶尖高手组团，采取超慢棋的规则和"阿尔法狗"来一场"公平对决"。

无论未来会出现何种形式的"人机大战"，科技又一次展现了自己的强大，围棋这一古老的运动也再度展现了自己的魅力，藤泽秀行先生曾说："棋道一百，我只知七。"虽然这次表面上是 Master 横扫人类高手，但对任何一方来说，这场"七日之战"都意义非凡[①]。

第二节　多款智能机器人受追捧

智能机器人是一个在感知、思维、效应方面全面模拟人的机器系统。智能机器人有相当发达的"大脑"——中央计算机，可以进行按目的安排的动作，是人工智能技术的综合试验场，可以全面地考察人工智能各个领域的技

---

① 凤凰网：《AlphaGo 超越柯洁成围棋世界第一"人"》，2016 年 7 月 18 日，见 http：//finance. ifeng. com/a/20160718/14610623_ 0. shtml。

术。智能机器人从无到有、从低级到高级，并随着科学技术的进步而不断深入发展。随着计算机技术、网络技术、人工智能等技术的发展，智能机器人将有更广阔的应用前景。机器人基于的技术架构主要是：一是识别，外界输入的信息向概念逻辑信息转译，将动态静态图像、声音、语音、文字、触觉、味觉等信息转化为形式化（大脑中的信息存储形式）的概念逻辑信息。二是运算，输入信息刺激自我学习、信息检索、逻辑判断、决策，并产生相应反应。三是控制，将需要输出的反应转译为肢体运动和媒介信息。而智能机器人重在人工智能技术，包含感知、交互、运动控制三大块。首先是感知部分相当于人的五官、皮肤，交互相当于人的对话、手势、表情沟通，运动控制则相当于人的四肢活动和行走能力。智能服务机器人要实现自然的人机交互体验，必须要具备环境感知能力。机器人可以通过摄像头视觉方案、毫米波雷达、超声波雷达以及激光雷达等传感设备来感知周围环境。目前，从行业发展趋势来看，多传感器融合是大势所趋。但是，由于视觉方案受环境光限制较多，而激光雷达可以不受光线影响，实时测量周围物体和障碍物的距离，加上近几年激光雷达成本逐渐下降，被认为是目前最具优势的感知方案。不同的激光雷达有不同的应用领域。单线激光雷达主要用于近距离感知，而多线激光雷达则应用于无人驾驶和无人机等远距离感知。第二，人机交互技术主要包括语音识别、语义理解、图像识别、体感/手势交互等。语音识别：语音识别技术由于起步较早，目前商业化已经相对成熟，也诞生了科大讯飞这样的上市公司和行业巨头。同时，捷通华声、思必驰、云知声、出门问问等起步较早的创业公司，绕过讯飞所在的教育、电信市场，从新兴的智能家居、智能车载、智能机器人等领域切入，也较好地实现了商业化落地。此外，百度、搜狗等大型互联网公司也在发展自己的语音技术，用于支撑其 AI 平台及 C 端应用和产品。语义理解：相比语音识别，语义理解技术目前尚不成熟。虽然中文语音识别和语义理解公司具有天然语言壁垒和优势，但是中文在断字、消歧方面的难度大大高于英语。另外，语音识别在远场、噪音、口音以及重复、断句等方面存在的瓶颈，仍需要结合语义理解才能攻破。图像识别：人类感觉中，80% 的信息都来自视觉，因此图像识别是智能机器人交互的重要技术环节。目前，以旷视、商汤为代表的视觉龙头公司，已经将人脸识别和图像识别应用于金融、安防、公安、社交、娱乐等领域。未来，随着深度学习技术不断进步、大数据的积累，以及芯片计算能力的提升，图像识别技术将越来越成熟，并逐渐拓展到更多应用领域。体感交互：手势和体态动作也是人与人之间自然的交互方式之一，因此人机交互必然少不了手势和体感交互。由于体感技术主要通过视觉感知人体动作和环境信息，因此也属于图像识别领域。目前体感识别主要结合 VR、智能电视等设备，用于游戏、娱乐等领域，在智能机器人方面应用较少。未来，随着智能机器人内容和应用的不断丰富，体感交互也有望融入其中，进一步提升交互体验。第三是运动控制部分。早期智能服务机器人（如 ASIMO、NAO 等）基本都具备运动控制功能。但 JIBO、亚马逊 Echo 等"先驱"产品的出现带起了一波桌面机器人的热潮。由于运动控制所需的伺服电机成本较高，因此大多需要运动的机器人基本都采用了轮式方案①。

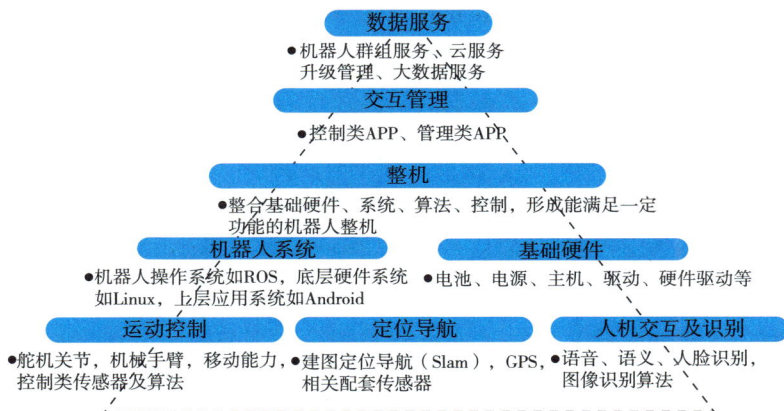

图 20 - 1 智能机器人技术体系

百度推出了智能实体机器人——小度机器人，依托百度强大的搜索能力，集成自然语言理解、智能交互、语音视觉等多种人工智能技术，能以自然的方式与用户进行信息、服务、情感的交流。小度机器人会学习，会成长，不断提升各种技能。小度机器人在《芝麻开门》《开讲啦》等节目上亮相后，2016 年出现在肯德基智能概念店"KFC original +"，化身点餐员，消费者可

---

① 亿欧网：《最全智能服务机器人产业链分析：密切关注三大趋势》，2017 年 2 月 15 日，见 http://www.im2maker.com/news/20170215/64f1195689c8ed4f.html。

以体验百度人工智能设备小度机器人带来充满科技感的点餐服务，这是百度人工智能设备小度机器人首次亮相生活服务场景。百度还开展了太空万行诗活动，向数万网友收集的太空信和由百度人工智能技术生成的万行诗随飞船升上太空，并在发射成功后开设直播活动，邀请网络红人与小度机器人直播读诗①。随后小度机器人在江苏卫视《最强大脑》节目中连续战胜多名选手引发热议。与小度机器人类似的还有搜狗推出的汪仔机器人。汪仔是搜狗历时 9 个月，耗资 4000 多万元，集合了搜狗、清华大学天工智能计算研究院等顶尖技术团队，基于人工智能技术研发的问答机器人。汪仔背后依靠的是基于人工智能技术的搜狗立知问答系统。立知是一种面向未来的搜索，在理解用户的问题或信息需求后，利用海量网络信息及大规模知识库，直接给出答案，方便便捷，适用于多种交互方式。其背后蕴含语义分析、问题理解、信息抽取、知识图谱、信息检索、深度学习等众多技术。在《一站到底》的节目中，汪仔迎战人类选手并取得最终胜利。与 AlphaGo、小度等智能机器人步完全一样，AlphaGo、Master 与人类的围棋较量在于计算力，小度在《最强大脑》的亮相还仅限于机器的识别能力的话，搜狗汪仔则是在理解、判断上和人类一较高下。它超越了识别能力，能听能说会看会思考，可以在几个毫秒内，从海量数据当中检索出信息，思考，推理，然后快速抢答②。

对比小度与汪仔机器人我们可以看到人工智能的不同技术路线和发展难点。小度在《最强大脑》中展现出来的是图像识别技术，图像识别技术是人工智能领域的基础技术，有着广泛的应用空间，而人工智能的终极发展目标也是目前最难的，是具备一定的思维逻辑，并且能够做出决策，而非只停留在识别判断阶段。相比之下，搜狗机器人汪仔则更为"智慧"。首先，汪仔运用了语音识别技术。汪仔能听，它可以与主持人、选手进行即时交流，还能听得懂主持人的问题，甚至在问题未结束时，通过推理判断完整内容，并快速做出抢答。在嘈杂的录制环境中，能够分辨出最主要的对话内容已经不易，并且面对主持人正常的人类语速对话，这对机器的语音识别及语义理解能力

① 百度：《百度万行诗随神舟升空小度机器人开直播间为你读诗》，2016 年 10 月 17 日，见 http：//www.csdn.net/article/a/2016 – 10 – 17/524。

② 机器人网：《搜狗汪仔机器人获胜〈一站到底〉背后黑科技竟是？》，2017 年 2 月 7 日，见 http：//robot.ofweek.com/2017 – 02/ART – 8321203 – 8100 – 30100388.html。

要求极高。汪仔还可以看，通过利用 OCR 技术，汪仔可以在主持人念题的同时，可以利用题板进行题目的完整识别。最重要的是汪仔运用了语义理解技术。众所周知，自然语言的理解是人工智能领域目前最大的难点。无论汪仔与主持人对话还是答题，依靠的都是搜狗新研发的立知问答系统，机器会理解人的问题以及背后隐藏的潜在需求，然后对信息进行抽取，再通过知识图谱对信息检索等，最终对答案进行筛选给出最正确的。总体来看，百度专注基于图像处理的应用技术，而搜狗则更加专注于"自然交互"和"知识计算"①。

　　智能机器人的发展受到社会各界的广泛关注，更受到党中央、国务院的高度重视。2016 世界机器人大会在北京举行，中共中央政治局委员、国务院副总理刘延东出席并致辞。中共中央政治局委员、北京市委书记郭金龙，全国政协副主席、科技部部长、中国科协主席万钢出席开幕式。世界机器人大会以"共创共享共赢，开启智能时代"为主题，全球近 150 家知名机器人企业参会。刘延东指出，当前世界科技日新月异，机器人技术发展在支撑智能制造、提升生产效率、增进民众福祉等方面发挥着重要作用，开启了人类经济社会发展的新时代。中国政府高度重视机器人技术创新和产业发展，希望与各国共同抓住工业化与信息化深度融合的契机，加快发展以机器人为代表的智能产业，建设共创、共享、共赢的智能社会，更好服务和造福全人类。各国要深入挖掘科技创新潜力，加大机器人重点领域的研发力度，加快科技创新和成果转化；促进机器人产业健康发展，推动各领域交叉融合和协同创新，完善政策措施，创新应用模式，拓展服务领域，催生新的经济增长点；加强创新人才培养，完善产学研用结合的协同育人机制和激励评价机制，让创新人才竞相涌流；深化国际交流合作，共同制定机器人国际标准，加强专利申请和知识产权保护，努力形成包容开放、资源共享、优势互补的机器人发展格局。政府和社会各界的高度关注将加快智能机器人的技术突破和商业化应用。

---

　　① 中国智能制造网：《人工智能大展身手机器人旺仔与小度将正面 PK》，2017 年 2 月 14 日，见 http：//info. machine. hc360. com/2017/02/141435648798. shtml。

第三节 《口袋妖怪》让虚拟现实和增强现实再引热议

2015 年，索尼发布 PlayStation VR、HTC 发布 HTC vive，各大游戏商在智能硬件展开在虚拟现实和增强现实领域的角逐。2016 年，一款由任天堂授权开发的手游《Pokémon Go》一发布就引发了全球热捧。任天堂旗下的 Game Frake 公司和 Niantic 公司合作开发的休闲游戏《Pokémon Go》（《口袋妖怪》）首先在澳大利亚和新西兰地区上架。这是一款采用增强现实技术的休闲游戏，玩家在游戏中可以通过网络和 GPS 在现实中捕捉到不同的口袋妖怪。玩家还可以携带这些口袋妖怪和其他玩家进行对抗，或者是进行道馆挑战赛。目前游戏中收录了第一代 151 只口袋妖怪，除了稀有的神兽，其他的口袋妖怪都会依照属性出现在玩家身边。Niantic 是 AR 领域的专家。作为一个谷歌旗下创业后来独立的机构，它开发了脍炙人口的 AR 应用 Ingress。对于《Pokémon Go》，Niantic 用到了和 Ingress 一起开发的工具——包括一个有着有趣场景和历史古迹的数据库——并把它们带到了口袋妖怪的世界。这个被记录下来的地方会成为 PokéStop 和道馆，也就是玩家可以捡取物品和相互对战的地方。不像围绕着虚拟世界的 VR，AR 的目的是增强人们与现实世界的联系，通常是通过重叠可看到的信息。定义一款 AR 产品有效与否的方式，就是看它是否看起来逼真自然。

《口袋妖怪》是任天堂的一次巨大成功，同时也是其开发者 Niantic 的一次巨大成功。移动应用分析公司 Sensor Tower 对《福布斯》表示，免费的《口袋妖怪》在美国的 iOS 和 Android 平台总下载量已经超过 750 万次，每天通过苹果 App Store 应用内购创收 160 万美元，该游戏已为 Niantic 带来可观的收益。与此同时，游戏发布后一周任天堂股价已经累计上涨 24.5%，市值增加数十亿美元。早在《口袋妖怪》引发轰动之前，就有一位名叫约翰·汉克（John Hanke）的企业家创办了一家名为 Keyhole 的公司，这家公司最终于 2004 年被谷歌收购，但具体金额并未披露。这家公司的技术最终为谷歌地球的开发奠定了基础。收购完成后，汉克便留在谷歌，担任该公司地理服务部门产品管理副总裁，谷歌地球和谷歌地图均归属于该部门。但在 2010 年，作为内部创业计划的一部分,汉克在谷歌内部创办了一家名为 Niantic Labs 的公司,他们借助增强现实技术开发了一款名为 Ingress 的 Android 游戏。2015 年,谷歌母公司 Alphabet 将 Niantic 剥离为独立公司。汉克再度执掌独立创业公司的大权。2015 年 9 月,NIantic 和 Pokemon Company 宣布合作开发一款名为《口袋妖怪》的游戏。同年 10 月,谷歌与任天堂和 Pokemon Company 宣布通过 A 轮融资共同向 Niantic 投资 2000 万美元。如果能够达到特定目标,Niantic 还将额外获得 1000 万美元。Niantic 发布的《口袋妖怪》在短短几天内广受欢迎,根据数据追踪服务 Similarweb 的报告,《口袋妖怪》在 Android 平台上的下载量甚至超过了约会应用 Tinder,日活跃用户甚至即将超过 Twitter[1]。

目前《Pokémon Go》已经在 35 个国家上架,不仅是日本,韩国也将很快上线,但由于国家安全受到朝鲜的威胁,韩国要求谷歌隐藏地图中的军事设施等信息。目前,谷歌地图功能在韩国受限。而官方并没有明确说明游戏是否会进入中国市场,只表示在技术上推出《Pokémon Go》是"有可能的",只是必须应对好中国的游戏政策,还需进一步考证。除了刚刚提到的韩国,不少中东国家都开始抵制该游戏,甚至颁布法律禁止该游戏的使用,其中就包含一部分出于安全方面的考虑,据了解,该游戏在使用摄像头捕捉小精灵的时候,捕捉画面和所在位置是可以被一些有心人通过某种手段获取到的,这不仅涉及个人隐私,后期通过大数据分析,完全可以判断出该玩家常出没的地方,以及一些简单的脾气秉性。在国家安全方面,如果这些玩家出现的场景是一些比较敏感的区域(如军事管制区),那么也可能出现国家信息泄露的情况发生。不仅如此,如果《Pokémon Go》开始在国内大面积的释放小精灵,而部分区域小精灵一直无人收服,或者收服者极少,配合当地的地理地貌特征、建筑占地面积和简单的数据分析便可以大体判断出,当地的人口密度、人口流量、哪些地方是管理比较严格的地方、哪些地方是严格管制区域。再配合一些稀有精灵在某地临时出现的活动,便可将数据整理得更为详细。另外,也涉及一些交通安全、社会治安等问题,例如玩家在体验该游戏的时

---

① 新浪科技:《〈口袋妖怪 Go〉太火最赚钱的公司不是任天堂而是他!》,2016 年 7 月 13 日,见 http://www.techweb.com.cn/irouter/2016 - 07 - 13/2360418.shtml。

候也会出现走神，从而导致注意力不集中引发交通事故等问题发生①。因此，目前在中国该游戏尚未正式上架，但仍然引发了虚拟现实和增强现实领域的热议。

虚拟现实技术是一种可以创建和体验虚拟世界的计算机仿真系统，它利用计算机生成一种模拟环境，是一种多源信息融合的、交互式的三维动态视景和实体行为的系统仿真，使用户沉浸到该环境中。虚拟现实技术是仿真技术的一个重要方向，是仿真技术与计算机图形学、人机接口技术、多媒体技术、传感技术、网络技术等多种技术的集合，是一门富有挑战性的交叉技术前沿学科和研究领域。虚拟现实技术（VR）主要包括模拟环境、感知、自然技能和传感设备等方面。模拟环境是由计算机生成的、实时动态的三维立体逼真图像。增强现实技术（Augmented Reality，AR），是一种实时地计算摄影机影像的位置及角度并加上相应图像、视频、3D 模型的技术，这种技术的目标是在屏幕上把虚拟世界套在现实世界并进行互动。增强现实技术将真实世界信息和虚拟世界信息"无缝"集成，把原本在现实世界的一定时间空间范围内很难体验到的实体信息（视觉信息、声音、味道、触觉等），通过电脑等科学技术，模拟仿真后再叠加，将虚拟的信息应用到真实世界，被人类感官所感知，从而达到超越现实的感官体验。真实的环境和虚拟的物体实时地叠加到了同一个画面或空间同时存在。

虚拟现实和增强现实的发展离不开硬件、软件以及网络。如果其中任何一样存在短板，那么任何新技术的应用都会变得举步维艰。目前，头部显示器、相关软件工具以及网络层面都在积极地发展之中。在基础网络方面，虽然 4G 网络目前可以支撑一般的 AR 以及 VR 应用，但随着 VR 视频和 VR 游戏市场对内容质量、数量以及种类的需求增长，将会对网络提出更高要求。5G 对于 AR/VR 的优势主要体现在三个方面：更大的容量、更低的延迟以及更好的网络均一性。一些应用对于某个部件的依赖程度胜过其他部件，不过同时支持硬件、软件以及网络对于将所有的 AR 和 VR 应用至于相同网络下是至关

---

① 王培振：《逆言：为什么不看好 PokemonGo 来中国?》，2016 年 7 月 22 日，见 http：//www. pcpop. com/doc/3/3102/3102915. shtml。

重要的①。

第四节　区块链价值得到官方认可

2016 年 1 月 20 日，中国人民银行在北京召开了数字货币研讨会，被业界认为是我国对于区块链及数字货币价值的认可，对于整个区块链和比特币行业的信心起到了重要的提振作用，比特币 24 小时内价格从 2539 元上涨至 2810 元，涨幅近 10%，而以太坊在短短 2 个月之后总市值由 7000 万美元上涨到最高 11.5 亿美元，涨幅达 1600%。会上，来自中国人民银行、花旗银行和德勤公司的数字货币研究专家分别就数字货币发行的总体框架、货币演进中的国家数字货币、国家发行的加密电子货币等专题进行了研讨和交流。提出了央行发行数字货币的战略目标，做好关键技术攻关，研究数字货币的多场景应用，争取早日推出央行发行的数字货币。中国人民银行从 2014 年起就成立了专门的研究团队，并于 2015 年初进一步充实力量，对数字货币发行和业务运行框架、数字货币的关键技术、数字货币发行流通环境、数字货币面临的法律问题、数字货币对经济金融体系的影响、法定数字货币与私人发行数字货币的关系、国际上数字货币的发行经验等进行了深入研究，已取得阶段性成果。随着移动互联网、云计算、区块链等技术的演进，全球范围内的支付方式都发生了巨大的变化。未来的货币可能实现全部数字化，比如结合第三方支付开发的扫码支付，不需要再用现金去交易，等等。金融行业、商业支付领域的数字化，支付账户虚拟化、场景化，支付工具的数字化、个性化，支付清算体系网络化、去中心化及实时化将是未来的趋势②。随着全球移动互联网技术的飞速发展，以及金融领域的不断创新，货币的数字化进程正在加快。随后，由中国人民银行推动的基于区块链的数字票据交易平台已测试成功，由央行发行的法定数字货币已在该平台试运行，在央行旗下的数字货币

---

①　VR 资讯：《5G 网络才是适合虚拟现实与增强现实的环境》，2017 年 2 月 9 日，见 http：//vr. hiapk. com/business/s589bf140a805. html。

②　中国人民银行：《中国人民银行数字货币研讨会在京召开》，2016 年 1 月 20 日，见 http：//www. pbc. gov. cn/goutongjiaoliu/113456/113469/3008070/index. html。

研究所挂牌。目前，区块链由于其具有去中心化、开放性、自治性、信息不可篡改以及匿名性等特征，被认为是未来金融创新的技术基础。但数字货币尚在研究中，央行发行法定的数字货币目前并没有一个时间表。

接下来包括英国、瑞士、丹麦、印度在内的多个国家，都相继宣布正在加紧研发国家数字货币。欧盟委员会提出新的"初创企业及扩容倡议"，为比特币和区块链企业发展带来新的机遇。欧盟多个多家已经开始试用数字货币，意大利大型出租车公司 RadioTaxi 3570 宣布支持比特币的付款方式。塞内加尔发行国家级数字货币 eCFA，成为了非洲第二个发行数字货币的国家。英国皇家铸币局（Britain's Royal Mint）以及美国芝加哥商品交易所（CME Group）合作开发了以区块链技术为基础、为减少贵金属交易所需成本的数字黄金交易平台。

一些金融机构的反应也很迅速，新的区块链品种不断出现。中国邮政储蓄银行和 IBM 联合宣布推出基于区块链的资产托管系统，该系统已在真实业务环境中顺利完成了上百笔交易。兴业银行首个应用区块链技术的试验项目——区块链防伪平台对外公开。我国央行和众多金融机构的研究和行动说明，未来金融业有可能用区块链技术解决安全性等诸多问题。但由于区块链技术每一次交易都要循环验证真伪，这给计算机运算和数据存储带来很大挑战，因此不是一般的机构所能实现的。在区块链应用品种方面，以太坊在比特币的区块链技术中添加了智能合约功能，当前基于以太坊平台研发的区块链应用超过 328 种，其中涵盖了金融服务、预测市场、电子竞技、彩票和云算力等多个领域。2016 年 7 月 20 日，以太坊完成硬分叉，随后又分裂，产生 Ethereum Classic（ETC）并上市交易。2016 年 10 月 29 日，由美国密码学科学家们研发的，首个使用"零知识证明"技术开发的匿名密码学货币 Zcash 发布了创世块，随后迅速登录国内外各大交易所，一枚 Zcash 的单价最高达到 3000BTC。Zcash 所使用的零知识证明技术，能够保证证明者在不向验证者提供身份信息的情况下，使验证者相信某个论断的正确性。而针对 Zcash 使用场景，也就是保证了交易的匿名性。这项突破性的技术，解决了比特币本身的可替换性问题。这项功能有利于大型金融服务行业更好地使用区块链技术，保护用户个人隐私。Zcash 目前已经成为除比特币和以太坊外，关注度第三高的区块链品种①。

区块链技术还存在诸多问题和风险，黑天鹅事件频发。2016 年 5 月 14 日，香港数字货币交易所 Gatecoin 被黑，价值超过 200 万美元的以太坊相关资产被盗。2016 年 8 月 4 日，全球最大比特币对美元交易平台 Bitfinex 被黑，12 万枚比特币被偷走，价值超过 7200 万美元，比特币市值反应剧烈，在 6 小时内下跌了 25%。虽然，Bitfinex 交易所在之后发行了债券来记录用户的损失，并承诺将使用债转股的方式偿还用户损失，但这也难以让交易者满意。关于交易所透明性、资金安全性、风险控制等方面的问题受到了圈内外的广泛关注。目前，区块链技术仍有很多问题亟待克服，其中最核心的就是提高区块链的运行效率，每个单位时间内达成的共识能有多少，这是决定区块链能否在不同场景应用的一个瓶颈。除技术问题外，区块链技术本身的商业模式不明确也是一个颇为头疼的问题。现在还没有一个成功商业化的区块链应用，而很多企业把传统业务搬到区块链上，区块链的商业化运用将取决于未来能否依托于区块链技术，探索出分布式、去中心化的商业模式。政府和监管是区块链发展最核心的不确定性，因为短期内还难以找到效率、安全、利益"三角制约"的最优解，所以监管者多数都在观察，甚至担忧这种新的模式可能带来鱼龙混杂的局面，产生巨大的局部风险甚至是系统性风险。未来，逐步开放一些场景和领域来试验区块链技术能否起到有效作用，同时摸索区块链技术的监管边界，在实践中摸索监管新模式。

第五节　首个国家智能网联汽车试点示范区成立

2016 年 6 月 7 日，由工信部批准的国内首个"国家智能网联汽车（上海）试点示范区"封闭测试区正式开园运营②。这意味着中国的智能联网和无人驾驶汽车从国家战略高度走向实际操作阶段。整个园区模拟城市交通场

---

① 搜狐财经：《2016 年度区块链十大事件》，2016 年 12 月 29 日，见 http：//mt. sohu. com/20161229/n477284222. shtml。

② 新华网上海频道：《国家智能网联汽车试点示范区在上海嘉定开园》，2016 年 6 月 14 日，见 http：//sh. xinhuanet. com/2016－06/14/c_ 135436377_ 3. htm。

景，有隧道、林荫道、加油/充电站、地下停车场、十字路口、丁字路口、圆形环岛等，同时园区内设有 1 个 GPS 差分基站、2 座 LTE－V 通信基站、16 套 Dsrc 和 4 套 LTE－V 路测单元、6 个智能红绿灯和 40 个各类摄像头，整个园区道路实现了北斗系统的厘米级定位和 Wi－Fi 的全覆盖，可以为无人驾驶、自动驾驶和 V2X 网联汽车提供 29 种场景的测试验证。目前，共有 25 辆无人驾驶汽车、自动驾驶、网联汽车率先入园，测试复杂环境下的感知、智能决策、协同控制和执行等功能。分四个阶段：第一阶段封闭测试：在嘉定汽车博览公园、同济大学嘉定校区等 5 平方公里范围内，封闭道路 15 公里，模拟智能网联汽车在高速 + 城市 + 乡村试跑状况，测试车辆达到 200 辆左右。第二阶段开放道路测试：2016 年 9 月至 2017 年底，将围绕汽车城核心区博园路、墨玉南路等 36 个模拟交通场景，实现 1000 辆车在 27 平方公里、73 公里上路实测，建起国内首个智能网联汽车测试示范公共服务平台。第三阶段典型城市综合示范区试验：至 2019 年底，范围从安亭汽车城核心区的基础上拓展至安亭镇全区，5000 辆车在包括高速路在内的 100 平方公里内试跑，初步打造智能网联汽车产业集群，成为全国区域性智能网联汽车标准化产业基地。第四阶段，真正在沪建成示范城市及交通走廊：2020 年以安亭到虹桥枢纽为中心，示范道路累计增加到约 500 公里，车辆达 10000 辆，通过共享走廊将两个区域连接形成闭环，最终建成相对独立、功能齐全的智能网联汽车测试示范公共服务平台。

中国智能网联汽车产业已初具雏形，本土企业积极与高校合作，开展自动驾驶演示，如长安汽车无人驾驶车辆是与华为及清华大学合作，历时近 6 天完成 2000km 超级无人驾驶测试项目，根据长安汽车智能汽车技术发展规划，高速路况的长途自动驾驶汽车计划于 2018 年实现量产，复杂城市路况的完全自动驾驶汽车计划于 2025 年实现量产。与此同时，互联网企业大举进军汽车行业，比如以互联网视频起家的乐视推出超级汽车概念车，主打智能互联概念，可以实现自动驾驶功能；而腾讯则联合富士康以及和谐汽车联合投资成立和谐富腾公司，开始接连从谷歌和戴姆勒等公司挖取自动驾驶领域的专业人才，研发相关技术，进军电动无人驾驶领域，这是中国公司在竞相研发无人驾驶汽车道路上的最新高调挖角行动；百度宣布，获得美国加州政府颁发的全球第 15 张无人车上路测试牌照，在培育 3 年后，百度无人驾驶项目有望进入快跑期，计划 2018 年推出无人驾驶量产车型。

此次国家智能网联汽车（上海）试点示范区的设立，将进一步推进我国智能网联汽车技术研究和产品研发。同时也该清醒地认识到，与当前国外的无人驾驶技术相比，中国智能网联汽车产业依然受到传感器的不完美、事故关注度对于可靠性的高要求、复杂路况及法律壁垒等因素制约①。但是，通过借鉴国外先进的智能网联技术，学习国外智能网联汽车示范区发展经验，在帮助中国汽车产业完成原始积累同时，还有可能实现弯道超车。

目前，美国、欧盟、日本等国家及地区已纷纷将智能网联汽车产业的发展提升至国家战略，斥资建设智能网联示范区，在示范区模拟多种道路和场景，为智能网联汽车提供实际的运行环境，测试智能网联汽车实际运行中的V2X、无人驾驶汽车等技术，培训无人驾驶司机，抢占技术和标准的制高点，促进智能网联汽车产业化快速发展。

---

① 凤凰资讯网：《上海成中国首个智能网联和无人驾驶试点城市》，2016 年 6 月 7 日，见 ht-tp：//news. ifeng. com/a/20160607/48936565_ 0. shtml。

展望篇

第二十一章 2017年中国信息化面临的形势

展望2017年，我国信息化发展面临的形势可谓机遇和挑战并存。国家治理体系改革和经济发展提质增效对信息化发展提出了更高要求，信息化将成为推进国家治理体系和治理能力的抓手，信息经济将成为培育经济增长新动能的关键领域。同时，应该看到，对信息化发展具有关键影响的网络安全形势依然严峻，需要给予高度重视。各国针对新一代信息技术的研发和应用上的竞争持续白热化，抢占信息技术发展制高点也进入关键窗口期。

第一节 国家治理体系改革对信息化发展提出了更高要求

实现国家治理体系和治理能力现代化是我国全面深化改革的总目标，以信息化推进国家治理体系和治理能力现代化是准确把握当今信息革命发展趋势后作出的战略选择。习近平总书记在2016年"4·19"讲话中要求对国家治理中存在的信息共享、资源统筹、工作协调不够，制约国家治理效率和公共服务水平的问题要深入研究，他指出，"信息是国家治理的重要依据，要发挥其在这个进程中的重要作用"，"要以信息化推进国家治理体系和治理能力现代化"。在"10·9"讲话中习近平总书记强调"要强化互联网思维，利用互联网扁平化、交互式、快捷性优势，推进政府决策科学化、社会治理精准化、公共服务高效化，用信息化手段更好感知社会态势、畅通沟通渠道、辅助决策施政"。在社会治理领域，基于互联网的协同参与治理新模式成为社会治理精准化的根本途径；在政府改革转型领域，深化电子政务发展成为实现"放管服"改革目标，提升政府履职能力和服务水平的关键抓手。随着信息化发展的不断深化，其对国家治理体系和治理能力影响也将更加全面、深入，只有顺应客观趋势、把准前进方向，提高信息化发展的水平，才能让信息化更好地为全面深化改革服务。

第二节　经济发展提质增效需要以信息化培育更多新动能

当前我国经济发展进入新常态，经济结构、增长方式正在发生重大转变，信息化与产业融合发展将成为我国经济实现换挡提质的关键动能。习近平总书记指出，"我国经济发展进入新常态，新常态要有新动力，互联网在这方面可以大有作为"，"世界经济加速向以网络信息技术产业为重要内容的经济活动转变。我们要把握这一历史契机，以信息化培育新动能，用新动能推动新发展。要加大投入，加强信息基础设施建设，推动互联网和实体经济深度融合，加快传统产业数字化、智能化，做大做强数字经济，拓展经济发展新空间"。我国在推动信息化与产业融合方面做了大量部署，也取得了显著成效。制造业与互联网深度融合成为实现"中国制造2025"战略目标的关键支撑，智慧物流体系建设成为物流业降本增效的重要途径，信息经济新模式新业态培育了新的消费需求和增长点。但是我国经济转型升级的目标还远没有实现，供给侧结构性改革的任务还非常重，人口、土地、资源、自然环境等经济要素的制约愈加凸显和国际贸易环境的不稳定，对保持中高速增长造成的压力将长期存在，需要以更大的力度深入推进信息化与产业的融合，实现经济结构的彻底转变，才能确保长久的可持续发展。

第三节　网络安全形势将依然严峻

2017年，我国网络安全形势依然严峻。一方面，世界范围物联网智能终端引发的安全事件更加频繁且严重，我国面临的物联网智能终端安全问题同样严峻。智能物联网设备正在快速大范围普及，但与之相比，物联网安全技术和装备发展速度存在严重滞后，网络安全隐患非常严重，物联网设备厂商在产品安全方面投入的技术和资金非常有限，加之智能物联设备部署量极大，设备计算性能、网络传输能力等都较为强大，使智能化的物联网设备漏洞成为黑客攻击的重灾区，与此相关的网络安全事件成为近年来全球网络安全领域的热点。2017年，随着物联网应用的进一步普及和智能物联网设备部署量的进一步增加，物联网设备漏洞带来的网络安全威胁将更加趋于严重。另一方面，移动支付网络安全风险仍在增加，手机病毒来源渠道越来越多样化，软件捆绑、ROM内置、恶意二维码等病毒来源严重威胁智能手机安全，其中二维码染毒成为增长最快的智能手机安全风险来源。近年来，智能移动终端和移动支付用户持续高速增长，移动支付安全问题还将更加凸显。此外，随着信息化对经济社会各领域的渗透和影响进一步深化，关键信息基础设施成为网络攻击的重灾区，由此对国家安全带来的后果更加严重，需要给予高度重视。

第四节　抢占信息技术制高点的
国际竞争进入关键阶段

在以互联网、PC为代表的信息化阶段，世界主要发达国家由于起步较早、投入较大，处于领跑地位，以我国为代表的广大发展中国家一直是跟随者。在党中央、国务院长期坚持提高关键核心技术自主可控能力战略的指引下，我国在物联网、第五代移动通信技术等领域的国际竞争与合作中，已经取得了一定的话语权，但是在信息技术整体层面的跟随地位还没有得到根本改变，很多关键核心技术仍然受制于人，由此造成的国家安全和经济隐患依然严重。当前，新一代信息技术正逐步成为推动信息化发展走向深化的主要技术驱动力量，发达国家纷纷出台相关战略，意图保持其在信息技术领域的领跑地位，但是在新一代信息技术的研发和应用上，各国基本处于同步水平，为我国实现弯道超车提供了难得的历史机遇。2016年，我国先后发布了《国家信息化发展战略纲要》《"十三五"国家信息化规划》《"十三五"国家科技创新规划》等重大战略规划，对加快新一代信息技术发展做出了全面部署，我国迎来了抢占信息技术国际竞争制高点的关键期。

第二十二章　2017 年中国信息化发展趋势

展望 2017 年，随着战略、规划的陆续实施，信息化对我国经济社会转型升级的驱动作用将进一步凸显。一批智能技术、应用将取得重要突破，制造业与互联网全面融合进入快速发展期，制造业"双创"生态将加快形成，生产制造方式趋于网络化、智能化、绿色化、柔性化。新型智慧城市快速发展，数据资源的整合共享、分析处理、决策支持将成为城市发展向智慧化高级阶段迈进的重要手段。创业创新体系加速重构，创新载体、创新流程、创新模式都将呈现明显的网络化特征。"互联网＋"政务服务深入推进，在扩大服务覆盖范围、创新服务供给模式、提升服务水平方面发挥重要作用。与此同时，网络社会急剧膨胀，通过云计算、大数据等信息技术创新应用，推动治理模式开放化、协同化、精准化转变迫在眉睫。

第一节　信息化对我国经济转型升级的
驱动作用进一步凸显

习近平总书记在"4·19"讲话中提出，"打通社会经济活动大动脉，用信息流带动资金流，技术流，人才流，物资流"；2016 年 10 月 9 日，习近平总书记在中央政治局集体学习时讲话提出："世界经济正加速向网络信息技术为主要内容的方向转变，我们要把握这个历史契机，用信息化培育新动能，用新动能推动新发展。"可以看出，在经济社会发展的新的历史进程中，信息化是引擎，是引领者。2017 年，信息化将不再仅仅是"覆盖现代化建设全局的战略措施"，而是推动经济社会发展的新引擎。在党中央、国务院的重大战略指引和一系列国家政策的指引下，信息化将步入快速发展、深化应用的战略机遇期。围绕一系列信息化相关政策文件的实施细则将加快制定实施，相关信息化项目将陆续开工建设，信息化与经济社会各领域的融合步伐将进一步加速，在我国经济转型升级中的动力引擎作用将得到充分发挥。农业领域，互联网、物联网、智能农业装备在设施园艺、畜禽水产养殖、农产品流通及农产品质量安全追溯等领域的应用将加快推进，有效促进农业生产节本增效、农产品品质的提升。现代服务业将利用信息技术实现跨越式发展。金融、保险、物流、旅游、娱乐等服务领域借助互联网等现代信息技术不断创新服务方式和商业模式，O2O、M2C、C2B 等新型商业模式将在各领域普遍运用。

第二节 制造业与互联网全面融合进入快速发展期

2017 年，国家对制造业与互联网融合发展的部署力度将进一步加大，更多省份制定实施意见和相关配套措施，推动制造企业与互联网企业跨界融合更加深入，合作机制更加健全。网络化协同制造、个性化定制、服务型制造、共享工厂等按需制造新模式将向更多行业拓展。

制造业创业创新生态将加快形成。2017 年，全国"双创"热度高企，大型制造企业"双创"平台的建设将不断加快，众包、众创、众筹、众扶等方式不断创新，制造业创业创新生态、新局面将加快形成。一是优化资源配置方式。"双创"促进供需信息透明化、消费者深度参与和生产过程柔性化，将有助于形成即时化、个性化、精准化"按需制造"新模式。"双创"推动闲置生产能力的在线交易、供需高效对接，有助于形成动态高效的分享经济新形态。二是优化组织结构模式。"双创"推动相关企业集聚化、协同化、生态化发展，将生产服务协作扩大到了全产业链，将有助于形成网络化、社会化协同新方式。"双创"推动组织结构与管理机制网络化、平台化、扁平化创新，推动科层化雇佣制向扁平化合伙制转变，将有助于形成信息高效流转、需求快速响应、创新能力充分激发的组织新架构。三是优化财富分配机制。"双创"推动创业者从领取工资向占有股份转变，推动企业和创业者共享发展成果，促进全社会形成尊重知识、尊重人才的良好氛围，将有助于形成公平普惠、共同富裕的收入分配新机制。

更多的智能工厂典范将会涌现。机械、船舶、汽车、家电等离散型行业将加速网络化智能设备应用，数控机床、工业机器人、工业物联网应用不断扩大，生产方式向绿色化、柔性化发展。石化化工、钢铁、有色、建材等流程型行业将通过优化升级过程控制和制造执行系统，推动生产工艺和生产流程的智能优化，实现制造全过程的协同控制、在线优化和精细化管理。

第三节　大数据将成为新型智慧城市建设的核心驱动

当前，新一轮科技革命和产业变革蓬勃兴起，以物联网、云计算、大数据、量子通信、生物计算、人工智能、虚拟现实、区块链为代表的新一代信息技术创新活力和应用潜能裂变式释放。连接无处不在、计算无处不在、数据无处不在，数据成为信息时代的战略资产，对政府管理、公共服务、产业发展、城市运行和社会治理影响深远。研究表明，工业化时期的数据量大约每十年翻一番，今天的数据量每两年就翻一番。浩瀚的数据海洋蕴含着巨大的生产力和商机，谁掌握了大数据技术，谁就掌握了发展的资源和主动权。从城市角度来看，城市发展也将越来越依赖于大数据的创新驱动作用，数据资源的整合共享、分析处理、决策支持已成为城市发展向智慧化高级阶段迈进的重要手段。智慧城市建设必须要将大数据引入管理，利用大数据技术和理念，建立用数据说话、用数据决策、用数据管理、数据创新的城市管理新模式，实现基于数据的科学决策，让公共服务的更高效便捷，助力城市高效运行。2017年，城市发展将步入以海量数据为典型特征的新型智慧城市建设阶段，数据和信息在智慧城市建设运营中发挥重要的基础性作用。许多城市将大数据作为新型智慧城市的核心资源，在顶层设计时重视挖掘和释放城市数据资源的潜在价值。数据整合、流通、共享开放和深度利用将成为新型智慧城市建设的先决条件，为提升城市综合竞争能力和软实力提供重要基础和强大支撑。

第四节　一批智能技术、应用将取得重要突破

人脑仿生将取得重要突破。人脑仿生主要有两个重要领域。一是再造人类大脑，即模拟人脑功能。通过研制人造神经元，将电信号转变成化学信号并与其他脑细胞进行交流。二是建立脑机接口，即把机器与大脑进行连接。用特定设备读取大脑信号，并对机器进行操控。在过去的四五年中，主要有三股力量从事人脑仿生方面的研究，即政府、企业和研究机构。其中，从政府层面看，美国、欧盟和我国都在2013年发布了"大脑计划"；从研究机构层面看，英国和美国的研究机构在脑机接口方面取得重要突破，使瘫痪病人重获知觉。从企业层面看，IBM公司是人脑仿生研究的主力军，它研制了第一个类脑芯片、类脑计算机和人造神经元。目前，我国中科院计算所也研制出了类脑芯片——寒武纪。

智能语音助手将成为自然语言理解发展的突破口。自然语言理解能够教会机器如何听懂人类语言背后的意图。因此，这项技术的应用需要选取与人类交互频次高的场景。智能语音助手将是一个非常好的突破口，它作为人与机器交流的中间媒质，能够把人的需求与后台海量数据、物联网设备、社会人群连接在一起，覆盖面极广，渗透力极强。它就像人类的贴身管家。智能语音助手将在智能家居、辅助驾驶、个人助理等领域用途较多，帮助人们操控设备、获取信息。未来智能语音助手的作用将不仅局限于此，将成为所有平台、服务、数据的统一入口。

数字孪生将打造居民生活的信息物理空间。数字孪生（Digital Twin）是一种实体空间与虚拟空间的数字化、网络化、智能化的映射关系，在物理与数字两个空间同时记录个体全生命周期运行轨迹。该技术源起于航天飞行器健康维护与保障；然后，广泛应用于工业领域仿真分析、产品定义、制造装配工艺、测量检验等模型的构建，并与数字化加工装配系统、数字测量检验系统、产品实物等建立虚实结合、及时响应的对应关系。未来，数字孪生将逐步向生活领域延伸，通过采集居民健康、教育、出行、娱乐、消费等领域的大数据，破除以往局限于单一独领域的数据挖掘与智慧应用的孤岛，建立

面向个人全生命周期的多领域融合、多维度展现、全综合分析的数字孪生体，通过对来自于不同领域大数据进行聚合学习，为个体生活工作提供更科学、更精准、更可靠的预测与指导。

第五节　基于互联网的创业创新体系加速重构

2017 年，基于互联网的"双创"集众智、汇众力，不断突破地域、组织、技术的界限，基础研究、应用研究、技术开发和产业化边界日益模糊，从根本上改变了劳动者知识获取、工具使用、创新创业的方式和能力，创业创新体系不断向网络化、协同化、平台化演进。首先，创新载体将从单个企业向跨领域多主体的协同创新网络转变，整合政府、企业、协会、科研院所等优势资源的跨领域、协同化的创新网络平台在新一轮产业变革中的作用将日益凸显。其次，创新流程将从线性链式向协同并行转变，技术研发、产业化和推广应用环节并行推进，大大缩短新技术从研发到市场推广应用的周期。再次，创新模式将由单一的技术创新向技术、商业模式联合创新转变，技术创新与商业模式融合创新和交叉互动越来越成为创新的主流模式。最后，创新体系将从内部组织向开放系统、从小众向大众转变。各类创客空间以及众创、众包、众筹等综合服务平台蓬勃发展，促进线上与线下互动、孵化与投资的高效对接，推动形成低门槛、广覆盖、有活力的创业创新生态系统。

第六节　互联网将成为政府实践益民服务的主战场

2016 年，《推进"互联网＋政务服务"开展信息惠民试点实施方案》《国务院关于加快推进"互联网＋政务服务"工作的指导意见》和《"互联网＋政务服务"技术体系建设指南》相继发布，对未来一段时期"互联网＋政务服务"的目标、任务、措施、实施路径和技术体系建设进行了详细部署。《政务信息资源共享管理暂行办法》的出台，明确了政务信息资源共享体系建设的任务分工，以及共享的原则，全国政务信息资源共享体系建设即将全面启动。在此前，北京、上海等地的统一电子证照库已经开始建设，江苏、浙江等多个省份率先基本实现了政务服务"一号一窗一网"的目标，跨省身份证补换业务、社保信息共享、跨省医保报销等应用也开始在多个省份开展。2017 年 3 月，《"十三五"推进基本公共服务均等化规划》正式发布，规划指出，"移动互联网、物联网、大数据、云计算等技术快速发展，推动公共服务新业态不断发展、供给方式不断创新、服务模式更加丰富"，规划提出，"加快互联网与政府公共服务体系的深度融合，推动公共数据资源开放，促进公共服务创新供给和服务资源整合，构建面向公众的一体化在线公共服务体系"。随着各项政策、规划的进一步落实，互联网在扩大服务覆盖范围、创新服务供给模式、提升服务水平方面的作用将进一步凸显。

第七节　网络社会急剧膨胀，亟待创新治理模式

当前，网络信息技术的发展已经超出物理范畴，渗透进经济、政治、文化、社会、军事等各个领域，信息化推动现代化已经成为当前全球发展的图景，网络空间与现实空间前所未有地交融在一起，正逐渐成为人类社会充满生机与活力、兼具挑战与机遇的全新生存空间，给国家治理既带来了机遇，也带来了巨大挑战。

在机遇方面，云计算、大数据等信息技术在政府管理和社会服务等领域得到深刻应用，使得高集成的信息处理成为现实，推动治理机制向高效协同、集成共享转变；有利于海量信息的快速捕捉、精准判别、筛选分析和科学处理，推动治理反应由粗放、低效、滞后向精准、高效、灵敏转变。有利于实现信息无障碍自由流动，推动治理方式由封闭型决策向开放透明决策转变。因此，推进国家治理体系和治理能力现代化需要充分发挥信息技术的作用，深化信息技术应用，创新治理方式和手段。

在挑战方面，一方面，网络社会里信息来源多样化、信息传输快捷化、信息影响复杂化、信息处理智能化等特点比较明显，对国家治理的舆论控制、组织管理架构、受众影响等方面都产生了很大影响，传统的舆论监管体系、信息发布反馈机制等管理体制、管理手段和理念已经滞后于时代的需要，亟

待创新。另一方面，无人驾驶、人工智能、虚拟现实等颠覆性技术发展飞速，给我们的生活、制度和文化带来很大冲击。例如，无人机、无人汽车等技术和产品的应用问题已经触及了许多法律和政策的模糊区域、空白区域；区块链技术的应用使得数据的传输不再依赖某个中心节点，每个人均可参与数据库记录，这与我们的国家、家庭以及所有的社会机构中心化的组织特性相悖；等等。这些新技术的出现和应用都要求我们的政策制定者要跟得上时代步伐，能预判到未来趋势，及时合理地制定政策制度，明确和规范技术未来发展的方向。

附　录：2016 年中国互联网基础资源

一、分省域名数、分省.CN 域名数、分省.中国域名数

省份	域名		.CN 域名		.中国域名	
	数量（个）	占域名总数比例	数量（个）	占.CN 域名总数比例	数量（个）	占.中国域名总数比例
北京	6457379	15.3%	3288765	16.9%	238605	50.3%
广东	5565728	13.2%	2018360	9.8%	39387	8.3%
福建	5095881	12.1%	2789537	13.5%	11721	2.5%
浙江	3361612	8.0%	1550269	7.5%	15259	3.2%
上海	2632136	6.2%	1174350	5.7%	15258	3.2%
江苏	1732428	4.1%	547496	2.7%	19168	4.0%
山东	1720673	4.1%	737900	3.6%	16694	3.5%
四川	1380915	3.3%	423384	2.1%	12563	2.6%
湖南	1371930	3.2%	774488	3.8%	4175	0.9%
河南	1177483	2.8%	413877	2.0%	5881	1.2%
湖北	1019556	2.4%	532941	2.6%	5360	1.1%
河北	749406	1.8%	192994	0.9%	6566	1.4%
安徽	745403	1.8%	233707	1.1%	3534	0.7%
辽宁	592988	1.4%	181633	0.9%	9870	2.1%
重庆	528323	1.2%	197161	1.0%	6411	1.4%
广西	522256	1.2%	244378	1.2%	3144	0.7%
陕西	430800	1.0%	138618	0.7%	4587	1.0%
江西	384982	0.9%	134711	0.7%	5181	1.1%
天津	353755	0.8%	113681	0.6%	2612	0.6%
云南	275182	0.7%	94529	0.5%	5849	1.2%
山西	239006	0.6%	74283	0.4%	2903	0.6%

续表

省份	域名		.CN 域名		.中国域名	
	数量（个）	占域名总数比例	数量（个）	占.CN 域名总数比例	数量（个）	占.中国域名总数比例
黑龙江	236937	0.6%	78083	0.4%	6255	1.3%
吉林	204574	0.5%	65184	0.3%	2682	0.6%
贵州	188110	0.4%	76950	0.4%	1953	0.4%
海南	146650	0.3%	59125	0.3%	546	0.1%
新疆	133669	0.3%	55014	0.3%	1111	0.2%
甘肃	111130	0.3%	29941	0.1%	702	0.1%
内蒙古	107501	0.3%	43325	0.2%	2152	0.5%
青海	45972	0.1%	21700	0.1%	183	0.0%
宁夏	42549	0.1%	15843	0.1%	457	0.1%
西藏	10475	0.0%	6433	0.0%	283	0.1%
其他	4710313	11.1%	4292831	20.8%	23063	4.9%
合计	42275702	100.0%	20601491	100.0%	474115	100.0%

资料来源：CNNIC：《第 39 次中国互联网络发展状况统计报告》。

二、分省网站数

	网站数量（个）	占网站总数比例
广东	728235	15.1%
北京	609298	12.6%
上海	399983	8.3%
浙江	335887	7.0%
福建	285936	5.9%
山东	272766	5.7%
江苏	254074	5.3%
河南	200370	4.2%
四川	196377	4.1%
河北	126574	2.6%
辽宁	118373	2.5%

续表

	网站数量（个）	占网站总数比例
湖北	101126	2.1%
湖南	72780	1.5%
安徽	68201	1.4%
陕西	58800	1.2%
山西	53246	1.1%
重庆	51424	1.1%
天津	51168	1.1%
广西	43281	0.9%
黑龙江	40408	0.8%
江西	37191	0.8%
吉林	27437	0.6%
云南	22443	0.5%
海南	18079	0.4%
内蒙古	15534	0.3%
贵州	15491	0.3%
甘肃	11008	0.2%
新疆	10379	0.2%
宁夏	5983	0.1%
青海	3524	0.1%
西藏	1228	0.0%
其他	586752	12.2%
合计	4229293	100.0%

资料来源：CNNIC：《第 39 次中国互联网络发展状况统计报告》。

后　记

当前，信息技术创新处于活跃期，创新成果应用不断深化，信息化呈现出互联网化、移动化、智慧化的新特点，引发全社会、全领域重大变革。"十三五"时期是全面建成小康社会的决胜阶段，是践行新发展理念的关键阶段，是信息通信技术变革实现新突破的发轫阶段，也是数字红利充分释放的扩展阶段。加快信息化发展，直面"后金融危机"时代全球产业链重组，适应、引领经济发展新常态，推进国家治理体系和治理能力现代化，更好地造福国家和人民，已经成为践行发展理念、破解发展难题、增强发展动力、厚植发展优势的战略举措和必然选择。为摸清我国信息化发展现状，帮助政府部门准确把握信息化发展的趋势和规律，赛迪智库信息化研究中心组织专门团队，组织撰写了《2016—2017年中国信息化发展蓝皮书》。

参加本课题研究、数据调研及观点提炼的人员有：杨春立、王蕤、许旭、刘鹏宇、高婴劢、余坦、刘若霞、姚磊、袁晓庆、鲁金萍、张朔、卢竹、徐靖、王伟玲、赵争朝、李弘扬、闫岩等。本书的出版还得到了中国电子信息产业发展院软科学处的大力支持，在此一并表示诚挚感谢。

本书的内容和观点虽然经过广泛而深入的讨论，在编写过程中也经过多次修改和提炼，但由于涉及领域宽、研究难度大，有些实践还有待时间考验，加之编者的理论水平、眼界和视野所限，难免存在不少缺点和不足，敬请广大读者批评指正。

赛迪智库

面向政府 服务决策

研究，还是研究
才使我们见微知著

信息化研究中心	工业化研究中心	规划研究所
电子信息产业研究所	工业经济研究所	产业政策研究所
软件产业研究所	工业科技研究所	军民结合研究所
网络空间研究所	装备工业研究所	中小企业研究所
无线电管理研究所	消费品工业研究所	政策法规研究所
互联网研究所	原材料工业研究所	世界工业研究所
集成电路研究所	工业节能与环保研究所	安全产业研究所

编 辑 部：赛迪工业和信息化研究院
通讯地址：北京市海淀区万寿路27号院8号楼12层
邮政编码：100846
联 系 人：刘颖　董凯
联系电话：010-68200552　13701304215
　　　　　010-68207922　18701325686
传　　真：0086-10-68209616
网　　址：www.ccidwise.com
电子邮件：liuying@ccidthinktank.com